保育ニュー・スタンダード

保育内容「言葉」

―話し，考え，つながる言葉の力を育てる―

Language : Contents of Early Childhood Care & Education

〔編著者〕

太田光洋・古相正美・野中千都

〔著者〕

川俣沙織・渡邉 望・森木朋佳・島田知和・中山智哉・永田麻詠
大元千種・岡本満江・山本直樹・下川涼子・大谷 朝・高橋さおり

JN101193

同文書院

【編著者】

太田光洋 (おおた・みつひろ) ／第1章，第9章第3節
長野県立大学教授

古相正美 (ふるそう・まさみ) ／第11章第1・2節
中村学園大学教授

野中千都 (のなか・ちづ) ／第3章第1・2節
中村学園大学准教授

【著者】

川俣沙織 (かわまた・さおり) ／第2章
中村学園大学短期大学部講師

渡邉 望 (わたなべ・のぞむ) ／第3章第3・4節
長野県立大学准教授

森木朋佳 (もりき・ともか) ／第4章
鹿児島純心女子短期大学准教授

島田知和 (しまだ・ともかず) ／第5章
別府大学短期大学部講師

中山智哉 (なかやま・ともや) ／第6章
長野県立大学准教授

永田麻詠 (ながた・まよ) ／第7章
四天王寺大学准教授

大元千種 (おおもと・ちぐさ) ／第8章第1・2節
別府大学短期大学部特任教授

岡本満江 (おかもと・みつえ) ／第8章第3節，第11章第3節
社会福祉法人協愛福祉会 ひなたの風保育園園長

山本直樹 (やまもと・なおき) ／第9章第1・2節
長野県立大学准教授

下川涼子 (しもかわ・りょうこ) ／第9章第4節
特定非営利活動法人アートインライフ理事

大谷 朝 (おおたに・あさ) ／第10章
精華女子短期大学教授

高橋さおり (たかはし・さおり) ／第12章
北翔大学短期大学部准教授

はじめに

　2018（平成30）年4月1日より日本の保育ガイドラインである幼稚園教育要領，保育所保育指針，幼保連携型認定こども園教育・保育要領が同時に施行されました。この施行は，わが国の教育にとって2つの意味で大きな転換点といえます。

　ひとつは，保育施設の種類を問わず，すべての保育施設で共通して質の高い幼児教育を保障しようとするものであることです。そして，もうひとつは幼児期から始まる学校教育を通して育成を目指す資質・能力を「知識及び技能」，「思考力，判断力，表現力等」，「学びに向かう力，人間性等」に再整理し，それらをバランスよく育もうとするものです。そして，「主体的，対話的で，深い学び」への改革が志向されています。

　保育や幼児教育についてみると，今回の3つのガイドラインの同時施行はこれまでの改訂（改定）と大きく異なる背景として，社会の急激な変化が要因になっていると思われます。そして，これから先の見えない世界を生きていくために，人間がもともと持っている他者とつながる力が不可欠であるということを再認識することに至ったのではないでしょうか。言葉はそのために特に重要な役割を果たすものであるといえます。

　人は，言葉を通してそれぞれの生きる社会を理解し，言葉を通して考え，想像し，言葉を通して他者とつながることができます。それはまた，時間と空間を超えて対話することを可能にし，つながることができるすばらしいものです。乳幼児期は言葉の力の土台を育てる大切な時期です。

　本書では，多くの部分で言葉の発達を人や社会とのかかわりと結びつけて論じられています。両者は不可分だからです。事実，諸外国の幼児教育改革の中でも「人と人とのかかわりを通して学び，より有能な他者の支えを得ながら発達する」という社会的構成主義が大きな影響を与えています。これらの考え方は，子どもを有能な存在と捉え，一人ひとりの子どもの個性や関心を尊重するものであり，人とのかかわりを通して人の成長（言葉や発達）がどのように進むのかを具体的に示してくれるものだからです。

　本書を通して，子どもの言葉の発達について学び，それを支える具体的な保育内容や方法を，驚きと楽しみを感じながら学んでほしいと思います。本書が，子どもの豊かな言葉の世界を広げる保育者としての育ちに役に立つことができたら幸いです。

編著者代表　太田光洋

Contents

第1章 保育の基本と 領域「言葉」

学びのポイント
- 領域「言葉」を学ぶ目的を知り，子どもの言葉をどう考え，かかわるべきかを考察する。
- 保育のあり方や質を考える上で重要な理論である子ども観，学習観を理解する。
- 環境による保育，遊びを通した総合的指導など，保育の基礎知識を学ぶ。
- 言葉の育ちを促す保育と保育者の役割について，1年間で学ぶ内容を概観する。

1 言葉の育ちと領域「言葉」

1）領域「言葉」を学ぶ目的

　領域「言葉」は保育内容指導法の科目のひとつである。この科目について学ぶ目的は，保育者自身の言葉の能力を育てることではない。子どもたちの言葉にかかわる力を育てるために，保育者として知っておきたいことや必要な技能について学ぶことが目的である。

　したがって，言葉やその機能をどのように捉え，言葉の育ちがどのようなことを基盤に，どう育っていくのかを理解する必要がある。こうした理解をもとに，保育のあり方，すなわち，どのような環境や教材，かかわりや援助のあり方が求められるのかについて学び，実践者として必要な知識や技能を身につけることが求められる。知識だけでは，子どもの力を育てる具体的実践はできないし，技能だけでは「ただ，その時だけ楽しい経験」を提供できるに過ぎない。知識と技能，理論と実践を結びつけて学ぶことが求められることをまず意識しておきたい。

2）領域と保育内容

　「領域」は，子どもの発達を捉える窓口であると捉えておくと良い。また，保育内容は，5つの領域に分けられているが，これらはそれぞれの子どもの発達を捉える観点から，幼児期に育てたい資質や能力をふまえ，幼児教育[*1]において子どもが経験する事項を特質に応じて分類したものである。

　ここで注意しておきたいことがいくつかある。ここでは2点について述べてお

*1 ここでは，広義の保育のうち，満3歳から就学前までのすべての子どもに保障された幼児教育を指す。

きたい。ひとつは，「領域」は，小学校以降の学校教育における「教科」とは異なるものだということだ。「領域」は，子どもの発達の側面から整理されているのに対して，「教科」は各教科の知識体系をもとに整理されているものである。また，こうした両者の違いは，教育（保育）方法の違いとも密接にかかわっている。幼児教育においては領域の枠にかかわらず，総合的な指導が基本であるのに対して，教科では，一部合科的に取り扱われることはあるが，それぞれの教科は基本的に独立している。

　幼児期から学童期への接続が強く意識され，**接続カリキュラム**[*1]も検討されるようになってきているが，保育と小学校教育のそれぞれの教育内容と方法の違いについて理解が十分でないと，領域を短絡的に教科に結びつけてしまい，小学校への準備教育のような誤りを繰り返すことになりかねないので気をつけたい。

　もうひとつは，「領域」が子どもの発達を捉える窓口であるという点である。したがって，5つの観点から子どもを捉えることができるが，それぞれの子どもによってその発達にはばらつきや偏りがある（図1−1）。このことは，一人ひとりの子どもの特性に配慮し，尊重することにつながる。誰ひとりとして同じように育つ子どもはおらず，育つ道筋が異なることを特に留意しておきたい。一人ひとりの子どもの興味関心や良さを尊重し，その育ちを支え，伸張する保育が強く求められるようになってきている[*2]。

＊1 **接続カリキュラム**：幼児期の学びの特徴をふまえ，学童期の学びへと無理なく接続するためのカリキュラム。幼児期の終わりから小学校入学までの「アプローチカリキュラム」，小学校入学後の「スタートカリキュラム」がある（第7章p.105参照）。

＊2 このことは，「保育の質」の議論とも深くかかわっている。保育が量的な充実期を経て，質的転換期に入った大きなメルクマールともいえる。すべての子どもに同じような保育を提供するといういわば大量生産型の保育から，個に応じた多様でていねいな保育への転換といって良いだろう。

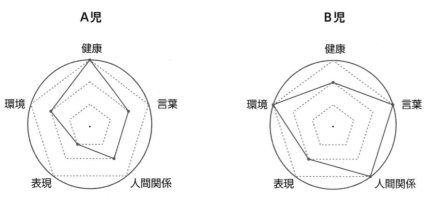

図1−1　それぞれの子どもの発達の偏り

3）子どもの育ちと言葉

　本書は領域「言葉」について学ぶことを目的としているが，前述したとおり，領域は発達の側面を示すものであり，保育は総合的に展開するものである。このような観点から言葉について考えると，言葉は子どもの発達や生活のあらゆる面

とかかわっている．言葉の機能については，次章で詳しく説明されているので，ここでは子どもと生活をともにする保育の中で子どもの言葉をどのように考え，かかわっていくかについて押さえておきたい．

　ヴィゴツキー[*1]によれば，言語は「最初は人々の間でのコミュニケーションの手段として，次に自己とのコミュニケーションの主要な手段として[*2]」精神的な機能をかたちづくる．また，こうした機能によって子どもの「認知が社会的に共有され位置づけられる」という．このように子どもの学びを社会的（他者とのかかわり）な営みとして捉える立場は「**社会的構成主義**[*3]」と呼ばれる．つまり子どもの言葉は，最初はおとなや周囲の人との具体的なやりとり（コミュニケーション）として機能するが，それが子どもの内部に取り込まれて自己内対話（思考や行動の自己調整）として機能するようになる．ヴィゴツキーは，この外に発せられる言葉を「外言」，自分に向けられる言葉を「内言」と呼び，言葉の発達を「精神間機能」から「精神内機能」へと進むものと捉えている（図1−2）．そして，こうした社会的なやりとり（他者とのコミュニケーション）が内化されることによって，子どもが生活する社会における認知（物事の捉え方，価値，考え方や感じ方など）を他者と共有しながら育つという[*4]．

　これらのことは，保育に大きな手がかりを与えてくれる．つまり，保育の中で展開する保育者の言葉，子どもとの言葉のやりとりが，子どもの認知 ——「心」といっても良い —— をつくり，価値観の共有を促すということである（図1−3）．

　保育者から発せられる言葉が子どもの心をつくっていくことをふまえて，保育者自身の言葉に対してセンシティブになってほしい．

*1 第2章p.17参照．

*2 バーク,L.E.,ウィンスラー,A, 田島信元・田島啓子・玉置哲淳訳『ヴィゴツキーの新・幼児教育法』北大路書房，2001，p.21

*3 **社会的構成主義**：「世の中の事物が社会的に構成されている」と考える哲学的な考え方のこと．

*4 個々の子どもの内言の発達は，その後の他者とのコミュニケーション（外言）に生かされ，さらに豊かな内言の育ちへとつながっていく，というように往還していく．

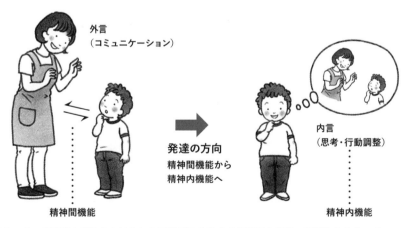

外言
（コミュニケーション）

発達の方向
精神間機能から
精神内機能へ

内言
（思考・行動調整）

精神間機能

精神内機能

図1−2　保育者などからかけられた言葉がその社会の価値観を伝え，子どもの心をつくっていく

共通の体験 ➡ 経験の意味づけ ➡ 価値の共有 ➡ こども同士の
かかわりの深化

図1−3　価値の共有と経験の意味づけ[1]

＊1 太田光洋編著『保育
内容総論～生活・遊び・
活動を通して育ちあう
保育を創る』同文書院,
2019, p.10

4）言葉と文化

　これからの保育が一人ひとりの子どもに応じたものに変容していくのと同様
に，園や地域のおかれている環境などによって子どもの生活や興味・関心も異な
ることから保育内容も多様化・個性化していくことが期待される。

　前述したように，社会的なやりとりである言葉を通して，その園や地域で求め
られる価値観や知識，技能などを共有していくことができる。こうした認知や知
識，技能の文化による違いについての諸研究は，価値観や求められる知識・技能
がそれぞれの社会や文化によって異なり，単一の価値や尺度で測れるものではな
いことを示している。こうした観点から，コミュニケーションを通して「内化」
され，当該社会で共有され位置づけられた認知を,「内化」に換えて「占有（自分
のものにする）」という研究者もいる[2]。

　社会や文化が異なれば,求められるスキルや知識も異なることは明らかである。
乳幼児期の子どもが直接かかわることができる社会は極めて限られていることか
ら，園生活の環境は重要と考えられる。しかし，日本全国どの地域でも均質な保
育環境になっているのではないだろうか。その結果，均質化した環境やそこでの
経験で求められるスキルや知識の多様性が減少している[3]といえ，改めて園や地
域の特性や文化に目を向け，保育内容やカリキュラムを検討する必要がある。

＊2 Rogoff,B., Appren-
ticeship in thinking:Cog-
nitive development in
social context, NewYo-
rk:Oxford University
Press, 1990

＊3 ピーター・グレイ, 吉
田新一郎訳『遊びが学びに
欠かせない理由』築地書
館, 2018

2　保育の基本と保育内容

1）子どもと学びをどう捉えるか

　これからの保育のあり方や質を考えていく際に，子どもと学びをどのように捉
えておくかはその基本であり，大変重要である。子どもをどのような存在と捉え
るか（子ども観）というと，「教えてあげなければ何もできない受け身の存在」で

はなく「有能で能動的な学びの主体」と捉えておくことがまず必要である。たとえば，イタリアのレッジョ・エミリアの保育では，子どもを次のような存在と捉えている。

子どもたちはすべて社会的交流に携わったり，つながりを確立したり，彼らの学びを構築したり，環境がもたらすすべてのことを処理することを準備し，また潜在能力があり，好奇心を持ち，関心を寄せている[1]。

学習観についてはどうだろうか。その学びを「個人の営み」というだけではなく，「社会的な営み」として押さえておきたい。ピアジェ[2]は，学習や発達を個人と環境の相互作用として捉えていたが，そうではなく学習や発達を歴史や文化，他者との交流を通して進むものと捉えておきたい。このような考え方は，ヴィゴツキーが提唱した「**最近接発達領域（ZPD）**[3]」に典型的である（図1-4）。

最近接発達領域とは，子どもが一人でできるレベル（今日の発達水準）と，一人ではできないが，より有能な保育者や同僚との共同活動（支え）があればできるレベル（明日の発達水準）の差の領域をいう。今日の教育は，この最近接発達領域に働きかけ，レディネス（学習の準備状態）を待つのではなく積極的に発達を促す考え方を土台としている。学習者が所属する当該文化の熟達者（より能力のある人）[4]との交流を通して子どもは学び，発達する。

また，この最近接発達領域は，一人でできるレベルが同じであっても，子どもによって異なることに留意しておきたい（図1-5）。このことは，子どもの個人差への配慮につながる視点であり，共同活動として展開する経験内容（保育内容）を考える際にも重要な視点となるからである。

*1 ヘンドリック.J, 石垣恵美子・玉置哲淳ほか訳『レッジョ・エミリア保育実践入門』北大路書房，2000, p.11

*2 第2章 p.17参照。

*3 ZPD：Zone of Proximal Development の略。

*4 具体的には親や保育者，より年長の子どもなどである。

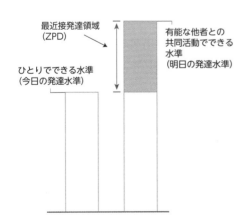

図1-4　最近接発達領域（ZPD）

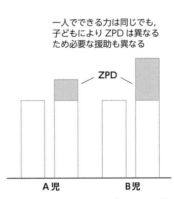

図1-5　ZPD の子どもによる差

このような子ども観や学習観に立つことによって，私たちは具体的にどのようなやりとりや環境が必要かを検討し，保育内容や方法，子どもとのかかわりを構想することができる。

2）環境による教育

能動的に自ら学ぶ主体として子どもを捉えることで，「環境による保育」は保育の基本とされる。すなわち，良い環境が準備されれば，子どもは自らその環境に能動的にかかわり，主体的に学ぶことができる，ということである。

それでは「良い環境」とはなんだろうか。一般に保育では，物的環境と人的環境に分けて捉えられることが多いが，あわせて時間的環境を視野に入れておきたい。それぞれのポイントは表1－1の通りである。

表1－1　保育における環境とそれを捉える観点

物的環境	子どもが使いやすい，片付けやすい環境。選択的，自由度が高い環境。文化的体験，知識とスキルの多様性の保障。新奇性（好奇心をそそる，やってみたいことが見える）のある環境，ホンモノ体験。
時間的環境	したいことが十分にできる時間。遊び・活動・食事・生活活動（持ち物の始末，着替え等）等の必要十分な時間，活動移行間の時間，指導計画における時間設定配分。必要以上に待たない時間的環境，成長にともなう時間の意識。時間環境の変化による経験内容の変化。
人的環境	保育者のさまざまな役割（モデル，援助者，環境設定者，遊び仲間，相談相手，愛着対象など），仲間（友だち，異年齢），保護者・家族，地域の方々など。保育者は子どもたちの潜在能力を深いところまで感じとり，子どもたちの経験に適切に対応できる環境とすべての場を与える存在。必要に応じて，子どもとの話し合いへの積極的関与。

1989（平成元）年に改訂された幼稚園教育要領以降の保育の動向を見ると，次第に人的環境である保育者の役割にも目が向くようになってきているが，特に物的環境を重視する傾向が依然として強い。しかし，ここまで述べてきたように，子どもの成長や発達に他者の存在が持つ意味は大きい。いうまでもなく，子どもが興味関心を持って主体的にかかわることができる環境は重要であるし，集中して遊びに取り組む子どもの邪魔になるような関与は必要ない。しかし，子どもの関心，考えやイメージなどがより深まり，子どもにとっての豊かな経験にするためにかかわる保育者の役割を意識しておくことが大切である。表1－1に示したように，「子どもたちの潜在能力を深いところまで感じ取れる」子どものことを深く理解できる保育者であることを目指したい。

3）子どもらしい生活

　乳幼児期の子どもたちにふさわしい生活とはどのような生活だろうか。これは保育者として常に問い続けてほしい問題である。安心して過ごせる保育者との信頼関係，その関係にもとづく素直な自己表現，それを受けとめてもらえること，できたりできなかったりしながら進む育ちに柔軟に対応してもらえること，そして主体的にさまざまな体験が得られることなどが，子どもらしい生活を保障することにつながるだろう。共感的で温かく柔軟性のあるかかわりが求められる。

4）遊びを通しての総合的指導

　乳幼児期の子どもたちにとって遊びは世界を知る手段であり，心身の調和のとれた発達の基礎となる重要な学習である。遊びは，子どもが自ら関心をもって主体的に取り組む内発的に動機づけられた活動であり，楽しさや喜びを追求するものである。より楽しく遊ぶために，子どもは自分の気持ちに折り合いをつけたり，行動をコントロールしたり，友だちと話し合ったりする。遊びの中では，こうしたことを誰かから強制されるわけではなく，自分の意思で行うことによって子どもは自信や自己肯定感を持ち，さまざまな力を身につけていく。こうして育った力は，学童期以降の学びの基礎となる力を育て，協同性や道徳性なども身につけていく（図1-6）。こうした遊びが持つ学びの特色をふまえ，学童期の学習の先

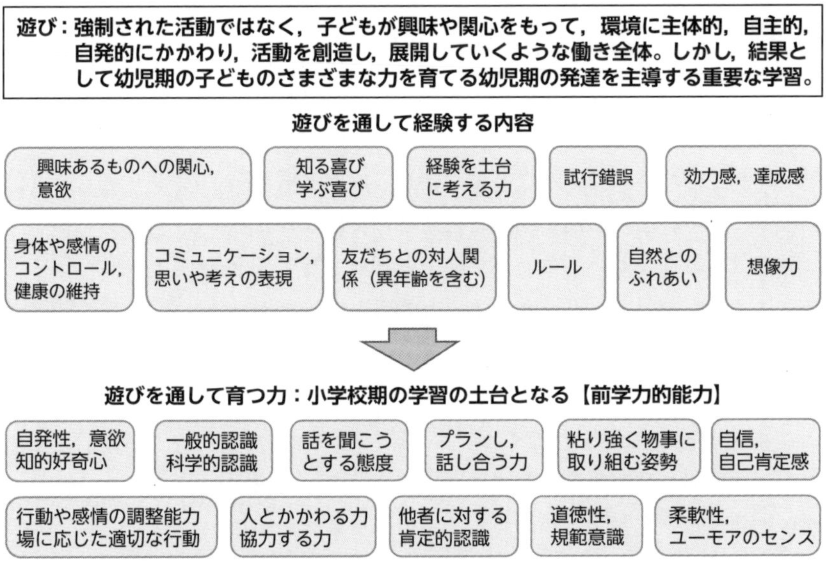

図1-6　幼児期の遊びを通して経験すること，育つ前学力的能力

取りではなく，その基礎となる「**前学力的能力**^{*1}」の育ちを理解して保育を計画し，学童期の学びにつなげていくことが求められる。

＊1 **前学力的能力**：小学校以降に求められる学力そのものではなく，遊びなどを通して習得されていく，学びの土台となる力をいう。

5）一人ひとりの発達に応じた指導

　乳幼児期の子どもの生活は，それぞれの家庭環境等の個別性によって大きく異なる。また，この時期の子どもの発達は心身の諸側面は相互に関連し合いながら，多様な経過をたどっていく。たとえば，この心身の諸側面を5領域の観点から捉えることができるが，子どもの発達の偏りはそれぞれ異なる（前掲p.2，図1－1）。したがって，一人ひとりの子どもの特性に応じたていねいなかかわりや援助が必要である。一人ひとりの発達を促す観点からは，それぞれの子どもの良さや好きなことなどを大切にしながら，互いに認め合える関係を目指したい。皆を一律に指導するようなことのないように留意したい。また，個々の子どもの育ちの違いを考えるとき，家庭との連携を大切にして，いっしょに育てる「**とも育て（共育て）**^{*2}」の関係をつくることも大切である。

＊2 **とも育て（共育て）**：日本で労働人口の減少により，祖父母等も働くことが多くなり，子育てにおける保護者の負担が大きくなるとともに保育所等の役割がさらに大きくなることが予想される。そのため，保護者と一緒に子どもを育てていくという視点が，より重要になる。

3 　言葉の力を育てる保育

1）子どもの育ちをめぐる課題と言葉

　子どもの育ちに関する課題と言われるものには，「人の話が聞けない」，「多動で落ち着きがない」，「場面にふさわしい行動がとれない」，「自信がない」，「あいさつができない」，「自分の考えを言えない」など，さまざまである。

　こうした子どもたちの姿は，言葉が持つコミュニケーションや思考，行動調整機能の発達と関係が深く，言葉の力の育ちと大いに関係がある。上記の諸課題は子どもとの適切ではないかかわり，言語体験の不足などに起因していると考えられる。前節で述べた保育の基本にそぐわない生活の結果と言えるのではないだろうか。ひとつは言語主義の弊害であろう。幼い子に言葉で何でも理解させようとする姿勢，おとなの指示通りに子どもをコントロールしようとするといったかかわりは，話を聞かない，自分で考えて行動したり，進んで場にふさわしい行動をとる力を育てない。

　人間はコミュニケーション能力を持って生まれてくる。第2章，3章で具体的に述べられているように，それは最初，意味ある言葉ではない声や泣き，表情や身振りなどであるが，これらに受容的・応答的にかかわることで，言葉へとつながっていく。そして，「○○だから，××しようね。」「○○できて，えらいね。」

というように理由をつけて言葉で説明したり，ほめたりすることで，子どもの行為は意味づけされ，自分で考え行動する力になっていく。こうしたかかわりなしに，おとなと同じように言葉だけで子どもを動かそう，きまりを守らせようというのは力で押さえつけているのと同じである。「約束したでしょ。どうして守れないの」といった言葉かけを時々耳にするが，言葉で約束しただけでは，自分で行動をコントロールできないのが子どもである。押さえる人がいなくなれば子どもの行動は不安定になることは想像に難くない。

　もうひとつは，子ども自身がしたいこと（多くの場合，遊びであるが）を十分にできていないことが考えられる。幼児期までの子どもは，遊びを通して，その必要感から，言葉で自分の考えを表現したり，人の話を聞いたり，自分の感情や行動をコントロールしたりする経験を積み重ねていく。いわば自分でつくったルールに自分を従わせていくので，外から決められたルールに自分を合わせることは苦手である。子どもの遊びへの思いが強いほど，子どもは粘り強く説明し，自分を主張し，人の意見を聞き，協同的に取り組むなど言葉に関してもさまざまな経験を深める。その意味で，遊びは子どもの言葉や人間関係を含め，全人格を育てる経験といえる重要な学習である。

2）言葉の育ちを促す保育

　言葉の育ちを促す保育について考えるとき，「伝えたい人がいる」「伝えたいことがある」ことは重要である。他者との気持ちや状況を分かち合い，内面世界を表現する働きを持っている言葉は，「伝えたい」「表現したい」という内容が豊かで複雑になるほど必要感が高まると考えられる。子どもの経験が複雑化し，内面世界が豊かになることによって新たな言葉が生まれ，育っていくと言える。内面世界を豊かにするために必要なのは，直接的な生活経験であり 毎日の保育の振り返りによる経験の再構成[*1]といえるだろう。

　また，2〜5人の子どもによる小グループにおいて，子どもたちの相互交渉はもっとも活性化し，子どもの学びにつながるという指摘もある[*2]。主体的，対話的で深い学びを目指すことを考えれば，参考になる指摘である。

3）保育者の役割

　子どもの言葉を育てる保育者の役割として，保育のさまざまな場面でのコミュニケーションの活性化を図ることが求められる。子どもたち一人ひとりについての理解が，保育のベースであるが，子どもを見守るだけでなく，時にはいっしょ

*1 デューイは，学びを「経験の再構成（reconstruction of experience）」であるとし，子どもの興味・関心に従って，教育内容は構成されるべきと指摘している。この考え方は進歩主義（経験主義）と呼ばれる。

*2 ヘンドリック.J, 石垣恵美子・玉置哲淳ほか訳『レッジョ・エミリア保育実践入門』北大路書房, 2000, p.13

に遊び，積極的にかかわることなどを通して子ども理解は深められる。環境設定者としての役割はそうした深い子ども理解にもとづくものであることが望まれる。子どもを俯瞰的にみることも必要だが，対等にかかわる主体としてのかかわりもまた，大切である。保育者は子どもたちの潜在能力を深いところまで感じとり，子どもたちの経験に適切に対応できる環境とすべての場を与える存在であり，子どもとの話し合いへの積極的関与を行うというレッジョの保育者たちの姿勢[1]も参考になる。

＊1 ヘンドリック.J，石垣恵美子・玉置哲淳ほか訳『レッジョ・エミリア保育実践入門』北大路書房，2000，p.13

　また，子どもたちは，話し言葉だけでなく，文字を読んだり書いたりすることにも関心を広げていく。たくさんの言葉を知り，興味や関心を深めていくためには，保育者による環境づくりや絵本や遊びなどとの出会いの機会をつくることが重要といえる。子どもの言葉の力を伸ばすためのさまざまな工夫を行い，いつのまにか（自然に）子どもが興味や関心を広げ，言葉の力を伸ばしていけるようにすることを心がけたい。

4 「幼児教育」がめざすもの

1）教育における幼児期の位置づけ
── 幼児教育において育みたい資質・能力の3つの柱

　2017（平成29）年に告示された幼稚園教育要領，保育所保育指針等では，どの施設に通っていても3～5歳のすべての子どもたちに共通の「幼児教育」を提供することとなった。また，「幼児教育」は，その後の小学校から高等学校までの学校教育において求められる3つの資質・能力の基礎を培うものと位置づけられた（図1－7）。「幼児教育」は，学校教育体系を貫く学びの基礎として位置づけられたのである。

「幼稚園，小学校，中学校，高等学校及び特別支援学校の学習指導要領の改善及び必要な方策等について（答申）」[2]では，幼児教育において育みたい資質・能力の3つの柱である「知識及び技能の基礎」「思考力，判断力，表現力等の基礎」「学びに向かう力，人間性等」について，幼児期の特性から小学校以降のような教科指導ではなく，子どもの自発的な活動である遊びや生活を通して，一体的に育むことが重要であるとされている。特に，学び方については，意欲を大切にし，アクティブ・ラーニング，試行錯誤など，成果ではなく，学びのプロセスを重視する内容となっていることに注意しておきたい。

＊2 2016（平成28）年12月，文部科学省中央教育審議会教育課程部会

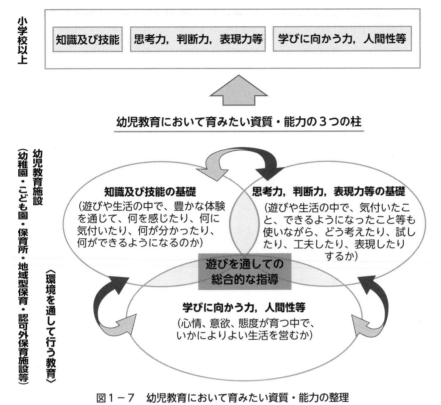

図1-7　幼児教育において育みたい資質・能力の整理

資料) 文部科学省「幼稚園、小学校、中学校、高等学校及び特別支援学校の学習指導要領等の改善及び必要な方策等について(答申) 別添資料」2016を一部改編

2) 保育内容を通して育つ力－幼児期の終わりまでに育ってほしい姿（10の姿）

　学校教育の基礎として位置づけられた「幼児教育」は，幼稚園や保育所，こども園などから小学校教育へどのように接続するかが課題となっている。学び方の違いはあるものの，幼児期の学びを小学校期の学びにどのようにつなげていくかは難しい問題である[*1]。子どもにとって無理のないこの接続の目安として示されたのが，「幼児期の終わりまでに育ってほしい姿」（次ページ図1-8）である。幼児教育施設と小学校の教職員が「幼児期の終わりまでに育ってほしい姿」を手がかりに，子どもの姿を共有するなどして幼児教育と小学校教育の円滑な接続を図ることが期待されている。

　「幼児期の終わりまでに育ってほしい姿」は5領域（健康・人間関係・環境・言葉・表現）のねらいや内容に基づき，幼児期にふさわしい遊びや生活を積み重ねるこ

*1 小学校以降を含め「学びの改革」が求められている。教師に教わるのではなく，学習の主体としての子どもの学びという観点から教育のあり方を見直していこうという姿勢の表れである。幼児教育と小学校以降の学びの改革との接続を，どのように具体化していくかが今後の課題といえる。

11

とによって，育まれる資質・能力の具体的な姿であり，特に5歳後半に見られる
ようになる姿である。これらは到達目標ではなく，子どもの育ちの目指す（発達の）
方向を表している。また，一人ひとりの子どもはそれぞれの発達の特性に応じて
育っていくため，すべての幼児に同じように見られるものではなく，個別に取り
出して指導されるものではないことにも留意しなければならない。

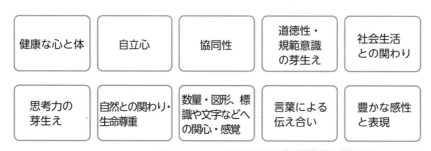

健康な心と体	自立心	協同性	道徳性・規範意識の芽生え	社会生活との関わり
思考力の芽生え	自然との関わり・生命尊重	数量・図形、標識や文字などへの関心・感覚	言葉による伝え合い	豊かな感性と表現

図1－8　幼児期の終わりまでに育ってほしい姿の整理イメージ

資料）文部科学省「幼稚園、小学校、中学校、高等学校及び特別支援学校の学習指導要領等の改善及び必要な方策等について(答申) 別添資料」2016を一部改編

【引用・参考文献】

バーク,L.E.，ウィンスラー,A，田島信元・田島啓子・玉置哲淳訳『ヴィゴツキーの新・幼児教育法』北大路書房，2001

太田光洋編著『保育内容総論〜生活・遊び・活動を通して育ちあう保育を創る』同文書院，2019

Rogoff,B.，Apprenticeship in thinking:Cognitive development in social context，NewYork: Oxford University Press，1990

ピーター・グレイ，吉田新一郎訳『遊びが学びに欠かせない理由』築地書館，2018

ヘンドリック.J，石垣恵美子・玉置哲淳ほか訳『レッジョ・エミリア保育実践入門』北大路書房，2000

文部科学省「幼稚園、小学校、中学校、高等学校及び特別支援学校の学習指導要領等の改善及び必要な方策等について(答申)(中教審第197号)」2016年12月

第2章 人の育ちと言葉の役割

学びのポイント

● 人間にとっての言葉の意義と，言葉を獲得する過程を知る。

● 伝達，思考，表現などの言葉の機能を理解する。

● 子どもの言葉の支える土台とは何かを学ぶ。

● 演習問題を通じて，子どもの言葉の発達を促す保育者のかかわりについて考えを深める。

1 言葉の持つ意義と機能

1) 言葉の持つ意義

　言葉とは何か。人間にとって言葉はどのような意義があるのか。

　言葉は我々人間の生活の中でごく自然に使われており，その意義や機能について意識されることはほとんどないと言っていいだろう。私たちが言葉の存在を意識する機会と言えば，国語の授業で物語文や評論，詩に触れたり，古文や漢文に親しんだり，英語の授業で英語と日本語との違いに戸惑ったり，興味深く感じたりする程度ではないだろうか。「英語はともかく，日本語は日本人であれば話せて当然なのに，なぜ改めて勉強しなくてはならないのか」と思ったことがある人もいるだろう。しかし，実は我々人間が言葉を話し，聞き，書き，読むことができるのは決して当たり前のことではない。そして，人間を人間たらしめているもの，それこそが言葉なのである。

　では人間とは何か。人間とそれ以外の生き物とを分かつ明確な違いはあるのか。あるとするならばそれは一体何なのか。この問いに対する答えとして一般によく知られているものとして「直立二足歩行をするか否か」，「道具を使用するか否か」，そして「言葉を使用するか否か」の3つがある。我々人間は進化の過程で直立二足歩行をするようになったことで全生物の中で突出して大きい脳を獲得した。そして多種多様な道具を使用するようになり，言葉を用いた緻密なコミュニケーションができるようになった結果，ついには高度な文明を築くに至ったのである。小学校以降，国語や英語といった「言葉」だけでなく，算数や理科や社会，音楽や図工，体育といった教科の授業を通してさまざまな分野について体系的に

学ぶことができるのも，人類の進化と社会の発展があってのことだと言えよう。

　言葉は「音声言語（話し言葉）」と「文字言語（書き言葉）」，そして「身体言語（身振り言語）」の3つに大きく分けられる。「**音声言語（話し言葉）**」とは，口から発せられた音声を他者が耳で聞くことで相互に意思の疎通を図る言葉であり，「**文字言語（書き言葉）**」とは，文字で意思を書き表し，それを他者が目で認識し理解することでその文字を書いた人物の意思を読み取る言葉だ。そして「**身体言語（身振り言語）**」とは，身振り手振りといったジェスチャーや表情などの非言語的手段を用いて他者に自身の意思を伝える言葉である。ただし，通常「身体言語（身振り言語）」は「音声言語（話し言葉）」とともに用いられることを考えれば，「身体言語（身振り言語）」はあくまでも「音声言語（話し言葉）」を補完する存在と位置付けるのが妥当であろう。これら3つの言葉は，表出の方法こそ異なるものの，いずれも他者に自身の意思を伝え，他者の意思を理解するために存在する。言葉の意義，つまり存在する理由のひとつは意思の伝達，つまりコミュニケーションにあると言っていいだろう。

　では人間はどういった過程でこの3つの言葉を身に付け，他者とコミュニケーションを図ることができるようになるのだろうか。個人差はあるが，人間は生まれてから1カ月ほど経つと**クーイング**[*1]や笑い声を，生後5〜6カ月頃には**喃語**[*2]を，1歳の誕生日を迎える頃には**初語**[*3]を発するようになる。ただし，クーイングや初期の喃語は誰かに何かを伝えるための発声ではなく，自分自身の発する音声を自分の耳で聞くことを楽しむ遊びであると考えられている。また，発せられた音声と意味も合致していない[*4]ため，これらを言葉と見なすのは適切ではないだろう。

　人間にとってのはじめての言葉，それは「**指さし**」である。指さしは「言葉の前の言葉」とも言われ，初語の出現する前，生後10〜11カ月頃に発現するようになる。指さしの表す意味はさまざまで，発達とともにその機能も拡大していく。最初期は興味を持ったものを指さすことに始まり，徐々に「あれを取ってほしい」といった要求や「（靴を指さして）散歩に行きたい」といった欲求を表すようになる。さらには「（散歩中に見かけたイヌを指さしつつ，一緒にいるおとなに対し）イヌだ，一緒に見よう」といった誘い掛けとしての機能も果たすようになる[*5]。絵本を見ながら「わんわんはどれ？」と問いかけられ，絵本に登場するイヌを指さすことで「これがイヌだ」と応えたり，その逆に，絵本に登場する動物を指さすことで「この動物の名前は何か」と一緒にいるおとなに尋ねたりすることまでできるようになる。なお，指さしは多くの場合，喃語とともに用いられるが，その後「音声言語（話し言葉）」が発達するにつれ，指さしをはじめとする「身体言語（身振り言語）」は消滅していき，4歳頃から「文字言語（書き言葉）」，文字の読み書き

*1 **クーイング**：「あー」「うー」などの母音のみで構成された発声。機嫌のよい状態のときに，よく聞かれる。

*2 **喃語**：「ぶー」「ばー」「だー」「まんまんまん」「なんなんなん」などの子音と母音によって構成された発声。

*3 **初語**：子どもが初めて発する意味のある言葉。

*4 例えばこの時期に「ぶーぶー」という発声が確認されたとしても，それは車を意味しているのではない。

*5 このとき，子どもはイヌと一緒にいるおとなとを交互に見ており，子ども・おとな・事物の三項関係が成立していることを示している。

に関心を持つようになるのである。

2）言葉の機能

　では，次に言葉の持つ機能について考えてみよう。言葉は我々の生活において
どのようなはたらきをしているのだろうか。

①「伝える」機能

　まず1つ目は，他者と自分の意思を「伝えあう」機能，つまり「伝達」の機能で
ある。前節で述べた通り，人間は音声や身振り，あるいは文字によって目の前の
現象や情景を描写したり，事象に対する考察や意見を述べたり，自己の感情を表
出したり，欲求に基づき何らかの行動を指示したり，命令したり，要請したり，
時には禁止したりする。そしてこういった言葉によるコミュニケーションを通し，
他者との関係性を深めていくのである。

　なお，人間だけでなく多くの動物，例えばイルカやクジラ，サルや鳥，一部の
昆虫も鳴き声によって仲間とコミュニケーションを図ることが広く知られてい
る。これらを広い意味での「音声言語（話し言葉）」と捉えることもできるだろう。
また，サル，特にチンパンジーは，鳴き声だけでなく身体の動きによって仲間と
コミュニケーションを取ることができる。手を振ることで移動を開始することを
他の仲間に伝えたり，他のチンパンジーの口元を触ることで食べ物を要求したり
と，数十種類ものジェスチャーを使い分けているという。また，ミツバチはダン
スによって蜜や花粉などの場所の方向と距離を仲間に伝えており，これも広義で
の「身体言語（身振り言語）」と見なすことができるだろう。ただし，人間の「音
声言語（話し言葉）」および「身体言語（身振り言語）」が表すことのできる意味内
容および表出は，これらの人間以外の生き物によるものと比べるかに複雑で多
様である。さらに言えば，人間以外の生き物は「文字言語（書き言葉）」，つまり
文字[*1]を持たない。文字を書き記すことは人間特有の能力である。人間は文字で
書き表すことにより，空間と時間を越えてその意思を伝えることができる。東京
で書かれた手紙をニューヨークで受け取って読むことができるのも，それを繰り
返し読み返すことができるのも，文字があるからである。

②「思考する」・「行動を調整する」機能

　2つ目は，「思考」し，「行動を調整する」機能である。「人間を人間たらしめてい
るものこそが言葉である」と前節で述べたが，人間とそれ以外の生き物との決定
的な違い，それは「言葉を思考の道具として使用するか否か」であろう。言語学者・
哲学者の丸山圭三郎[*2]は『言葉とは何か』の中で次のように述べている。

*1 文字：数字やその他
の記号も含む。なお，現
在，世界には約6000も
の言語があるとされるが，
このうち固有の文字を
有する言語はたった400
程度だと言われている。

*2 丸山圭三郎：日本の
哲学者・言語学者。1933
—1993。「近代言語学
の父」と呼ばれるスイス
の言語学者のソシュー
ル（フェルディナン・ド・
ソシュール《Ferdinand
de Saussure, 1857—
1913》）研究の第一人者
であり，「丸山言語哲学」
と呼ばれる独自の言語
論・人間論・文化論を構
築した。

人間の歴史は言語とともに始まった，と言われます。それは，ヨハネ福音書の冒頭に，「初めに言葉ありき」とあるからではありません。つい最近までは，多くの文化人類学者が，人間をホモ・ファベル（道具を作るヒト）として定義し，文化を示すしるしは人工の物の存在だと考えていましたが，レヴィ＝ストロースClaude Lévi-Strauss（現代フランスの人類学者。一九〇八－二〇〇九）によって代表される前衛的研究によって，これまでの通念が大きく修整されたのです。文化と自然との境界線は，道具の存在ではなく言語の所有によって引かれ，まことにここにおいてこそ飛躍が見られます。人間がホモ・ファベルであり，ホモ・サピエンス（知恵のヒト）であるためにはまずホモ・ロクエンス（言葉をもつヒト）である必要がありました。人間は言葉をもつことによってその一切の文化的営為が可能になった，とも言えるでしょう。いや，もし道具性というものに自然から文化への移行を見るというのでしたら，言葉こそは人間の発明し得た最高の道具であり，他の一切の道具の製作を可能にさせた思考の源だったのです。[*1]

人間の生物学上の呼称である「ホモ・サピエンス（知恵のヒト）」における「知恵」にせよ，文化人類学上の呼称である「ホモ・ファベル（道具を作るヒト）」における「道具」にせよ，「ホモ・ロクエンス（言葉をもつヒト）」の呼称にある「言葉」なしには，そして言葉によって成立する「思考」なしには獲得し得なかっただろう。我々人間にとって言葉は意思の伝達やコミュニケーションという外的な活動の道具であるだけでなく，思考という内的・精神的活動の道具なのである。

言語学者のチョムスキー[*2]は，「言語は思考を表出するためのシステム」[*3]であると説いた。また，「コミュニケーションは言語の**唯一の機能ではない**」[*3]「言語は，もちろん，服装やジェスチャーなどわれわれが行ういかなることでもそうできうるように，コミュニケーションのために使用されうる。そして，言語は，他の多くのことに使用することができるし，普通使用されている。統計的に言うと，考慮に値することがらについてだが，言語使用の圧倒的な部分は内的（internal）である，すなわち，思考・思索のためである」[*4]とも述べており，言葉はコミュニケーションにおいても使用されるが，あくまでもその主たる機能は思考であり，思考の表出であると主張している。

そして，思考によって人間は自己の行動を調整する。幼児は「そーっと，そーっと」と言いながら積み木を積み上げたり，「好き嫌いしないよ，もう年長さんだから」などと言いながら苦手な食べ物を頑張って口に運んだりする。これらは一人のときにも集団の中にいるときにも発現するが，つぶやくようなひとり言であることも多く，必ずしも他者への伝達を目的としていない。スイスの心理学者であ

＊1 丸山圭三郎『言葉とは何か』筑摩書房, 2008, pp.43-44

＊2 エイヴラム・ノーム・チョムスキー（Avram Noam Chomsky, 1928—）：アメリカの哲学者・言語学者。

＊3 Chomsky, Noam (2002) On Nature and Language, Cambridge University Press, Cambridge, pp.76-77（訳文引用元：大石正幸・豊島孝之訳『自然と言語』研究社, 2008, p.88-89）

＊4 Berwick, Robert and Noam Chomsky (forthcoming) "The Biolinguistic Program: The Current State of Its Evolution and Development, "The Biolinguistic Enterprise: New Perspectives on the Evolution and Nature of the Human Language Faculty, ed.by Anna Maria Di Sciullo and Cedric Boecks, Oxford University Press, Oxford. （訳文引用元：池内正幸『ひとのことばの起源と進化』開拓社, 2010, p.168—169）

るピアジェ[*1]は，こういった幼児の反復やひとり言を「自己中心的言語」と呼び，「自己中心的言語」は思考の道具であるとともに行動を調整する機能があると説いた。そして発達とともに社会性を獲得することで「自己中心的言語」は徐々に消滅するとしたが，ヴィゴツキー[*2]はピアジェの論に対し批判的な立場を取り，人間の言葉は音声を伴い表出される「外言」と，音声を伴わない，思考の道具である「内言」の二つであり，「自己中心的言語」は「外言」として表出される思考が「内言」へと移行する過渡期における一時的な表出であるとした。

　なお，こういった発話行動はおとなにも見られる。周囲に誰もいなくとも，「せーの」と言いながら重いものを持ち上げたり，「急げ，急げ」と言いながら目的地へ走ったりといった経験は誰しもあるだろう。ヴィゴツキーは「人間の思考は対話的性質を帯びている」[*3]とも説いたが，まさにこれらは自己との対話であり，自己に対する行動調整の指示である。

③「認識する」「同定する」機能

　3つ目は，対象を正確に「認識」する機能であり，この世界に存在する事物・事象と既存の言語表現とを一致させて「同定」する機能である。

　1歳から2歳にかけての子どもは，イヌを意味する「ワンワン」という呼び名を，イヌだけでなくネコやウサギなど四つ足の動物全般に対して用いることが珍しくない。これを「過剰拡張」と呼ぶが，おとながこれを矯正しようとして「これはニャンニャン。ワンワンじゃないの」と言って聞かせてもあまり効果は期待できない。翌日にはまたネコを指さして「ワンワン」と呼ぶ，という結果に終わることがほとんどである。なぜなら「過剰拡張」は，子どもがネコやウサギといった動物の名前を知らないために起きるのではなく，その子どもなりの法則が存在しているためである。上記で言えば，どの動物も「四つ足で動く」「全身が毛におおわれている」という共通した条件を満たしており，子どもはこれらの条件を満たす動物と，「ワンワン」という言語表現とを結びつけている。「イヌは『ワンワン』と呼び，ネコは『ニャンニャン』と呼ぶ」という，社会の共有認識を「標準」とするおとなは，標準から外れたものを「過剰」「拡張」と捉えるが，子どもからすれば自身の認識こそ唯一無二の「標準」であり，「過剰」でも「拡張」でもないのである。

　このような子どもならではの主観的な認識[*4]は発達の過程で修正されていく。2・3歳頃になると，子どもは一緒にいるおとなに「これ何?」と身の回りの物の名前をしきりに尋ねるようになる。対象が何という名前なのかを確かめる＝同定することに喜びを見出すこの時期を「**命名期**」あるいは「**第一質問期**」[*5]と呼ぶ。この時期は目の前に広がる世界のすべての事物・事象に名前をつける（実際にはおとなに答えさせている）行為を通して，世界を認識しようとしているかのようである。そして子どもは，発達とともに周囲の環境をより細かく，より多角的に

＊1 ジャン・ピアジェ (Jean Piaget, 1896—1980)：スイスの心理学者。

＊2 レフ・セミョノヴィチ・ヴィゴツキー (Lev Semenovich Vygotsky, 1896—1934)：ソビエト連邦の心理学者。子どもの教育においては，既に発達を遂げており一人で十分達成できる内容を取り扱うのではなく，いままさに発達しつつあり，指導者による援助やともに学ぶ仲間がいてはじめて達成が期待できる内容を取り扱うべきであり，それでこそ子どもの発達が促されるのだと説く「最近接発達領域」（第1章p.5参照）の理論の提唱者でもある。

＊3 Vygotsky, L.S.(1978) Mind in society: The Development of higher psychological processes. Harbard University Press.(訳文引用元＝岩立志津夫・小椋たみ子編『よくわかる言語発達』ミネルヴァ書房, 2005, p.55)

＊4 ピアジェはこの幼児特有の主観的な感覚を「自己中心性」と呼び，発達とともに客観的・論理的思考が可能になると説いた。

＊5 4・5歳頃になると「なんで?」と物事の原因や理由を尋ねるようになるが，この時期を「質問期」あるいは「第二質問期」と呼ぶ。

認識できるようになる。周囲の人々とのかかわりを通して，少しずつ自身の主観的な認識と社会において共有されている客観的な認識とを合致させていくのである。

物の名前だけでなく，人間の抱く感情や感覚も同様である。生まれたばかりの乳児は「興奮」の感情しか持っていないとされている。生後3か月頃になるとそれが「快」と「不快」の二つに分化し，さらに成長するにつれ，快が「嬉しい」「楽しい」「気持ちいい」「安心する」などに，不快が「眠い」「空腹だ」「暑い」「まぶしい」「退屈だ」「気持ち悪い」「怖い」などに細かく分化していく。このような情緒の発達過程では，周囲のおとなの言葉かけや働きかけが欠かせない。例をあげると，おとなに抱き上げられ，心地よく揺り動かされながら，穏やかな声で「今日はお天気で気持ちいいね」などと声をかけられる体験が幾度も繰り返されることにより，曖昧だった「快」の感情と「気持ちいい」という具体的な言語表現とが結びつく。そして「これは『気持ちいい』という気持ちなのだ」と同定されるのである。

上記からわかるように，子どもが言葉を習得することは，世界の見方を習得することであり，自己の感情や感覚といった内的世界の捉え方を習得することである。言い換えれば，我々人間はこの世界に存在するすべての事物・事象を言葉によって認識し，同定しているのである。

④「表現する」「表現を受容する」機能

最後の4つ目は「表現」する機能であり，その表現を「受容」する機能である。ここでの「受容」とは，絵本や紙芝居などの児童文化財（言語表現教材）[*1] を楽しむ「受容遊び」における「受容」同様，見たり聞いたりして楽しみ，遊ぶことを指す。

言葉の機能のひとつ目に挙げた他者へ自分の意思を「伝える」機能と混同してしまいがちだが，言葉による「表現」は必ずしも他者への情報伝達を意図しているとは限らない。伝達は他者に自分の意思が伝わることが目的であり，言葉を用いることはその目的を達成するための手段に過ぎないが，「表現」としての言葉は絵画や音楽同様，言葉で何かを表現することそれ自体が目的であることも少なくないからだ。金銭的報酬や社会的評価・名声を得たとしても，それは単なる結果に過ぎない。人間が常にこれらの成果を目的として表現するというならば，幼児は絵本を読むことも，絵を描くことも，歌を歌うこともないだろう。

「表現」すること，そしてそれを楽しむことは，人間の本能であると言っても過言ではない。我々人類は言葉でも遊び，言葉と戯れ，種々の言語表現による芸術である文芸を生み出し続けてきた。前節にて，人間という存在の特徴を表す「ホモ・サピエンス（知恵のヒト）」，「ホモ・ファベル（道具を作るヒト）」，「ホモ・ロクエンス（言葉をもつヒト）」の3つの呼称を紹介したが，オランダの歴史学者ホイジンガ[*2] は「ホモ・ルーデンス（遊ぶヒト）」という用語を用いて人間の本質を

*1 子どもを取り巻く文化を総称して「児童文化」と呼ぶが，絵本や紙芝居，ストーリーテリングやペープサート，パネルシアターなどの有形・無形の物語教材のことを「児童文化財」あるいは「言語表現教材」という。

*2 ヨハン・ホイジンガ(Johan Huizinga, 1872—1945)：オランダの歴史学者。『中世の秋』『ホモ・ルーデンス』などを著した。

示す概念のひとつが遊びであり，遊びによって人間の生活は意義あるものとなると説いた。そしてその具体例のひとつとして詩や戯曲といった文芸を挙げている。詩も，戯曲も，小説も，評論も，随筆もすべて遊びであり，芸術であり，我々の生活を豊かにしてくれる文化である。平安時代の歌謡集『梁塵秘抄』[*1]の「遊びをせんとや　生まれけむ　戯れせんとや生まれけん　遊ぶ子どもの声聞けば　わが身さへこそ揺るがるれ（遊びをしようとしてこの世に生まれてきたのであろうか，それとも戯れをしようとして生まれてきたのであろうか，無心に遊んでいる子どもたちの声を聞いていると，自分の体までが自然と動き出すように思われる。[*2]）」の歌の通り，子どもは実によく遊ぶ。人間は遊ぶために，そしてそれを楽しむために生まれてきたのかもしれない。

　乳幼児期の子どもにとっては生活そのものが遊びであり，遊びの中でさまざまなことを学んでいく。言葉の面で言えば，わらべうたや唱え言葉，なぞなぞやしりとりといった言葉遊び，児童文化財の受容遊びやごっこあそび・劇遊びなどを通して語彙が増え，表現も正確かつ巧みになっていく。そしてこういった遊びを通し，言葉の響きの美しさやおもしろさ，物語の魅力，そして表現することとその表現を受け止め，味わうことの喜びを知るのである。

＊1　梁塵秘抄：後白河法皇によって編纂された歌謡集。

＊2　引用元：臼田甚五郎・新間進一・外村南都子・徳江元正　校注・訳『新編日本古典文学全集42　神楽歌・催馬楽・梁塵秘抄・閑吟集』小学館，2000, p.281

2　言葉が育つ土台

　身体機能の面から，言葉を「聞く」ということ，そして言葉を「話す」ということを考えてみよう。

　人間の耳に空気の振動である音声が届くと，外耳道から入った音声が鼓膜と耳小骨を振動させる。その振動がさらに蝸牛と呼ばれる内耳器官の中にある基底膜を振動させ，その振動が直接，もしくはリンパ液を介して小さな有毛細胞を動かす。その有毛細胞は，感知した動きを化学信号として聴神経に伝え，聴神経から電気信号として大脳の聴覚野に伝わることで音声を知覚している。これが人間が言葉を「聞く」仕組みである。

　一方で，人間は「言葉を発する」という意思を抱くと，大脳にある運動性言語中枢から運動野にそれが伝わり運動指令が生成される。そして呼吸器，声帯，喉頭，口腔，鼻腔，口蓋，顎，唇，舌，歯といった構音器官の筋へ伝わり，肺から放出される空気（呼気）を振動させることで音声として出力される。これが人間が言葉を「話す」仕組みである。

　言葉を話すにせよ，言葉を聞くにせよ，これらの器官や神経系がすべて機能してはじめて可能となる。では，誕生時にこういった身体的な条件が整っていれば子どもは自然と言葉を話し，聞き，書き，読むことができるようになるかという

と，そうではない。子どもの言葉の育ちを支える土台としてどういったものが必要となるか，順に見ていこう。

①安全で快適な物的環境

　言葉が育つためには，まずは安全で快適な生育環境が必須である。しかし乳幼児は自身で環境を整えることができない。そこで必要となるのが子どもにとって適切な環境を整える特定のおとなの存在である。この場合の特定のおとなとは，その子どもの家庭での養育を担う父母をはじめとする養育者に限定されない。幼稚園や保育所での園生活において彼らの養護と教育を行う保育者もまた，子どもの育ちにおいて重要な役割を果たす。保育においては環境を「物的環境」と「人的環境」の二つに大別するが，まずは室内の温度や湿度，明度，十分な床面積や天井までの高さ，机や棚の適切な配置といった物的な環境を整えることで子どもの生命の維持と情緒の安定を図らなくてはならない。

②豊かな遊びを支える物的環境

　子どもが自身の興味・関心に基づき，主体的かつ意欲的に遊びに取り組み，没頭し，その喜びを味わい尽くすことのできる空間的・時間的・文化的環境を整備することも重要である。例えば自然の中で五感を刺激する遊びを展開することで，子どもの語彙や表現はさらに豊かになっていくだろう。旬の野菜や果物を手に取り，においを嗅ぎ，口にしたり，その季節の草花や虫に触れたり，年中行事や園の行事を経験したりすることや，絵本や紙芝居などの児童文化財を楽しむ機会を多く設けることも重要だ。季節の移り変わりや時間の流れを実感することや，物語の魅力や言葉の響きの美しさやおもしろさに触れることで，子どもの言葉への興味・関心はさらに高まっていくだろう。環境を構成することで間接的に養護と教育を一体的に行うことこそが保育であり，言葉の育ちを含む発達全般を支える土台であると言えよう。

③人的環境としての特定のおとなの存在

　人的環境として直接的に子どもに働きかけ，養護と教育の一体化を図ることもまた保育である。家庭においては養育者が，園生活においては保育者が子どもにとって最大の人的環境となる。人的環境としての養育者と保育者には，絶えず子どもを観察し，その子どもの意欲・興味・関心を見逃さず，必要に応じて適切な言葉かけや行動による働きかけを行うことでそれらをさらに引き出し，支えることが求められる。なお，子どもへの言葉かけにおいては養育者・保育者自身が豊かな語彙を持ち，母語の規範的文法を理解した上で肯定的かつ多彩な表現を心掛けることが肝要である。基本的に，子どもは人的環境としての養育者・保育者の言葉を模倣することで言語能力を身に付けていくからである。

④人的環境としての仲間の存在

　もうひとつの人的環境である子ども集団についても忘れてはならない。子どもは，その発達の過程でおとなと子どもの一対一の関係，おとなと子ども集団の一対多数の関係，子ども同士の一対一の関係，子どもだけで構成された集団における相互の関係といったいくつもの関係の中で喜びや楽しみを共有し，時には衝突や葛藤を経験する。特定のおとなとのかかわりだけでなく，子ども同士のかかわりの中で，遊びの中で発達していくのである。

　以上，子どもの言葉の育つ土台として必要とされる物的環境および人的環境について記してきたが，言葉の育ちとは，乳幼児期の言語発達だけを指すのではない。新しい語彙を獲得することや巧みな表現技法を身に付けることは子どもだけではなくおとなにも可能であり，一生涯にわたり人間は自身の言葉を広げ，深め，豊かにし続けていく存在であると言えるだろう。ただし，言葉を使用するための基幹的な能力の獲得はやはり乳幼児期であることは間違いない。脳科学者の酒井邦嘉[1]は「言語獲得のさまざまな研究を総合すると，だいたい6歳までに言語獲得の爆発的なピークがあると言われていて，習得される単語の数も，3,000を超えるほどである。しかし，思春期以降は，その能力が急速に衰えてしまう。最近の早期教育の過熱が必ずしもよい結果だけを生むとは言えないが，言語獲得にとって，幼稚園から小学校にかけての環境が大切なことは確かである。」[2]と指摘している。乳幼児期の言葉の育ちを支えることは，学童期や青年期，そして成人して以降の人生における言葉を通した人とのかかわり，言葉による自己表現や他者の言葉による自己表現を受容する喜び，すなわち，人生の喜びそのものを支えることと同義である。このことを踏まえ，物的・人的の両面において常にそのときのその子にとっての最善の環境を整えることが子どもとともにある養育者，そして保育者には求められているのである。

*1 **酒井邦嘉**：日本の脳科学者。チョムスキーの言語理論を脳科学の見地から実証する研究を行っている。

*2 酒井邦嘉『言語の脳科学　脳はどのようにことばを生みだすか』中央公論新社，2002，p.301

> 演習問題
>
> ・子どもの言語発達を促すため，養育者や保育者はどんなかかわりを心掛けるべきだろうか。具体的にどんなことをすべきで，どんなことをすべきでないか話し合ってみよう。

【引用文献】

丸山圭三郎『言葉とは何か』筑摩書房, 2008

Chomsky, Noam, On Nature and Language, Cambridge University Press, Cambridge, 2002（訳文引用元：大石正幸・豊島孝之《訳》『自然と言語』研究社, 2008）

Berwick, Robert and Noam Chomsky (forthcoming), The Biolinguistic Program: The Current State of Its Evolution and Development, The Biolinguistic Enterprise: New Perspectives on the Evolution and Nature of the Human Language Faculty, ed.by Anna Maria Di Sciullo and Cedric Boecks, Oxford University Press, Oxford.（訳文引用元：池内正幸『ひとのことばの起源と進化』開拓社, 2010）

Vygotsky, L.S., Mind in society: The Development of higher psychological processes. Harbard University Press.（訳文引用元：岩立志津夫・小椋たみ子　編『よくわかる言語発達』ミネルヴァ書房, 2005）

酒井邦嘉『言語の脳科学　脳はどのようにことばを生みだすか』中央公論新社, 2002

【参考文献】

丸山圭三郎『言葉とは何か』筑摩書房, 2008

池内正幸『ひとのことばの起源と進化』開拓社, 2010

山鳥重『言葉と脳と心　失語症とは何か』講談社, 2011

金村美千子編著『乳幼児の言葉』同文書院, 1998

岩立志津夫・小椋たみ子編『よくわかる言語発達』ミネルヴァ書房, 2005

第3章 領域「言葉」のねらいと内容

学びのポイント

- ●乳児の発達を知り，領域「言葉」における乳児保育にかかわるねらい及び内容を理解する。
- ●1歳以上3歳未満児の発達を知り，乳児保育と連続する領域「言葉」におけるねらい及び内容を理解する。
- ●3歳以上児の領域「言葉」におけるねらい及び内容を理解する。
- ●演習問題を通じて，10の姿に通じる「言葉を豊かにする遊び」について考えを深める。

1 乳児保育におけるねらいと内容

保育所保育の基本的な考え方や，保育のねらい及び内容などの保育の実施にかかわる事項について記載をしている保育所保育指針は，2017（平成29）年に改定を行っている。保育所保育指針は，これまでにも1965（昭和40）年に策定された後，1990（平成2）年，1999（平成11）年，2008（平成20）年の改定を経たのち，今回の改定に至っている。改定は，子どもの育ちや子育てをめぐる社会変化による子どもを取り巻く環境の変化により，なされてきたものである。2008（平成20）年からの社会状況の変化として，特に1，2歳児を中心とした保育所利用児童数の大幅な増加があり，改定の背景の一つとして挙げられている（図3-1）。

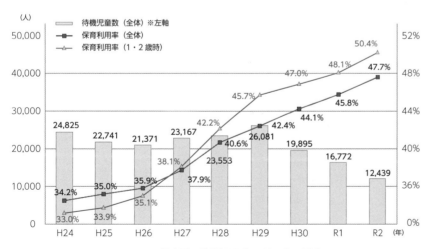

図3-1　保育所の待機児童数と利用率の推移

資料）厚生労働省「保育所等関連状況取りまとめ（令和2年4月1日）」

乳児から3歳未満児は心身の発達の基盤が形成される極めて重要な時期であることから，今回の保育所保育指針では，3歳未満児の保育の意義をより明確化し，内容の充実を図っている。3歳未満児の保育に関しては「乳児保育」および「1歳以上3歳未満児の保育」の年齢区分で記載，子どもの発達と合わせて保育内容として示している。

　特に乳児保育においては，発達の諸側面が未分化であることより，発達の特徴を踏まえ，これまで「健康」「人間関係」「環境」「言葉」「表現」としていた5つの領域につながるものとして保育のねらいを3つの視点から示している。

《保育所保育指針　第2章　1 乳児保育に関わるねらい及び内容》

ア　身体的発達に関する視点「健やかに伸び伸びと育つ」
① 身体感覚が育ち，快適な環境に心地よさを感じる。
② 伸び伸びと体を動かし，はう，歩くなどの運動をしようとする。
③ 食事，睡眠等の生活のリズムの感覚が芽生える。
イ　社会的発達に関する視点「身近な人と気持ちが通じ合う」
① 安心できる関係の下で，身近な人と共に過ごす喜びを感じる。
② 体の動きや表情，発声等により，保育士等と気持ちを通わせようとする。
③ 身近な人と親しみ，関わりを深め，愛情や信頼感が芽生える。
ウ　精神的発達に関する視点「身近なものと関わり感性が育つ」
① 身の回りのものに親しみ，様々なものに興味や関心をもつ。
② 見る，触れる，探索するなど，身近な環境に自分から関わろうとする。
③ 身体の諸感覚による認識が豊かになり，表情や手足，体の動き等で表現する。

　これらの3つの視点は，それぞれが独立したものでなく，それぞれの視点がかかわり影響し合いながら育っていくものだと捉え，子どもの育ちを支えたい。

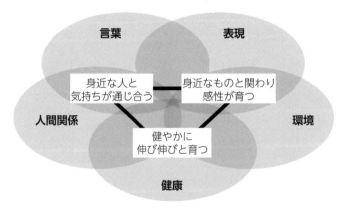

図3−2　5つの領域と3つの視点の関わり[1]

＊1 太田光洋編著『保育内容総論〜生活・遊び・活動を通して育ちあう保育を創る〜』同文書院，2019, p.142

1）乳児の発達

　乳児保育に関わるねらいと内容を学ぶには，まずは乳児の発達についての理解が必要となる。保育所保育指針には，「第2章　保育の内容」で発達と合わせて保育の内容について記載されている。

　乳児期は，母体から外界への急激な環境変化に適応しながら，心身ともに著しく成長・発達していく様子が見られる時期である。

　特に，身体的発達としては，乳児期の1年間で体重は約3倍に，身長は約1.5倍になる。生後間もないころから，周りの人や物などをじっと見つめたり，人の声や音がする方に顔を向けたりする様子が見られ，視覚，聴覚などの感覚の育ちとともに，自らを取り巻く外界について認知を始めるようになる。生後4か月ころには首がすわり，その後，寝返りをうつ，支えられて座る，自立して座る，這う，つかまり立ちをする，つたい歩きをするなど，次第に自らの意思で体を動かせるようになったり，移動ができたり，興味を持ったものに手を伸ばしたり，つかんだりという運動機能の発達が見られるようになる。また，そのことが身の回りに興味を持った探索活動の活発さにもつながっていく。

　身の回りの人や物に対する興味は，人とのかかわりの育ちにも表れてくる。人とのかかわりや言葉の育ちに関するものとして，コミュニケーションの面では，生後間もないころからの周りのおとなのかかわりにより，次第に社会的な育ちへとつながっていく。泣く，笑うといった行動や，声や表情などで自らの欲求を表現することに対して応答的にかかわる特定のおとなとの関係の中で，次第に情緒的な絆が形成されるとともに，人への基本的信頼感が形づくられていく。

　言葉の発達としては，自らの表現としての泣く，笑うなどの表現も次第に複雑化していく。応答的なおとなの丁寧なかかわりの中で，不快や快の生理的なものから社会的な表現へと変化し，自らの欲求や要求を伝える手段とする様子が見られるようになる。生後9か月ころには指さしや身振りなどで自分の意思や気持ちを表現しようとする様子が見られるようになる。身近なおとなにくみ取ってもらった気持ちなどを言葉にしてもらうことで，次第に簡単な言葉の理解ができるようになっていく。

2）領域「言葉」における乳児保育に関わるねらい及び内容

　乳児保育の内容に示される3つの視点のうち，1歳以上の育ちの中で主に領域「言葉」に展開されていくと思われるのが，「イ社会的発達に関する視点『身近な人と気持ちが通じ合う』」の視点である。この視点はいずれ「人間関係」および「言

葉」につながっていくものと考えられる。

　社会的な存在として，人と心を通わせながら育っていく乳児期には，周りの身近なおとなの愛情深い応答的なかかわりを通して，人への基本的信頼感を形成することが重要とされる。乳幼児期は，自らの気持ちを受け止めてもらいながら，応答的に愛情をもってかかわる身近な特定のおとなとの間の信頼関係を基盤に，自らを取り巻く世界が広がっていく。言葉の育ちにおいても保育者を含む身近なおとなの愛情深いかかわりが必要となる。

　乳児保育を行う上では，養護と教育の一体性を重視する保育が大切にされ，営まれている。養護とは「生命の保持」および「情緒の安定」であるが，低年齢であるほど養護的な側面が際立つ。養護的なかかわりの場面において，養護的側面だけで保育は行われるわけではない。例えば，授乳時においても排泄時においても，ミルクを飲ませたりおむつを替えたりすることは養護的側面だろう。しかしながら，その場面において，「おいしいかな」と温かなまなざしで視線を交わしたり，「気持ちよくなったね」と清潔さの気持ちよさを言葉にして伝えることは，乳児への愛情深いかかわりとなり，信頼関係構築のきっかけとなる。その中で人とのかかわりの心地よさを知ることは教育的側面であると言える。このように養護と教育が一体的に行われることは日常の保育の中では，さまざまな場面で見られる。まず，生活場面における養護と教育の一体性について次のような場面が想像される。

《生活場面１：授乳・食事時》

　一人ひとりの子どもにあったミルクを調乳し，適切に与える（養護）。その際，子どもの顔を温かいまなざしで見つめたり，ゆったりした気持ちでかかわったり，安心できる心地よい雰囲気でかかわる（教育）。「おいしいね」「おなかいっぱいになったかな」などと子どもの気持ちに寄り添いながら言葉をかける（教育）。

《生活場面２：睡眠時》

　子ども一人ひとりの午睡用の布団，部屋の採光，室温等の環境を整え，静かな環境で必要な睡眠がとれるようにする（養護）。眠るときに不安にならないようにそっと触れたりそばにいたり，「おやすみなさい」と声をかけたりする（教育）。

《生活場面３：排泄時》

　一人ひとりの子どもにあった状況のおむつ交換を行い，健康状態をチェックする（養護）。その際，「おむつ替えようね」などと声をかけ，ゆったりした気持ちで子どもにかかわる。交換後は「気持ちよくなったね」などと話しかけ，清潔の心地よさを伝え，気持ちよく過ごせるように配慮する（教育）。

《生活場面４：衣服の着脱時》

　一日の生活の流れの中で必要に応じて着替えを行うことの援助を行う（養護）。

着脱時には「次はおててを出そうね」などと着脱の見通しが持てるように声をかけ，子ども自身が着脱に興味が持てるような配慮を行う（教育）。

①乳児保育に関わるねらい

> イ　社会的発達に関する視点「身近な人と気持ちが通じ合う」
> 受容的・応答的な関わりの下で，何かを伝えようとする意欲や身近な大人との信頼関係を育て，人と関わる力の基盤を培う。
> （ア）ねらい
> ① 安心できる関係の下で，身近な人と共に過ごす喜びを感じる。
> ② 体の動きや表情，発声等により，保育士等と気持ちを通わせようとする。
> ③ 身近な人と親しみ，関わりを深め，愛情や信頼感が芽生える。

　保育所保育指針における「ねらい」とは，子どもが保育所の生活を通して発達していく姿を踏まえ，保育所保育において育みたい資質・能力を子どもの生活する姿から捉えたものである。育みたい資質・能力は，保育における到達目標ではなく，育みたい方向としての目標である。子どもの生活や遊びの中で，乳児保育であれば前述した３つの視点が関連し重なりながら一体的に展開されていくものである。

　３つの視点の中でも，いずれ「言葉」の領域の育ちに深くかかわっていくのが「イ　社会的発達に関する視点」の「身近な人と気持ちが通じ合う」という視点である。他の視点も関連し合い重なりながら発達を遂げていくものではあるが，「言葉」および「人間関係」につながっていくことが大いに考えられるこの視点におけるねらいを一つずつ確認したい。

> ねらい①安心できる関係の下で，身近な人と共に過ごす喜びを感じる。

　乳児は気持ちを表現する方法として，泣く，笑う，喃語[*1]等で身近なおとなに伝える。例えば，泣いたら「おなかがすいたかな」「おむつが濡れているかな」「甘えたいのかな」などと泣きの原因を想像し，乳児に寄り添ってかかわろうとする保育士は乳児にとって安心できる存在となっていく。いつもかかわってくれる身近な存在である保育士がいることそのものが，安心できる環境となり，特定の保育士を信頼できる存在と感じるようになる。毎日を過ごす保育室などでも，遊びながらも愛着対象である特定の保育士を確認しながら安心して遊ぶ様子が見られる。これらは乳児の情緒の安定にもつながり，ともに過ごすことの心地よさや喜びを感じるようになる。

*1 第2章 p.14参照。

> ねらい②体の動きや表情，発声等により，保育士等と気持ちを通わせようとする。

　乳児は生後早い段階から欲求を泣きで知らせる。最初は不快を感じることでの生理的な泣きであるが，周りのおとながその理由について想像を重ねながら温かい愛情をもってかかわることで，次第に乳児自身の欲求や気持ちを伝える方法となっていく。いつも話しかけてくれるおとなの声がするほうに顔を向けたり，かかわりに対して手足をバタバタと動かして反応したりする。手を伸ばして触ろうとしたり，笑いかけたり，喃語や発声で周りに対して働きかける様子も見られる。保育士がそのような乳児の働きかけに応答的に言葉にしてかかわることで，次第に言葉の意味を理解したり，自らも言葉を使ってみようとしたりするようになる。

> ねらい③身近な人と親しみ，関わりを深め，愛情や信頼感が芽生える。

　いつも温かくかかわってくれる身近な特定のおとなと一緒にいる心地よさや喜びを感じるようになった乳児は，誰かとともにいる心地よさを学ぶことにより人への基本的な信頼感を形成していく。特定の保育士に愛情を感じ，親しみながら気持ちを通わせ，より深いかかわりを求めるようになる。乳児にとっての「安心できる環境」であり「大切な大好きな人」である特定の保育士等との間に信頼感が芽生え，それを基盤に，周りのおとなや他の子どもなどへの関心へとつながり，乳児の世界を広げていくものとなる。乳児の保育に関しては基準としての保育士配置だけでなく，特定の保育士との信頼関係構築を目指し，**担当制**[*1]をとっている園も多くみられる。

②乳児保育に関わる内容と保育士の関わり

（イ）内容
①子どもからの働きかけを踏まえた，応答的な触れ合いや言葉がけによって，欲求が満たされ，安定感をもって過ごす。
②体の動きや表情，発声，喃語等を優しく受け止めてもらい，保育士等とのやり取りを楽しむ。
③生活や遊びの中で，自分の身近な人の存在に気付き，親しみの気持ちを表す。
④保育士等による語りかけや歌いかけ，発声や喃語等への応答を通じて，言葉の理解や発語の意欲が育つ。
⑤温かく，受容的な関わりを通じて，自分を肯定する気持ちが芽生える。

＊1 **担当制**：子ども一人ひとりに対して，決まった保育者を担当者とすること。主に子どもの生活面（食事，排泄等）の援助を，いつも決まった保育者が担当する保育の方法。園での長時間保育を考えて複数での担当制を行っている保育所などもある。

　保育所保育指針における「内容」とは，「ねらい」を達成するために保育士等が子どもの生活する様子などを通しての発達を踏まえながら適切に援助し，子ども自身が環境に主体的にかかわりながら身につけていくことが望まれる事項である。

　内容④には，「保育士等による語りかけや歌いかけ，発声や喃語等への応答を通じて，言葉の理解や発語の意欲が育つ。」と記載されている。子どもにとって身近な保育士から優しく語りかけられ，わらべうたなどを柔らかに歌ってもらうことは心地よさを感じるものとなる。また，まだ言葉で自らの思いを十分に表現することのできない乳児は，泣くことで不快を表現し，機嫌のよさを喃語や笑いで表現する。その表現に適切に応答する保育士の姿は，自分は受け止められているという子どもの安心感と喜びにつながり，保育士からの語りかけなどを通したやり取りを心地よいものとして感じるようになっていく。表現をわかってもらえる喜びは，次第に伝えたい気持ちへとなり，言葉の理解にもつながり，言葉で表現したい意欲へとつながっていく。

　内容⑤には「温かく，受容的な関わりを通じて，自分を肯定する気持ちが芽生える。」と記載されている。保育士の子どもに対する温かな愛情をもった受容的態度は，子どもにとっても受け止めてもらえた安心感につながり，保育士に対する信頼感へ，また自らを肯定する気持ちへとつながっていく。愛され大切にされることを実感することは，子どもの安定・安心につながり，伸び伸びと自己発揮できるようになる。自らをかけがえのない存在であることを認識し肯定する気持ちの芽生えは，生涯にわたって生きる力の基盤となりうるだろう。

　また，保育所保育指針には「内容の取扱い」が記載されている。「内容の取扱い」には，保育士等が保育を行うにあたって留意すべき事項が示されている。

(ウ) 内容の取扱い
①保育士等との信頼関係に支えられて生活を確立していくことが人と関わる基盤となることを考慮して，子どもの多様な感情を受け止め，温かく受容的・応答的に関わり，一人一人に応じた適切な援助を行うようにすること。
②身近な人に親しみをもって接し，自分の感情などを表し，それに相手が応答する言葉を聞くことを通して，次第に言葉が獲得されていくことを考慮して，楽しい雰囲気の中での保育士等との関わり合いを大切にし，ゆっくりと優しく話しかけるなど，積極的に言葉のやり取りを楽しむことができるようにすること。

遊びの場面における保育者のかかわりでは，次のような場面の例が想像される。具体的な場面をイメージし，保育者として適切なかかわりを持ちたい。

《遊び場面1：物の受け渡しを楽しむ》

「はいどうぞ」「ちょうだい」「ありがとう」「ではお返しに，はいどうぞ」などと，身近な玩具を保育者に手渡ししたり，受け取ったりする遊びを楽しむ場面は，保育の場でよく見られる。何度も繰り返し繰り返しやり取りを楽しむ様子の中から，保育者との交流を楽しむ様子が見られる。保育者は温かなまなざしで子どもとの交流の時間を楽しみたい。

《遊び場面2：興味を持ったものに手を伸ばしてつかもうとする》

子どもは玩具の方向を見たり指をさしたりして興味を示すことがある。「○○ちゃんのほしいものはどれかな」などと，子どもの気持ちを言葉に置き換えながら，子どもの指し示すものに対して興味を共有し言葉に変えて，子どもの「伝わっている」気持ちや，「自分も伝えたい」気持ちが高まるようにしたい。

> 演習問題
>
> ・乳児にとって安心できるかかわりとはどのようなかかわりか考えてみよう。
> ・生活の場面（食事，排泄，睡眠，衣服の着脱等）で，養護と教育の一体性を持ったかかわりについて，場面を想像して考えてみよう。

2　1歳以上3歳未満児の保育におけるねらいと内容

保育所保育指針が前回改訂された10年前と比較すると，3歳未満児の保育所利用児童数が増加している（p.23，図3−1参照）。また，乳児から3歳未満児は心身の発達の基盤が形成される極めて重要な時期である。さらに，心身の発達が短時間で顕著であることや発達の個人差が大きいことも明らかになっている。そのため，乳児から幼児へと育っていく1歳以上3歳未満児の保育は，一人ひとりの発達に応じたきめ細かい保育士の援助が必要とされる。幼児教育である3歳以上児と同様に「健康」「人間関係」「環境」「言葉」「表現」の5つの領域で保育のねらいが示されているが，3歳以上児と同様に5つの領域を適用するわけではない。この時期の子どもの保育では，その5つの領域それぞれが重なり関連し合って育っていくものであることに留意して保育を展開されることを理解したい。

1）1歳以上3歳未満児の発達

　1歳を過ぎたころから3歳を迎えるまでの子どもは短期間に著しい発達が見られる。身体的発達としては，1歳を過ぎたころから歩き始め，次第に歩行がしっかりとしてくる。その後，しゃがむ，2歳ころには走るようになってくる。両足で跳んだり，階段の上り下りをしたり，基本的な運動機能が次第に発達してくる。身の回りのことへの興味関心が広がり，行動範囲も広がっていく。また，食事時においても手づかみからスプーンを使う様子が見られるようになったり，物をつまんだり，絵本をめくったりと，指先の発達も見られるようになってくる。そのため，自らの身の回りのことを自分でしようとする様子が見られる。

　言葉の育ちとしては，次第に発声が明瞭になり，1歳半を過ぎるころには語彙が増える。指さしや身振り，片言などを使って，自分の気持ちや思い，また自らの欲求を言葉として表現することができるようになる。**象徴機能**[*1]の発達により，玩具を使って簡単なごっこ遊びなどを行う様子も見られるようになる。自分のしたいことやしてほしいことなどが意識できるようになるとともに，それを周りの身近なおとななどに伝えるようになる。また，やり取りそのものを楽しむ様子も見られる。

　この時期の子どもには，自らの心を意識し始めることにより，自己主張が強く表れてくる。自分の気持ちが通らず，かんしゃくを起こす様子も見られるが，身の回りのおとなの柔軟で温かい受け止めにより，自立への欲求を高め，さらに主体的に周りの環境にかかわっていく様子が見られる。

*1 **象徴機能**：実際には目の前にはない事物や場所、場面などをイメージして、玩具などを別のものに見立てたり、そのつもりになったりすること。

2）領域「言葉」における1歳以上3歳未満児に関わるねらい及び内容

　乳児保育の内容に示された3つの視点のうち「イ　社会的発達に関する視点『身近な人と気持ちが通じ合う』」の視点は，1歳以上の育ちの中で主に領域「言葉」および「人間関係」に展開されていくものとして考えられる。

　ここで，乳児保育と1歳以上3歳未満児の保育のねらいを整理する（表3-1）。

　乳児保育の視点の一つである「身近な人と気持ちが通じ合う」のねらいからは，乳児期が人との基本的信頼感を形成する重要な時期であり，その時期を人と過ごすことの喜びや気持ちを交わすことの信頼感が重視されていることがわかる。このように乳児期に身近な特定のおとなとの信頼関係を築くことが根本となり，その後の言葉の育ちへとつながっていくことが読み取れる。乳児期のみならず，1歳以上3歳未満児の保育においても，言葉の育ちは人とのかかわりを通して行われるものであることが示され，その積み重ねが言葉で表現することにつながっていく。

表3－1　乳児保育と1歳以上3歳未満児の保育のねらい

	乳児保育	1歳以上3歳未満児の保育
	社会的発達に関する視点「身近な人と気持ちが通じ合う」	領域「言葉」
ねらい	① 安心できる関係の下で，身近な人と共に過ごす喜びを感じる。 ② 体の動きや表情，発声等により，保育士等と気持ちを通わせようとする。 ③ 身近な人と親しみ，関わりを深め，愛情や信頼感が芽生える。	①言葉遊びや言葉で表現する楽しさを感じる。 ②人の言葉や話などを聞き，自分でも思ったことを伝えようとする。 ③絵本や物語等に親しむとともに，言葉のやり取りを通じて身近な人と気持ちを通わせる。

表3－2　1歳以上3歳未満児と3歳以上児の保育のねらい

領域「言葉」	1歳以上3歳未満児の保育	3歳以上児の保育
ねらい	①言葉遊びや言葉で表現する楽しさを感じる。 ②人の言葉や話などを聞き，自分でも思ったことを伝えようとする。 ③絵本や物語等に親しむとともに，言葉のやり取りを通じて身近な人と気持ちを通わせる。	①自分の気持ちを言葉で表現する楽しさを味わう。 ②人の言葉や話などをよく聞き，自分の経験したことや考えたことを話し，伝え合う喜びを味わう。 ③日常生活に必要な言葉が分かるようになるとともに，絵本や物語などに親しみ，言葉に対する感覚を豊かにし，保育士等や友達と心を通わせる。

　次に，1歳以上3歳未満児と3歳以上児の「言葉」のねらいを整理する（表3－2）。

　乳児期に，身近な特定のおとなの温かい愛情と信頼感の中で気持ちを通わせることで，特定のおとなのかかわりを深めるようになり，人への基本的信頼感が芽生え，育まれる。その後，1歳から3歳未満児の時期には，特定の身近なおとなとの関係を基盤として，さらには自らを取り巻く他のおとなや子どもなどへの関心を広げる。自分の意思が意識できるようになると，してほしいことやしたいことを「もっと伝えたい」というような欲求が言葉をもって表出される。1歳以上3歳未満児と3歳以上児の領域「言葉」のねらいを比較すると，人との関係が広がるとともに「伝え分かち合う」ためのコミュニケーションとしての言葉の育ちが読み取れる。乳児期および1歳以上3歳未満児の育ちの積み重ねを土台として，その後の3歳以上児の保育で，さらに，子ども自身が主体的に環境にかかわ

りながら活動を行うなどの保育が展開されるようになる。

　保育所保育指針第1章の「4　幼児教育を行う施設として共有すべき事項（2）」には、「幼児期の終わりまでに育ってほしい姿」として10項目の育ってほしい姿が示されている。幼児期の終わりとは小学校就学前の時期の5歳児の子どもの姿を指すが、その時期になっていきなり見えてくる姿ではない。乳児期、1歳以上3歳未満児の時期から少しずつ積み重なって、見えてくる姿である。保育者はそのことを念頭に置き、日々の愛情深い丁寧で応答的なかかわりや充実感が次第に積み重なり、「幼児期の終わりまでに育ってほしい姿」へとつながっていくことを意識したい。

　乳児保育と同様に1歳以上3歳未満児の保育においても、養護と教育の一体性を重視する保育が営まれている。3歳未満児の保育において、保育の場面では養護的な側面が多くみられるが、保育は養護的側面だけで保育は行われるわけではない。乳児期同様に、生命の保持と情緒の安定を図りながら、豊かな経験を行うこと、すなわち教育の側面のかかわりも同時に行う場面はしばしばみられることである。まず、生活場面における養護と教育の一体性について、前述の「乳児保育」を参考に、1歳以上3歳未満児の日々の生活場面を想像してほしい。

①1歳以上3歳未満児の保育に関わるねらい

言葉の獲得に関する領域「言葉」

　経験したことや考えたことなどを自分なりの言葉で表現し、相手の話す言葉を聞こうとする意欲や態度を育て、言葉に対する感覚や言葉で表現する力を養う。

（ア）ねらい

①言葉遊びや言葉で表現する楽しさを感じる。

②人の言葉や話などを聞き、自分でも思ったことを伝えようとする。

③絵本や物語等に親しむとともに、言葉のやり取りを通じて身近な人と気持ちを通わせる。

　保育所保育指針における「ねらい」とは、子どもが保育所の生活を通して発達していく姿を踏まえ、保育所保育において育みたい資質・能力を子どもの生活する姿から捉えたものである。育みたい資質・能力は、保育において到達目標ではなく、育みたい方向としての目標である。子どもの生活や遊びの中で、5つの領域が一体的に展開されていくものである。

　1歳以上3歳未満児の保育と3歳以上児では、同じ領域「言葉」でも、子どもの

発達の特徴により，ねらいの表現が異なってくる。1歳以上3歳未満児の領域「言葉」におけるねらいを一つずつ確認したい。

> ねらい①言葉遊びや言葉で表現する楽しさを感じる。

　身近な特定のおとなである保育士との温かな関係の中で，気持ちの交流や感情共有などの心地よさを知ることを通じて，子どもは他者と言葉を通してかかわりあい，伝えたい気持ちを高めていく。また，話したい，伝えたいという気持ちを高めることが言葉の育ちに大きくかかわってくる。

　この時期には，言葉の響きのおもしろさや美しさ，言葉の表現の楽しさや，他者と言葉を通してかかわることの喜びを感じることこそが，言葉の育ちを支えるものとなる。1歳を過ぎたころから一語文を話し始めるが，その多くが子どもにとって身近な人やものを指す言葉で，「マンマ」「ママ」「パパ」などの身近な人に関する一語や，「ワンワン」「ブーブー」など身近な生き物やものを指す一語について話し始める。「おなかすいたかな」「ママここにいるよ」「パパ大好きね」「ワンワンかわいいね」「大きなブーブー，ばいばい」などと，言葉を補いながら周りのおとなが丁寧に言葉のやり取りをする中で，伝えたい欲求が高まる。また，言葉そのものの美しさやオノマトペ[*1]などの楽しさは絵本などを通して伝えることも言葉そのものへの興味を深めるものとなる。オノマトペの楽しさを十分に味わえる絵本として『もこ　もこもこ』（谷川俊太郎作　文研出版，1977）や『**はじめての ぼうけん１　ぴょーん**』（まつおかたつひで作　ポプラ社，2000），『**だるまさんが**』（かがくいひろし作　ブロンズ新社，2008）などがある。

　また，身近なおとなである保育士と，挨拶を交わす，生活場面や遊びの場面の中で言葉を交わすなどの日常でのかかわりが言葉の育ちを促すものとなる。乳児期から身振り等を通して，挨拶の表現を行うことはあるが，この時期になるとその挨拶は言葉と身振りを伴ったものとなる。保育士等はその子どもの気持ちを受け止め，言葉とともに表情，身振り，声，雰囲気などを合わせて，丁寧に応答していくようにする。その丁寧な温かいかかわりの中で，この時期の子どもは言葉を交わす心地よさや喜びを感じ，おとなの言葉を真似したり，言葉で表現することの楽しさを感じたりするようになる。

> ねらい②人の言葉や話などを聞き，自分でも思ったことを伝えようとする。

　保育士の丁寧で温かいかかわりの中で，表情や身振りを伴った言葉を交わすことは，この時期の子どもの「伝えたい」気持ちへとつながっていく。この時期の

*1 **オノマトペ**：擬音語擬態語を指す。物の状態や行動や様子などを音で表現すること。例えば，「水がピチャピチャはねる」や「ホカホカなごはん」，「キラキラした光」など。

子どもは,「これなあに」と言葉にして周りのおとなに尋ねる場面がよくみられる。保育士などが「○○だよ」と丁寧にかかわっていく中で, 人と言葉を介してのかかわりの楽しさや喜びを知り, 知っているものでも「これなあに」と聞いてくるようになる。また, 身近な特定のおとなとの信頼関係を基盤に少しずつ他者とのかかわりが広がっていくこの時期には, 保育士が間に入って友だちとかかわる楽しさも感じていくようになる。身近な人とのかかわりを通して, 人の言葉を聞きたい, わかりたい, 自分も言葉を使ってかかわりたいと思うことが言葉の育ちを促す。

> ねらい③絵本や物語等に親しむとともに, 言葉のやり取りを通じて身近な人と気持ちを通わせる。

乳児期から身近な特定のおとなとの間で人への基本的信頼感を構築し, 愛情を感じ, 親しみながら気持ちを通わせ, より深いかかわりを求めるようになるこの時期の子どもは, 保育士や他の子どもと絵本や物語等を楽しむ姿が見られるようになっていく。2歳ころになると, これまでのかかわりの中で得たと思われる言葉を自分なりに把握しながら話す様子が見られるようになる。保護者や保育士などの真似をして言葉を発してみたり, 生活の中でよく聞く言葉を使おうとする。また, 少しずつ, 前後のつながりのある言葉を話そうとする様子が見られる。

絵本やお話などを見たり聞いたりすることを好み, 保育士や他の子どもと顔や視線を合わせてお互い笑い合うことや, 驚く場面で一緒に声を出してみたりと, 人とのコミュニケーションを楽しむ様子も見られるようになる。他者の気持ちがわかったり, 他者の言うことを聞いたり, 自分の共感する気持ちや伝えたい気持ちが育つようになる。

簡単なストーリーの絵本を楽しむようになり,『**おおきなかぶ**[*1]』(A・トルストイ再話, 内田莉莎子訳　福音館書店, 1966),『**三びきのやぎのがらがらどん**[*2]』(瀬田貞二訳　福音館書店, 1965) など繰り返しのある絵本を好むようになる。また, 身近な生活に関する絵本や「自分でやってみたい」気持ちと共感できるような『**しろくまちゃんのほっとけーき**』(わかやまけん作　こぐま社, 1972),『**ねないこだれだ**』(せなけいこ作　福音館書店, 1969),『**もりのおふろ**』(西村敏雄作　福音館書店, 2008),『**おべんとうバス**』(真珠まりこ作　ひさかたチャイルド, 2006), など少人数の子どもとじっくり読んだり, 集団での読み聞かせ場面では他者との感情交流ができたりするような環境を準備したい。そのような経験を通して, 他者に話したい, 他者の話が聞きたいという経験を積み重ねることが言葉の育ちにつながる。

*1 第9章 p.160参照。
*2 第10章 p.177参照。

②1歳以上3歳未満児の保育に関わる内容と保育士のかかわり

表3－3　1歳以上3歳未満児と3歳以上児の領域「言葉」の内容

1歳以上3歳未満児の保育	3歳以上児の保育
① 保育士等の応答的な関わりや話しかけにより，自ら言葉を使おうとする。	① 保育士等や友達の言葉や話に興味や関心をもち，親しみをもって聞いたり，話したりする。
② 生活に必要な簡単な言葉に気付き，聞き分ける。	② したり，見たり，聞いたり，感じたり，考えたりなどしたことを自分なりに言葉で表現する。
③ 親しみをもって日常の挨拶に応じる。	③ したいこと，してほしいことを言葉で表現したり，分からないことを尋ねたりする。
④絵本や紙芝居を楽しみ，簡単な言葉を繰り返したり，模倣をしたりして遊ぶ。	④ 人の話を注意して聞き，相手に分かるように話す。
⑤ 保育士等とごっこ遊びをする中で，言葉のやり取りを楽しむ。	⑤ 生活の中で必要な言葉が分かり，使う。
⑥ 保育士等を仲立ちとして，生活や遊びの中で友達との言葉のやり取りを楽しむ。	⑥ 親しみをもって日常の挨拶をする。
⑦ 保育士等や友達の言葉や話に興味や関心をもって，聞いたり，話したりする。	⑦ 生活の中で言葉の楽しさや美しさに気付く。
	⑧ いろいろな体験を通じてイメージや言葉を豊かにする。
	⑨絵本や物語などに親しみ，興味をもって聞き，想像をする楽しさを味わう。
	⑩ 日常生活の中で，文字などで伝える楽しさを味わう。

　1歳以上3歳未満児と3歳以上児の領域「言葉」の内容を比較すると，身近な保育士などのおとなとの関係を基盤に友だちとの関係が広がるとともに，「伝え分かち合う」ためのコミュニケーションとしての言葉の育ちや，想像をめぐらせることで自らの気持ちの表現が豊かになっていく様子が読み取れる。乳児期および1歳以上3歳未満児の育ちの積み重ねを土台として，その後の3歳以上児の保育で，さらに，子ども自身が主体的に環境にかかわりながら活動を行い，自らの話をしっかり聞いてもらう経験を重ねることで，他者の話をじっくりと聞く気持ちが育ち，他者の気持ちに寄り添おうとする様子が育っていく。

　また，保育所保育指針で保育士等が保育を行うにあたって留意すべき事項として示されている「内容の取扱い」は次のような内容である。

（ウ）内容の取扱い

① 身近な人に親しみをもって接し，自分の感情などを伝え，それに相手が応答し，その言葉を聞くことを通して，次第に言葉が獲得されていくものであることを考慮して，楽しい雰囲気の中で保育士等との言葉のやり取りができるようにすること。

② 子どもが自分の思いを言葉で伝えるとともに，他の子どもの話などを聞くことを通して，次第に話を理解し，言葉による伝え合いができるようになるよう，気持ちや経験等の言語化を行うことを援助するなど，子ども同士の関わりの仲立ちを行うようにすること。

③ この時期は，片言から，二語文，ごっこ遊びでのやり取りができる程度へと，大きく言葉の習得が進む時期であることから，それぞれの子どもの発達の状況に応じて，遊びや関わりの工夫など，保育の内容を適切に展開することが必要であること。

　子どもの環境としての保育士は，子どもにとっての言葉の表現に関するモデルとなる。子どもとの言葉のやり取りを楽しむには，保育士自身が言葉の美しさや楽しさを感じ，子どもに伝えることができるようにし，子ども同士がかかわりを持てるように子どもの間で仲立ちができるようにしたい。保育士自らが他者の話を聞くことの重要性や，他者に自らの気持ちを言葉で表現する力量を身につけ，子どもの言葉環境としての役割を担うように心がけたい。

演習問題

・「乳児保育」「1歳以上3歳未満児の保育」「3歳以上児の保育」の保育内容のねらいを見て，その表現の違いが指し示すものは何かについて考えてみよう。

【参考文献】

厚生労働省「保育所保育指針解説」2018

汐見稔幸監修『保育所保育指針ハンドブック』学研, 2017

茶々保育園グループ社会福祉法人あすみ福祉会『見る・考える・創りだす乳児保育 I・II』萌文書林, 2019

太田光洋編著『保育内容総論〜生活・遊び・活動を通して育ちあう保育を創る〜』同文書院, 2019

須永進編著『乳児保育の理解と展開』同文書院, 2019

3　3歳以上児におけるねらいと内容

　私たちは「言葉」という便利なツールを用いて,思いをめぐらせたり,考えたり,他者とコミュニケーションをとったりしている。時には時間と空間を超えて,自分の思いを伝えたり,他者の思いに触れたりすることもできる。文字を使った表現を除き,その言葉の持つ機能の多くを就学前に獲得していくわけであるから,この時期の保育がいかに重要であるかは,想像に難くない。

　さて,領域「言葉」の3歳以上児の保育のねらいと内容は,いくつかの文言（「子ども」と「幼児」,「保育士」と「先生」など）以外は,幼稚園教育要領,保育所保育指針,幼保連携型認定こども園教育・保育要領（以下幼稚園教育要領などとする）において,共通したものが定められている。これは,いかなる園種においても,同様の就学前教育を受けることができ,次節で述べる,「幼児期の終わりまでに育ってほしい姿」の10項目に通じるところである。本章では保育所保育指針を引用して記載するので,必要に応じて幼稚園教育要領などと照らし合わせながら確認してほしい。

《保育所保育指針　第2章　3　3歳以上児の保育に関わるねらい及び内容》

> エ 言葉
> 　経験したことや考えたことなどを自分なりの言葉で表現し,相手の話す言葉を聞こうとする意欲や態度を育て,言葉に対する感覚や言葉で表現する力を養う。
> （ア）ねらい
> ① 自分の気持ちを言葉で表現する楽しさを味わう。
> ② 人の言葉や話などをよく聞き,自分の経験したことや考えたことを話し,伝え合う喜びを味わう。
> ③ 日常生活に必要な言葉が分かるようになるとともに,絵本や物語などに親しみ,言葉に対する感覚を豊かにし,保育士等や友達と心を通わせる。
> （イ）内容
> ① 保育士等や友達の言葉や話に興味や関心をもち,親しみをもって聞いたり,話したりする。
> ② したり,見たり,聞いたり,感じたり,考えたりなどしたことを自分なりに言葉で表現する。
> ③ したいこと,してほしいことを言葉で表現したり,分からないことを尋ねたりする。

④ 人の話を注意して聞き，相手に分かるように話す。

⑤ 生活の中で必要な言葉が分かり，使う。

⑥ 親しみをもって日常の挨拶をする。

⑦ 生活の中で言葉の楽しさや美しさに気付く。

⑧ いろいろな体験を通じてイメージや言葉を豊かにする。

⑨ 絵本や物語などに親しみ，興味をもって聞き，想像をする楽しさを味わう。

⑩ 日常生活の中で，文字などで伝える楽しさを味わう。

1）言葉で表現する楽しさを味わう

　領域「言葉」の説明としてまず，「経験したことや考えたことなどを自分なりの言葉で表現し」とある。はじめは，語彙の少なさや構音機能が未発達であるための不明瞭な発音，文字の置き換えや，間違えて覚えている単語など，幼さゆえの間違いがあるものである。保護者や保育者などの周りのおとなは，そのことは気にせず，経験したことや考えたことを表現できる環境を確保することが大切である。では，「自分なりの言葉で表現したい」と思える環境とは，どのような環境であろうか。

　「ねらい」の一つ目に書かれている項目も，「自分の気持ちを言葉で表現する楽しさを味わう。」である。言葉に限らず，乳幼児期の発達は，子どもの興味関心に沿って進めていく必要がある。では，子どもたちが自分の気持ちを言葉で表現した時に，「楽しい」を感じるのはどのような時か考えてみたい。「表現」するときには，「伝えたいこと（もの）」と「伝えたい相手」が存在する。そして，伝えたい内容が相手に伝わった時，相手の反応が得られた時に「楽しい」と感じることができ，また伝えたいという意欲にもつながるといえるであろう。そのため，子どもたちが言葉で表現する楽しさを味わうためには，受け手である保育者の応答が大きく影響することは忘れずに意識する必要がある。

　「（雨上がりの園庭で）ねぇ，せんせい，みて　みて　おにわが　うみになっちゃった。」と話しかけられた時，あなたならどのようにこたえるだろうか。その子どもが，伝わったことを喜び，伝えてよかったと思える応答をこころがけておく必要がある。

　次に紹介するのは，晴佐久昌英著『**星言葉**』からの抜粋である。

「聞く」（『星言葉』より）

　ある女子高生からの手紙

　「私が友人関係でひどく落ち込んでいたとき，母に相談しました。母は黙って聞いていましたが，しばらくしてからこんな手紙をくれました。『お母さんに打ち明けてくれてありがとう。お母さんは何もしてあげられないけど，お母さんに話した分，苦しみは半分になると思います。これからは二人で悩もうね』。今までの人生でいちばんうれしかったことです。」

　子供が何も話してくれない，と嘆く親がいる。いったい何を考えているのか，全然わからない。話しかけても煙たがられるばかり，反抗期なのかしら，と。

　それは親が本気で聞かないからだ。ちゃんと聞いてくれない人にせっせと話す人などいない。子供は親が，自分の言うことをありのままには受け止めてくれないことをよーく知り抜いているから，話す気になれないのだ。

　（中略）

　信頼関係も重要だ。自分の話に，とことんつきあってくれるという信頼。秘密を守り，一人の人間として尊敬してくれるという信頼。話し手と聞き手を結ぶ，大切な架け橋だ。

　子供たちは，その鋭敏な感受性で正確に，相手の聞く姿勢，受け入れる容量を読んでいる。こりゃダメだと思ったら，決して話さない。話したって，帰ってくる言葉は決まっているんだから。

星言葉
晴佐久昌英作
女子パウロ会 (1997)

　（中略）

　本気で聞いてくれる親をもつことが，どれほど幸せなことか。それは「人生で一番うれしいこと」になるほどだ。

　「親」を「先生」もしくは「保育者」と置き換えるとわかりやすいが，ぜひ，本気で話を聞ける保育者でありたい。

　前掲の保育所保育指針「内容」の中にもこのように書かれている。

　「②したり，見たり，聞いたり，感じたり，考えたりなどしたことを自分なりに言葉で表現する。」。保育者との1対1の関係の中での表現だけでなく，集団の中でも話をする場面を設けることで，言葉で表現する経験が培われていく。例え

ば，クラスの中での誕生会では，一人だけに注目が集まり，恥ずかしさもあるが，皆が自分の話を聞いてくれる高揚感や達成感を得やすい経験につながる。保育者からの質問に答えるような形から始められれば，自分の思いを伝えやすいだろう。また，週明けや，長期休み明けにどのような経験をしたのか尋ねるのも，一つの方法である。はじめは，たどたどしくもあり，うまく順序だてて話すことができないこともあるだろうが，保育者が話の筋道を整える手伝いをすることで，徐々に相手に伝わりやすい話し方が身についていくであろう。「いつ」「どこで（に）」「誰と」「何をし」「どのように思った」のか，発言している子どもに問いかけながら，発言を補足していくことも慣れるまでは必要であろう。

　ほかにも「③したいこと，してほしいことを言葉で表現したり，分からないことを尋ねたりする。」とある。上記では保育者が補うことについて説明したが，4歳児後半になると（育ちの違いや経験によって一概には言えないが），子どもが自分で表現（発言）するまで待つことも大切になる。意識をしていれば，難しいことではないが，保育者が待てずに声をかけてしまうことがある。何かを言おうとしている子どもに対して，「〇〇なんだねー」と発言を先取りしたり，道具を探して周りを見回している子どもに対して，「のりとはさみは，棚に入っているよ」などと声をかけたりしてしまいがちだが，その優しさが子どもの表現（発言）の機会を妨げている可能性もある。気を利かせた配慮のすべてが不要といっているのではなく，その可能性について保育者が気づいている，知っていることが大切である。

2）伝え合う喜びを味わう

　「伝え合う」ことを喜ぶとはどのようなことであろうか。言葉の育ちとして考えていくと，話すこと，伝えることを連想しがちであるが，聞くことが言葉育ちの初めにある。赤ちゃんの頃からの姿を思い浮かべてみるとわかる通り，初めから言葉を使って話し始めることはない。子どもが保護者や保育者などの養育者の語りかけに，熱心に聞き入っている姿を見たことはないだろうか。伝え合うことは，聞くこと，聞けることが前提として成り立っている。領域「言葉」の説明の中の二つ目のセンテンスも「言葉を聞こうとする意欲や態度を育て，」である。聞くこと，聞こうとすることは，言葉の機能を獲得するうえで，とても重要な要素なのである。

　「ねらい」の二つ目には「人の言葉や話などをよく聞き，自分の経験したことや考えたことを話し，伝え合う喜びを味わう。」と書かれている。一方的に自分の思いを相手に伝え，伝わった喜びを感じるだけではなく，相手の話を聞いたうえで，自分の思いを伝えることによって，伝え合うことができる。

「内容」の①にも「保育士等や友達の言葉や話に興味や関心をもち，親しみをもって聞いたり，話したりする。」とある。1対1のやり取りであれば，保育者の話に耳を傾けたり，興味を持って聞いたりすることも難しくはない。では集団のやり取りではどうだろうか。集団になると，子どもたちが途端に話を聞いていないように見られる場面を目にすることがあるが，それは子どもの特性だけではなく，保育者側の配慮不足が原因であるケースも少なくない。

　保育者ができる配慮の一つとして，「話を聞ける環境をつくる」ことがあげられる。集団で集まった時に，子どもが座った位置から保育者を見たとき，間に友だちの頭があって見えづらいことはないか，視界に興味をひくような遊具や玩具がないか，心を落ち着かせて聞けるような静寂さはあるか。これらを確認するだけでも違いが表れるだろう。また，常に一人ひとりと目を合わせるように心がけ，「あなたたち」ではなく「あなた」に話しかけている意識を持つことも，特に集団に慣れるまでや，年齢が低い場合には大切である。

　また，その他の「内容」に「④人の話を注意して聞き，相手に分かるように話す。」とある。聞くこと，そして相手にわかるように話して伝えること，お互いにその二つができるようになることで，伝え合うことができるようになる。はじめは，保育者とのやり取りを通じて，伝え合うことで生じる楽しさや達成感を得る。人間関係の育ちとともに，「友だちと一緒に」の思いも強くなり，友だち同士の伝え合いへとつながっていく。情緒の未分化や人間関係の未発達などによって，思いを一方的に伝えたい時期もあり，子ども同士での解決が難しいこともあるが，保育者の助けも借りながら，一緒に話し合うことで得られた喜びなどを積み重ねていく。そのような経験を通しながら，共通体験を語り合ったり，遊びのルールを相談して決めたりすることができるようになり，友だち関係や遊びの深まりなどにも助けられながら，伝え合うことの喜びを感じられるようになっていくのである。保育者としては，時には言葉で表現することが難しい気持ちを代弁することで言語化したり，落ち着いてお互いの気持ちを伝え合える環境をつくったり，個々の育ちに応じて支えていく必要がある

3）絵本や物語に親しみ，言葉に対する感覚を豊かにする

　子どもたちが絵本や物語に触れることの楽しさの中には，日常ではあまり使われない言葉やフレーズに出会うことにある。『**はらぺこあおむし**』（エリック・カール作，もりひさし訳　偕成社，1976）の"はらぺこ"や，本文中に出てくる「それでもおなかはぺっこぺこ」などは，子どもにとってもとてもキャッチーなフレーズであり，翻訳者の秀逸さが感じられる。『**めっきらもっきらどおんどん**』（長谷

川摂子作　福音館書店，1990）のでたらめな歌の楽しさや，『もこ　もこもこ[*1]』で 表現される不思議な音と描写のおもしろさは，言葉による表現の無限の豊かさを 感じ経験することができる。

＊1 p.34参照。

　また，子どもたちは物語やイメージの世界に入り込むことが得意であるといえ るだろう。『**三びきのやぎのがらがらどん**[*2]』では，トロルの恐ろしさに身を寄せ 合い，倒された時には一緒に安堵する。『**はじめてのおつかい**』（筒井頼子作　福音 館書店，1977）では，主人公と同じ気持になって，ハラハラと冒険を続け，坂の 下のお母さんの姿を見つけ，ホッと胸をなでおろす。クラスでの読み聞かせの場 面など，大勢の子どもたちで一緒に見るときには，それが共通経験にもつながる。

＊2 第10章 p.177参照。

　そして，保育所保育指針などの「ねらい」には，「③日常生活に必要な言葉が分 かるようになるとともに，絵本や物語などに親しみ，言葉に対する感覚を豊かに し，先生や友達と心を通わせる」とある。絵本や物語を通して豊かになった言葉 の感覚は，保育者や友だちと心を通わせる助けにもなるのである。当然，その活 動もおろそかにすることはできない。多くの幼稚園や保育所で，毎日のように絵 本の読み聞かせを行っている。幼稚園の保育日数はおおよそ年間200日，保育所 においては300日近い保育日がある。年間で重複して読む絵本もあるが，おおよ そ150冊から200冊の絵本を読むことになる。

　最後に絵本の読み聞かせの注意点を，準備の段階から記しておく。初めて手に 取った絵本を，子どもたちの前で読み聞かせるためには，45分から1時間程度の 準備時間がかかると考えておくとよい。絵本に限らず，手遊びや遊びについても 同じことがいえるが，「知っている」ことと，「できる」こと，「保育の中で実践で きる」ことには大きな違いがある。保育者を目指す学生には，ぜひ学生時代から 多くの絵本と出会い，せめて「知っている」絵本を増やしておくことをお勧めし たい[*3]。

＊3 絵本の種類などにつ いては第10章も参照。

【読み聞かせの注意点】

〈準備〉

① 新書の場合はカバーを外し，開きやすいようにあらかじめ開きグセをつ けておく。

② 黙読し内容を理解する。

③ 絵と言葉の関係を確認する。

④ 絵を見せる時間なども考えながら，何回か声に出して読む。

⑤ 詰まらずに読めるようになったら，時間を計りながら，実際の読み聞か せの要領で読む。

〈読み聞かせはじめるまえに〉

① 見やすい環境を設定する・・・明るく，あまり飾り気のない背景で読む。

② 見やすい場所，聞きやすい距離を考えて，子どもたちに伝える。

③ クラスで読む時は，保育者が園児用のイス，子どもたちは桟敷になるとよい。

④ 後ろの子どもまで見える高さ（肩か顔の横ぐらい）にあげて，片手で持ち安定させる。

⑤ 持ち手は，開きによって変え，手前から奥にめくるのが基本。

⑥ 子どもたち全員に見えているか確認する。

〈読み聞かせている時〉

① 表紙をしっかりと見せ，タイトルと作者を読み上げる。

② 見開きページもしっかりと見せる。

③ 中表紙のタイトルも読む。

④ オーバーな演技は避け，自然な話し方にする。

⑤ 登場人物がわかる程度に読み分ける。

⑥ ページをめくってすぐに読みはじめない。

⑦ 絵を見る（読む）本であることを意識して読む。

⑧ セリフの前後に適度な間をあける。

⑨ ストーリーに応じてめくり方や，間の摂り方を工夫する。

⑩ 物語の場合は，子どもの発言は視線で受け止める程度にし，最後まで読み切る。

⑪ 絵本の種類によっては，共感して言葉のやりとりを楽しんだり，前のページに戻ったりしてもよい。

⑫ 後の見開き，裏表紙の絵までしっかり見せる，つながっている場合には開いて見せる。

⑬ 表紙に戻り『「○○○○（タイトル）」でした。』で終える。

〈読み終えた後〉

① 基本的には感想など聞かずに，「読みっぱなし」で終える。

② 余韻を楽しむ間を十分にとってから，次の活動の話をする。

演習問題

- おすすめの絵本を3冊，A4版の用紙にまとめて紹介してみよう。用紙は縦置き，横置きどちらでも。①タイトル ②著者名 ③あらすじ ④感想（おすすめポイント）を必ず記入すること（図3−3参照）。グループ内で1冊をプレゼンテーションし，聞く人が手に取って読んでみたいと思えるよう準備をしよう。

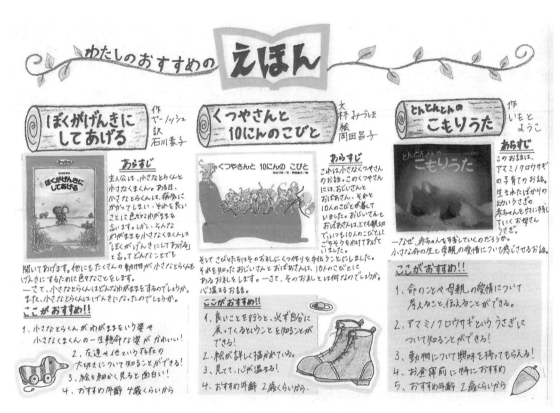

図3−3 「おすすめの絵本」の例

4 領域「言葉」と10の姿とのつながり

2017（平成29）年3月に告示された保育所保育指針などの3法令においては，共通して「幼児期の終わりまでに育ってほしい姿」として10の項目が記されている。領域「言葉」とのつながりを考えると，「ケ　言葉による伝え合い」が注目される。しかし，言葉は伝え合うことだけではなく，思考することを助け，時には自らの行動を助長したり，制限したりすることもある。保育所保育指針などで示されている5つの領域が，小学校以降の教科のように縦割りで区切られるものではなく，

互いに往還し育ちあっているのと同様に，10の姿もさまざまな育ちが総合的に表れたものである。保育所保育指針から抜粋した10の姿に，領域「言葉」と関係が深いと思われる部分を下線で示した。見通しを持って行動すること，考えたり工夫したりすること，友だちの考えに触れることなど，これらも言葉の育ちと大きく関係しながら獲得していく子どもの姿なのである。

《保育所保育指針　第1章　4　幼児教育を行う施設として共有すべき事項（2）幼児期の終わりまでに育ってほしい姿》

　　次に示す「幼児期の終わりまでに育ってほしい姿」は，第2章に示すねらい及び内容に基づく保育活動全体を通して資質・能力が育まれている子どもの小学校就学時の具体的な姿であり，保育士等が指導を行う際に考慮するものである。

ア 健康な心と体

　　保育所の生活の中で，充実感をもって自分のやりたいことに向かって心と体を十分に働かせ，見通しをもって行動し，自ら健康で安全な生活をつくり出すようになる。

イ 自立心

　　身近な環境に主体的に関わり様々な活動を楽しむ中で，しなければならないことを自覚し，自分の力で行うために考えたり，工夫したりしながら，諦めずにやり遂げることで達成感を味わい，自信をもって行動するようになる。

ウ 協同性

　　友達と関わる中で，互いの思いや考えなどを共有し，共通の目的の実現に向けて，考えたり，工夫したり，協力したりし，充実感をもってやり遂げるようになる。

エ 道徳性・規範意識の芽生え

　　友達と様々な体験を重ねる中で，してよいことや悪いことが分かり，自分の行動を振り返ったり，友達の気持ちに共感したりし，相手の立場に立って行動するようになる。また，きまりを守る必要性が分かり，自分の気持ちを調整し，友達と折り合いを付けながら，きまりをつくったり，守ったりするようになる。

オ 社会生活との関わり

　　家族を大切にしようとする気持ちをもつとともに，地域の身近な人と触れ合う中で，人との様々な関わり方に気付き，相手の気持ちを考えて関わり，自分が役に立つ喜びを感じ，地域に親しみをもつようになる。また，保育所

内外の様々な環境に関わる中で，遊びや生活に必要な情報を取り入れ，情報に基づき判断したり，情報を伝え合ったり，活用したりするなど，情報を役立てながら活動するようになるとともに，公共の施設を大切に利用するなどして，社会とのつながりなどを意識するようになる。

カ 思考力の芽生え

身近な事象に積極的に関わる中で，物の性質や仕組みなどを感じ取ったり，気付いたりし，考えたり，予想したり，工夫したりするなど，多様な関わりを楽しむようになる。また，友達の様々な考えに触れる中で，自分と異なる考えがあることに気付き，自ら判断したり，考え直したりするなど，新しい考えを生み出す喜びを味わいながら，自分の考えをよりよいものにするようになる。

キ 自然との関わり・生命尊重

自然に触れて感動する体験を通して，自然の変化などを感じ取り，好奇心や探究心をもって考え言葉などで表現しながら，身近な事象への関心が高まるとともに，自然への愛情や畏敬の念をもつようになる。また，身近な動植物に心を動かされる中で，生命の不思議さや尊さに気付き，身近な動植物への接し方を考え，命あるものとしていたわり，大切にする気持ちをもって関わるようになる。

ク 数量や図形，標識や文字などへの関心・感覚

遊びや生活の中で，数量や図形，標識や文字などに親しむ体験を重ねたり，標識や文字の役割に気付いたりし，自らの必要感に基づきこれらを活用し，興味や関心，感覚をもつようになる。

ケ 言葉による伝え合い

保育士等や友達と心を通わせる中で，絵本や物語などに親しみながら，豊かな言葉や表現を身に付け，経験したことや考えたことなどを言葉で伝えたり，相手の話を注意して聞いたりし，言葉による伝え合いを楽しむようになる。

コ 豊かな感性と表現

心を動かす出来事などに触れ感性を働かせる中で，様々な素材の特徴や表現の仕方などに気付き，感じたことや考えたことを自分で表現したり，友達同士で表現する過程を楽しんだりし，表現する喜びを味わい，意欲をもつようになる。

【引用・参考文献】

晴佐久昌英『星言葉』女子パウロ会, 1997

太田光洋編著『保育・教育ネオシリーズ20　保育内容・言葉　第三版』同文書院, 2018

太田光洋編著『保育内容の研究−保育内容の総合的理解と実践−』保育出版会, 2011

太田光洋編著『子どもが育つ環境と保育の指導法』保育出版会, 2016

文部科学省「幼稚園教育要領」2017

厚生労働省「保育所保育指針」2017

内閣府, 文部科学省, 厚生労働省「幼保連携型認定こども園教育・保育要領」2017

第4章 3歳未満児における言葉の発達とおとなの役割

学びのポイント

- ●「言葉が成立するまで」と「言葉の成立以降」の各時期について理解する。
- ● 1 歳ごろまでと，1 歳以降の言葉の特徴と発達を押さえる。
- ● 乳児と 1 歳以上 3 歳未満児それぞれの言葉の発達とおとなのかかわりを知る。
- ● 演習問題を通じて，乳児期の指さしの意義や保育者のかかわりについて考えを深める。

1 言葉の発達

はじめて話した「言葉」を覚えているだろうか。ここでいう「はじめて話した言葉」とは，周囲のおとなが言葉を話しているとわかる，あるいはその言葉が何を意味しているかがわかる「言葉」のことである。「おとなが話しているとわかる言葉」は，ある日突然出現するものではない。「言葉」として出現するまで，そして「言葉」が出現し，成熟していくまでには，長い道のりがある。

ここでは，「言葉が成立するまで」の時期と「言葉の成立以降」の時期に分け，3 歳未満児の言葉の発達について概観してみたい。

1）「言葉が成立するまで」の時期の発達

生後から1歳ごろまでの，言葉の発達の様子を眺めてみよう。表4－1は，この時期の言葉の発達過程を示したものである。

表4－1　最初の発声から初語までの発達カレンダー（J. ヴォークレール：2012）[*1]

年齢	能力
出生時	泣く，うなる，ため息，小さな叫び
1～2カ月	クーイングの出現
	母音の発声，続いて子音の発声
3～6カ月	喃語の出現（子音と母音の単純な組み合わせ）
	反復的な喃語（子音と母音の同じ組み合わせを繰り返す）
9～10カ月	多様に変化する喃語（子音と母音の複雑な組み合わせ）
12カ月ごろ	意味のある単語を初めて発する（初語）
12～20カ月	ひとつの単語を発して思うことを伝える（一語文）

*1 J.ヴォークレール（鈴木光太郎訳）『乳幼児の発達　運動・知覚・認知』新曜社,2012, p.247,表12.2

母親の胎内から外界へと出てきた乳児にとって，最初の大きな仕事は産声をあげること，すなわち泣くことである。それまで，臍帯をとおして母親の血液から酸素を得ていた乳児は，誕生とともに肺呼吸をするようになる。正高（1993）が，「音は，われわれが息を吸うときには出なくて，吐くときのみに作り出される」，「発声というのは，われわれの体が酸素摂取のために肺呼吸の際，空気を送り出す作業に便乗してなされる行動」と述べているように，空気を吸って吐き出すことによって音声が作られる。このようにして作られる，最初の音声言語を「泣き」という。

　人間は誕生とともに，「泣き」により周囲とのかかわりを持つ事が可能である。また，音声は「吐くときのみに作り出される」ということから，発声（泣く）と休止（息を吸う）のリズムが誕生時から存在していることにも注目したい。

　リズムを伴った動きは，赤ちゃんの授乳場面でも観察されることがわかっている。正高（1993）は，哺乳ビンでミルクを与えている母親に合図を送り，合図が出ている間だけ赤ちゃんを揺すってもらう実験を行っている。その結果，赤ちゃんに，揺さぶられている間は乳首を吸うことをやめ，揺さぶりがなくなるとまた吸い始めるという現象が見られた。また，日を追うごとに「吸う－休む」→「母親が揺さぶる」→「吸う－休む」というサイクルが，短い時間で生じるようになることも報告されている。授乳場面に見られる一定のパターンとリズムを持った赤ちゃんとおとなの相互の働きかけは，一方が働きかけ，それに他方が呼応するという，コミュニケーションの仕組みそのもののように思える。

　乳児とおとなの相互作用ともいえる現象は，授乳場面以外でも観察される。乳児とおとなの相互作用ともいえる現象は，授乳場面以外でも観察される。岡本（1982）は，コンドンとサンダー（1974）が生後間もない乳児を対象に行った，人の話し声，母音が連続する音声，メトロノームのように規則的に鳴る音の3種類を用いた相互同期的行動の実験で[1]，人の話し声の音節に同調するように乳児が身体を動かすことが見出されたことについて，「人のスピーチは，他の音刺激に比して，はるかに乳児が同期しやすい刺激としての性質をそのなかに兼ね備えている」と述べている[2]。ここで注目したいのは，人の話し声にのみ反応している点である。新生児の時期から，人の声に高い感受性を持ち，話し声の持つリズムに反応する力があるということは，単語やある程度まとまった音声として言葉を聞き分けることができることを示しており，言葉を習得する上で有利な条件となる。

　親しい人と話をしている場面を思い浮かべてみよう。相手の話に，あなたはうなずいたり，目を開いて驚いて見せたりするだろう。また話している相手も，話の切れ間であなたの方を見たり，首を傾げたりする。こうした行為は，会話のリズムに合わせて生じることがほとんどで，リズムやタイミングを無視して行われ

＊1 Condon, W. S., and Sander, L. W., Neonate Movement is Synchronized with Adult Speech, Science, American Association for the Advancement of Science, 183, 99-101, 1974

＊2 岡本夏木『子どもとことば』岩波書店，1982，p.22-23

ると，話を聞いていないというサインとして相手に伝わったり，話しにくいと相手に感じさせたりする。

　会話の中で自然に生じるこのような現象は，新生児とおとなとの間でも生じる。トレヴァーセン（1979）は，生後2〜3カ月の乳児と母親の間に，共鳴しあうようにぴったりと，あるいはどちらかがリードしたり，されたりしながら相互作用する様子を，「第一次間主観性[*1]」という言葉で説明している。こうした乳児とおとなとの相互作用は，あたかも複雑なダンスを踊っているようにぴったりとした動きであることから，「コミュニケーション・ダンス」と表されることもある。

　またこの時期には，赤ちゃんを抱き上げ，赤ちゃんの目を見ながらおとなができゆっくり口を開いたり，閉じたりすると，まるでそれを真似るように赤ちゃんが同じように口を開いたり，閉じたりする共鳴動作が見られることもある。共鳴動作は，機械的に生じるわけではなく，赤ちゃんの機嫌がよいという条件以外に，相手との間に何らかの交渉が行われた時に生じやすいことがわかっている。ここにも，相手からの働きかけに反応するという，コミュニケーションの原型を見ることができる。

　これまで述べてきた乳児の反応は，生まれた直後から観察されるものである。新生児期を含めた乳児期には，おとなとの相互交渉を通して，子と親の双方に，コミュニケーションにおけるリズムや間の基礎が獲得されていくことがわかる。

　日を追うごとに，最初は生理的な不快時に発せられていた泣きに，「ねむい」「おなかがすいた」など乳児の状態によって，変化が表れるようになる。生後1カ月をすぎる頃には，泣きに混じってクーイング[*2]も聞かれるようになる。事例1は，森木（2005）の記録から，生後2週から5週の乳児の発声の様子を拾い上げたもので，すでに生後21日には発声のようなものが観察されている。

＊1 Trevarthen, C., Communication and cooperation in early infancy, A description of primary intersubjectivity, In M. Bullowa (Ed.) Before Speech: The Beginning of Human Communication, London, Cambridge University Press, 1979, p.321-347

＊2 第2章p.14参照。

【事例1】　K児の場合

生後21日：ときどきあー，くーのような声らしきものを発する。
生後33日：心地よい？とウフウフウフのような声が出る。

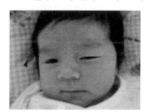

生後 21 日頃　　　　　　　生後 33 日頃

クーイングに続いて出現するのは,「アー, アー」のような, 主に母音の発声である。「アー」と長く発声しながら口を閉じてみるとわかりやすいが, この「アー, アー」といった発声に口を閉じることで子音が加わり, 3カ月ごろからは喃語[*1]と呼ばれる「ママ」のようなリズムを持った音声が発せられるようになる。

*1 第2章 p.14参照。

その後5～6カ月ごろになると,「バブバブ」や「メムメム」といった, 子音と母音の組み合わせからなる, 反復喃語を発するようになる。7カ月ごろには名前を呼ばれると声を出して応えたり, 側にいる人に呼びかけるように短く発声したりする姿が見られる。

さらに, 9カ月ごろには, 近くにいるおとなの呼びかけに応えるような発声をするだけでなく, 自分の要求と異なる状況が生じた際に, 声の調子を変えて訴えたりする姿も見られるようになる。

事例2は, ビデオで撮影された9カ月の乳児の様子を書き起こしたものである。表3-1にあるような,「多様に変化する喃語」が観察されている。

【事例2】 H児の場合（9カ月）

あおむけで, お気に入りのおもちゃを手に持って「グルー」のような声を出しながら遊んでいる。

母親が「H, いくよ」と呼びかけると,「ハグ」のように短く声を出す。母親と目が合うとおもちゃをおき,「ギーシュ」のような発声をしながら, 自分で姿勢を腹ばいに変え, 母親の方を見る。

「マムマムマム」のように発声しながら, お座りの姿勢になり, 母親が見ていることを確かめると「エヘ」のような発声とともに, 笑い, 母親の方に寄って行こうとする（①）。

母親が少し下がると, 座ったまましばらく動きが止まるが（②）, 母親が「H」と名前を呼ぶと, 再び「ブゥワブゥワプゥワ」のように発声し, まるで話をしているかのように口を動かしながら母親の方に寄ってくる。

母親の側まで移動してくるが，母親がまだ抱っこしてくれないからか，母親の方を見た後，これまでよりも大きな声で「アギューア」のような声を出す（③）。

また，このころになると，事例2にもあるように，しきりに何か声を出しながら遊ぶ姿も見られるようになる。この発声には，単純な音の繰り返しだけではなく，一定の抑揚やパターンを持ったものが含まれており，話をしているように聞こえるが，その内容をおとなが理解したり，「言葉」として捉えたりすることは困難である。

8〜9カ月ころからは，知っているものや気になるものを見つけるとそれらを指さし，声に出して知らせようとする行動が見られるようになるが，この指さし行動の出現により，「私-もの-あなた」の三項関係が成立したと考えることができる。三項関係の成立，すなわち「わたし」と「あなた」との間で「もの」が共有されることは，言葉の発達過程において重要な意味を持つ。

ここで，指さしの意味をもう少し詳しく考えてみよう。乳児が発声しながらバスを指さしたとする。このときおとなは乳児が指さした先に目を向け，何に対して指さしを行ったのかを確認し，「ブーブー，きたね」「バスね」などと応答する。指さしは，おとなによって発声の前後関係の読み取りがなされることによって，その意味が特定される。言語的な機能を備えているものの，視線や指さしで共有できるのは，「今ここ」に限定されている。そのため，おとなが乳児の視線の先や指さしたものに注意を向けたり，同じものを見たりすることが，視線や指さしをコミュニケーションの道具として機能させる上で重要となる。「指さし」は不完全ではあるが，「言葉」の機能をもっていて，「言葉の前の言葉」として乳児とおとなのコミュニケーションを可能にしているのである。

またこの時期には，視線と発声によって自分の興味のあるものをおとなに知らせようとする行動も見られ，視線も指さしと同じような機能を持っていると考えられる。10カ月を過ぎるころには，「ダメ」「しないよ」などの禁止の言葉や，「かわいいね」「じょうず」などのほめ言葉が分かり，これらの言葉に対して，怒ったような表情をして座りこんだり，にっこり笑ったりする様子が見られる。禁止の言葉に怒ったような表情をしたり，ほめ言葉ににっこりしたりするのは，それらの言葉が繰り返し使われてきたことにより，状況と結びついて学習された面もあるが，何よりそれらの言葉に伴って表出されるおとなの表情や声の調子から感じ取っている部分が大きい。そのため，この時期の子どもとかかわる際には，子ど

もと視線を合わせ，表情を伴って言葉をかけることも大切である。

2）「言葉の成立以降」の発達

　1歳の誕生日を迎える頃には，「初めての意味のある単語」である初語が出現する。初語は，乳児が「言葉」を話していることにおとなが気づいたとき，例えば「マンマ」のような発声が，特定のものを指したり，特定の場面で使われたりしていることに気づいたときに，初めて「初語」として確認される。

　言葉の発達は，発達の他の諸側面の発達と深いかかわりがある。例えば，1歳前後に歩行が可能になることと，初語が出現することは無関係でない。歩行ができるようになる少し前には，つかまり立ちができるようになって視線が上がり，見える範囲が広くなるとともに，這うこともできるようになっているので，興味・関心が引かれたものの方に移動していくこともできるようになる。視界の広がりや自力での移動が可能になったことにより，受ける刺激の量が増えることは容易に想像できる。初めは，見つけたものに対して誰に知らせるでもなく，指さしたり発声したりするだけであったとしても，周囲のおとながそれらに気づき，乳児に言葉をかけたり，一緒にそれらを見たりすることが増えると，今度は乳児が周囲のおとなに「アー！」と呼びかけたり発声をしながら指さしをしたりするようになる。こうして，自分の見ているものの方へおとなの視線を向けさせる場面が増えれば，「どうしたの」や「○○だね」のような言葉の付け加えを伴うおとなからの働きかけも増え，結果として言葉の育ちも促される。

　初語獲得以降の1歳から1歳半ごろまでの時期は，一語文と呼ばれる単語だけからなる発話が特徴である。一語文とは，例えば「マンマ」や「ブーブー」，「ワンワン」などの一語だけの発話のことで，一語発話とも呼ばれる。発話の多くは，動物を示す単語や人の名前，ものの名前などの名詞で，指さしや身振り，表情などを伴うことが多い。

　発話としては一語であるが，例えば，「ブーブー」には，「くるまがきた」，「くるま（のおもちゃ）をとって」，「くるま，こわい」のようにさまざまな意味を表すことが可能で，文として機能することから一語文と呼ばれる。文として機能するには，状況や指さしや身振り，表情といったその他の情報を，おとなが読み取っていることも重要である。

　一語に複数の意味が込められている場合もあれば，例えば「ワンワン」といった言葉が，イヌだけでなくネコやゾウなどの動物に対しても使われたり，特定のイヌには「ワンワン」という言葉を使うが，その他のイヌには使わなかったりすることもある。

　子どもが自分から発する言葉としては，この頃までに50語程度になると言われているが，「お外に行くよ」といった保育者の言葉かけを聞いて，帽子を取りにいったり，靴箱の方に移動したりする姿が見られることから，理解できる言葉の数はそれより多いことがわかる。

　1歳6カ月頃からは二語文の時期に入る。二語文とは「ワンワン　ネンネ」，「ママ　ダッコ」のようなもので，単語が組み合わされることで，一語文の時期よりも子どもが伝えたいことが伝わりやすくなる。この時期，語彙は1日に4語から10語も習得されることが知られており，急速に語彙が増えていく現象を「語彙爆発（ボキャブラリースパート）」と呼ぶ。

　この時期には，名詞に加え，述語（動詞や形容詞）も増加していく。この頃には，語彙数は300語程度にまで増加し，語彙の増加とともにコミュニケーションの幅が広がっていくため，周囲のおとなもよく話すようになったと感じるようになる。保護者の中から，「1歳になったら言葉が出るといわれたのに全然話さないなと思っていたら，2歳を過ぎたら急にたくさん話すようになった」というような声が聞かれることもある。

　また，この時期は「質問期*1」と呼ばれるが，興味のあるものを指さし，「これは？」とさかんに尋ねる姿も見られることに由来する。「これは？」「あれは？」と次々に指をさし，おとなにその名称を尋ねる姿は，ものには名前がついていることを理解していて，まるでそれを確かめているかのようである。

*1 第5章p.69参照。

　2歳6カ月を過ぎると，三語文も出現するようになったり，家庭や園での普段の生活で使用されている簡単なあいさつをしたりすることもできるようになる。この時期には，まだ文字を読むことはできないが，好きな絵本を見ながら，まるで（文字を）読んでいるように声に出して読む姿や，保育者の読み聞かせに合わせて，いっしょにせりふを声に出している姿も見られるようになる。3歳までには，およそ1,000〜1,500語程度の言葉を獲得し，おとなとの会話もかなりスムーズになる。

　以上，「言葉が成立するまで」の時期から「言葉の成立以降」の発達について，概観してきた。言葉の発達の過程や方向性はその通りに進むことがわかっているが，その時期がくれば自然に発現するものでもない。言葉の発達は，乳児の持つ生得的な力と周囲のおとなの働きかけによる部分が大きい。

　ここからは，おとなの役割について考えていこう。

2 乳児期の子どもの言葉を育てるおとなの役割

1）人への興味・関心

> **【事例3】 K児の生まれた日の様子**
>
> 　生まれて3時間後の新生児が，祖父に抱っこされている。祖父が乳児に話しかけると，それに応えるかのように，目が動き，祖父の顔をじっと見ている。祖父がきっとこの子は自分のことがわかっているというと，近くにいた祖母がそんなことはないといい，今度は祖母が新生児を抱っこして，話かけはじめた。しかし，祖父が話しかけたときほど，反応がない。祖父が再び祖母から新生児を渡され，抱っこして話しかけると，祖父の声に口をすぼめた後，にっこり笑った。

　事例3は，生まれて間もない赤ちゃんと周囲のおとなのかかわりの様子を示したものである。この後，この事例では，「にっこり笑った！」と，とても誇らし気にする祖父の様子が見受けられた。事例3にもあるように，人間の赤ちゃんは生まれたときから，周囲のおとなの話し声に反応する様子が見られる。とても小さく，一見何もできないように見える赤ちゃんは，実際には多くの能力を持って生まれてくる。中でも，人への関心の高さは，言葉を獲得していく過程においても重要な役割を果たしているものと考えられる。

　例えば，生まれてすぐの乳児の視力は0.03程度で，30センチメートル程度の距離が最もよく見える。これはちょうど，乳児が母親やそのほかの養育者の腕に抱かれた状態で，母親などの顔までの距離に相当する。

　また，生まれて間もない新生児や乳児は他の視覚刺激に比べて，人の顔へ注視時間が長いことが知られている[1]。

　さらに，コンドンとサンダー（1974）は，生後まもない新生児がおとなの発話に同期して体を動かすことを見出している。こうした同期的な動きは，引き込み現象（エントレインメント）と呼ばれる。

＊1 Fantz,R.L., The origin of form perception, Scientific American, 204, 1961, p.66-72

「30センチメートルぐらいがよく見える」「人の顔を好む」「人の声に反応する」は，乳児が生まれたときから持っている特徴であるが，人への興味関心という視点からこれらを眺めて見ると，これらの特徴のつながりのようなものが見えてくる。

すなわち，乳児は抱っこされると，最も見えやすい位置に抱っこしてくれるおとなの顔がある。加えて顔への注視時間が長いため，乳児から見られていることに気づいたおとなは，乳児に話しかけたり，乳児に働きかけたりする。また，乳児は，おとなの声に合わせるように同期的に体を動かすので，おとなは自分の声に乳児が応答してくれているように感じ，さらに働きかけ，これらの連鎖を再び経験する。もし，このタイミングで，乳児がにっこり笑ったとしたらどうだろうか。新生児の笑みは「生理的微笑」と呼ばれる反射であるが，おとなの方は「笑いかけられた」と感じても不思議はない。加えて大きな目，小さな口と鼻，全体的に小さく丸いフォルムを持つ人間の赤ちゃんは，かわいさが特に際立っている。その魅力に惹きつけられた，おとなによる働きかけがさらに促進され，かかわる時間が増えていく。事例3は，そのような状態であったといえる。

人間の赤ちゃんは，未熟な状態で生まれてくる。この未熟さは，周囲のおとなを惹きつけなければ，生き延びられない未熟さであるが，上述のかわいらしさと人への興味・関心の高さが，その課題を解決している。さらに，おとなから乳児への働きかけは，表情や言葉かけを伴うことがほとんどで，乳児が言葉を獲得していくにあたっても有利に作用していく。

保育者はこうした赤ちゃんのたくましさを理解した上で，授乳やおむつ交換以外の場面でもできるだけ乳児に話しかけるとともに，その反応に合わせて働きかけを変えていくことが求められる。

2）愛着の形成と言葉の発達

赤ちゃんの人への興味・関心の高さが，おとなを惹きつけ，働きかけを促していることは先に述べたとおりである。働きかけが増えることは，この時期の重要な発達課題である愛着（アタッチメント）の形成にも影響を及ぼし，同時に言葉の育ちにも影響する。

ボウルビィは，愛着行動が形成されてく過程を，人物の弁別を伴わない定位と発信の時期から目標修正的協調性の形成の段階まで4つに分けて説明している[*1]。

愛着が形成されて行く過程で乳児は，じっと見る，つかむ，手を伸ばすなどの定位行動，泣く，笑う，発声するなどの信号行動，しがみつく，抱きつくなど対

*1 ボウルビィ（1907～1990）は、子どもが特定の養育者と絆（愛着）を形成するまでに4つの段階があるとした。
第1段階（誕生～12週ごろ）：人物弁別を伴わない定位と発信
第2段階（12週～6カ月ごろ）：弁別された人物に対する定位と発信
第3段階（6カ月～2・3歳）：発信ならびに移動による弁別された人物への接近の維持
第4段階（3歳以降）：目標修正的な協調性の形成

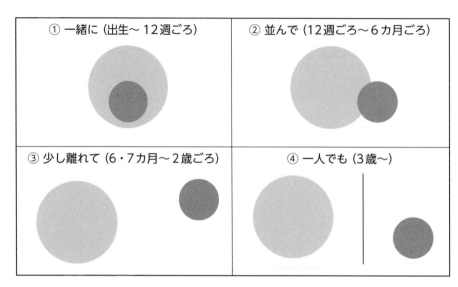

図4－1　愛着の形成過程と親子の距離

象に近づこうとする接近行動と呼ばれるさまざまな愛着行動を示す。

　これらの乳児からの働きかけに，おとなからの応答があることにより，乳児は「呼びかければ応えてくれる」という信頼を獲得していく。この信頼は，愛着の形成とともに，コミュニケーションへの動因となっていく。

　図4－1は，愛着の形成過程における子どもとおとなの距離を示したものである。大きな丸はおとなを，小さな丸は子どもを表している。

　①～④の時期の子どもとおとなのかかわりの様子をイメージしてみよう。それぞれの段階で，お互いに視線を合わせたり，同じものに視線を向けたりする姿とともに，微笑んだり，眉を寄せたりしながら，おとなが言葉かけをする姿が思い浮かんだだろうか。

　「① 一緒に」の時期には，おとなに抱っこされて，顔を見ながら話しかけられていた乳児も，「③ 少し離れて」の段階になると，同じ空間であれば，おとなにぴったりとひっついていなくても過ごせるようになる。新しい場所では，しばらくの間は降ろそうとすると抵抗するなど，おとなに抱っこを要求してきたり，おとなの後ろに隠れるようにしたりしているものの，周囲の様子がわかってくると，おとなから離れて遊びはじめたりする。おとなから離れていても，時折りおとなの方を見て，おとなの存在や表情を確認する行動（社会的参照）が見られる。

　こうした乳児とおとなの相互の働きかけから，愛着とともに「言葉」の基礎が育まれていく。

　乳児のクラスを担当する保育者には，愛着形成の意義をこの時期の重要な発達

課題としての側面から捉えるだけでなく，言葉の発達にも大きく影響することを理解した上で，乳児とかかわっていくことが求められる。

3）マザリーズの使用

　乳児とおとなの間で働きかけが生じる場面では，マザリーズ（motherese）と呼ばれる特徴的な語りかけが用いられる。

　保育実習などで乳児のクラスに入ると，自然に声が高くなったり，ゆっくり話したり，あるいは語尾に「ネ」をつけて話したり，語尾を上げて話したりしたことはないだろうか。表4－2は，乳児への語りかけの例である。語尾が上がるという特徴に加えて，一文が短く，「マンマ」などの表現が用いられること，それらが繰り返されていることがわかる。

表4－2　語りかけの例（森木が採集した）

食事に誘う	リョウチャン　マンマ　マンマ　ネ　ドウゾ　アーンシテ　ドウゾ
禁止	メンメ！　ダメヨ　／　シナイヨ！
応答	ソウ　ソウーネ　／　ウン　ウン　ハーイ
言い換え	イヌネ　ワンワン　イタネ

　マザリーズとは，例にあげたような語りかけで，おおむね2歳ごろまでの子どもに語りかける際に用いられることがわかっている。

　これらの語りかけで興味深いのは，「赤ちゃんに語りかけるときは，声を高くしましょう」のように教えられなくても，おとなによって自然に使われることである。また，マザリーズは，乳児にとって聞き取りやすく，模倣しやすいこともわかっており（正高, 1993），まるで赤ちゃんの状態におとなが合わせているようにも見える。乳児は，初めから「言葉」がわかっているわけではないので，おとなの声の調子やリズム，表情から，自分にどのような働きかけがされているのかを判断しているものと考えられる。したがって，「言葉」を獲得していく過程にある子どもとかかわるおとなには，抑揚やリズムのはっきりした語りかけや，豊かな表情が求められる。

4）乳児の状態を読み取る・付け加える

　この時期には，マザリーズの使用のように，おとなが乳児の状態に合わせるような行動が多く見られる。

もし，乳児が機嫌良さそうに，にこにこしながら，自分の足をばたばたさせている姿を目にしたら，その乳児に対してどのようにかかわるだろうか。おそらく，にこやかに微笑み，やわらかい口調で「ごきげんさんね」や「なにか楽しいのね」のように語りかけるのではないだろうか。こうした乳児の情動状態におとなが波長をあわせることを，「情動の波長合わせ*1」（スターン，1985）という。

＊1 Stern,D.N., The Interpersonal World of Infant, Basic Books, New York, 1985

先に喃語は音声でしかないので，乳児が何を伝えようとしているのかを正確に知ることは難しいと述べた。しかし，事例2でも紹介したように，たとえ喃語の発声のみであったとしても，その前後関係や乳児の表情などから乳児の状態を読み取ることは可能であるし，実際にはそれらを読み取った上で，おとなは働きかけている。

指さしの場合も同様に，おとなの読み取りや言葉の付け加えが大切になる。指さしは，言語的な機能を持ってはいるものの，構造的には事物 - 象徴*2（シグナル）の結びつきであるため，「バスがきたよ」，「バス，はやいね」などの指さしによって伝えたい内容を本来表すことはできない。それでも，指さしが「言葉の前の言葉」と位置づけられ，それ以前の段階よりもはるかに乳児とおとなのコミュニケーションが図られる道具として機能するのは，そこに，おとなによる言葉の付け加えが生じるからである。こうした言葉の付け加えは，指さしの生じた前後の状況や乳児の発声の調子，表情をおとなが読み取ることで行われる。

＊2 象徴とは、対象となる事物を「示すもの」のこと。ものの名称（言葉）やマーク, 記号などが該当する。

乳児が指さしたものに，「○○ね」のような言葉かけとともに，おとながうなずいたり，嬉しそうな表情や驚いた表情を返すことで，乳児とおとなの関係が深められ，両者の間に深い信頼に基づく「言葉」が生まれていく。

演習問題

・指さしが出現し，そろそろ初語が出てきそうな様子が見て取れた場合，保護者にどのように伝えるか話し合ってみよう。

3　1歳以上3歳未満児の子どもの言葉を育てるおとなの役割

1）「話したい」気持ちを支える

初語は，子どもが獲得する初めての意味のある「言葉」であるが，一語しかないこと，一語にさまざまな意味が込められていることから，ここでもおとなの読み取りが重要になる。この時期にかかわるおとなは，これまで以上に子どもの「言葉」に耳を傾け，「言葉」以外の情報からも，多くのことを読み取る必要がある。

　また，初語は，おとながそれに気づかなければ，「初語」として確認されない。初語が出現するころには，指さしとともに「多様に変化する喃語」が聞かれるため，この時期の子どもがたどる発達過程や，初語がどのようなものかを知らなければ，初語に気づかないこともあるだろう。

　保護者の中には，何をもって「言葉を話した」と判断するのか分からない場合も少なくない。保護者が初語の存在や価値に気づけるよう，保育者が伝えていくことも，子どもの言葉の育ちを支えていくことになる。例えば，

●乳児が盛んに声を出しながら指さしを始める：

　乳児の様子を保護者に伝え，指さしたものを一緒に見るとともに，「あれは〇〇よ」と言葉をつけ加える行為が言葉の発達を促すことも伝える。

●つかまり立ちから最初の一歩が出る様子が見られる：

　乳児の発声を今まで以上に注意して聞き取るよう伝える。

　などである。

　また保育者は，一語であるが「一語文」と呼ばれることに留意し，子どもの「話したい」気持ちを支える役割を担うことになる。すなわち，その一語文が発せられた前後関係から，その語に込められた意味をくみ取ったり，言葉を付け加えたりすることが求められる。

　この時期の子どもの言葉の特徴に，**幼児語**の使用と**幼児音**の使用がある。前者は，例えばおなかのことを「ぽんぽん」のように，おとなとは違う幼児独特の言葉を使用することであり，3歳頃にはおとなの言葉に移行していく。後者は，例えば「せんせい」が「てんてー」のように，発音の不明瞭さや構音・調音の未熟さによる幼児独特の発音をさす。

　幼児語は，「ブーブー」や「ポンポン」，「クック」のように，その語が示す対象の特徴を表していたり，同じ音の繰り返しによって構成されていたりするものが多く，子どもにとって対象をイメージし易かったり，発音しやすかったりする側面がある。この時期の子どもにとっては，おとなと同じような正しい言葉を使うことよりも，伝えたいことを表現すること，話すことも大切にしたい。

　幼児音の使用については，子どもにとって調音しやすい音と，調音しにくい音があることを理解しておきたい。例えば，「マムマム」や「メムメム」を発音してみるとわかるが，これらの音は口を閉じたままで発音することができ，乳児であっても調音しやすい。これに対し，日本語のサ行音やラ行音は調音しにくいため，5〜6歳頃までは経過を見守ることも大切である。

2）絵本とのかかわり

> 【事例4】 Rの場合（2歳11カ月）
>
> 保育園に行く前の時間に，お気に入りの絵本を持ってきて，Rがその絵本を読み始めた。ページをめくりながら，「これなぁんだ，りんご」「これなんだ，バナナ」と出てきた絵に合わせて，まるで書いてある文字を読んでいるかのように声を出している。最後にいちごが出てきた場面では，「これなんかなぁ，いちご」のように変化をつけて読んだ。
>
>
>
> **絵本を一人で楽しむ様子（2歳11カ月）**

　事例4からは，この時期の子どもが自分なりに絵本を楽しんでいる様子が伺える。ここで注目したいのは，文字は読めないはずの子どもが，まるで書かれている文字を読んでいるように，絵本を読んでいる点である。この姿からは，この絵本が何度か読み聞かせされたこと，いつの間にか，読み手の読み方を真似るように読まれている様子が伝わってくる。

　言葉の習得は機械的な学習ではなく，相手との相互交渉によって生じる部分が大きい。事例4からもわかるように，この時期の子どもは絵本の読み聞かせを通じて，読み手との関係も楽しんでいる。大好きな保育者が読んでくれること，保育者の絵本を読む声やリズム，ページをめくる合間に向けられる視線といった，絵本の内容以外の楽しみにも意識を向けたい。

　日常での直接的なかかわりや言葉かけに加えて，その時期にふさわしい絵本の読み聞かせを聞くことは，自然な言葉のリズムの獲得につながっていくと考えられる。

演習問題

- 保育の現場では幼児語を使わないでほしいと，保護者から要望があった場合，どのように対応しますか。グループで話し合ってみよう。
- リズムを使って絵本『だるまさんが』や『おしくら　まんじゅう』（かがくいひろし著，ブロンズ新社）を読んでみよう。

【引用・参考文献】

石井正子編『発達心理学　保育者をめざす人へ』樹村房，2009

岡本夏木『子どもとことば』岩波書店，1982

岡本夏木『ことばと発達』岩波書店，1985

荻野美佐子「言葉の発達」，大村彰道編『教育心理学I 発達と学習指導の心理学』東京大学出版会，1996

小野瀬雅人「ことばの発達」，桜井茂男編著『乳児のこころの発達1　1歳まで』大日本図書，1999

C.トレヴァーセンほか，鯨岡峻・鯨岡和子訳『母と子のあいだ―初期コミュニケーションの発達―』ミネルヴァ書房，1989

J.ヴォークレール（鈴木光太郎訳）『乳幼児の発達　運動・知覚・認知』新曜社，2012

中島誠，岡本夏木，村井潤一『ことばと認知の発達　シリーズ人間の発達7』東京大学出版，1999

正高信男『0歳児がことばを獲得するとき』中央公論社，1993

正高信男『子どもはことばをからだで覚える　メロディから意味の世界へ』中央公論新社，2001

無藤隆・岡本祐子・大坪治彦編『よくわかる発達心理学』ミネルヴァ書房，2004

やまだようこ『ことばの前のことば　ことばが生まれるみちすじ1』新曜社，1987

かがくいひろし『だるまさんが』ブロンズ新社，2008

かがくいひろし『おしくら　まんじゅう』ブロンズ新社，2009

第**5**章 3歳以上児（幼児教育）における言葉の発達とおとなの役割

学びのポイント

● 言葉の発達と豊かな生活体験の密接なかかわりを知る。

● 3歳児，4歳児，5歳児の言葉の発達について事例を通して特徴を学ぶ。

● 3歳以上児にとっての文字との出会いや書き言葉を獲得するための要素を理解する。

● 演習問題を通じて，3歳以上児の言葉の発達と保育者の配慮について考えを深める。

1　言葉の発達

まず3歳児頃の子どもたちの次のようなエピソードを見てほしい。

【事例1】　言葉を伝え合う楽しさ

　好きな遊びの時間に，3歳児のS児とM児が砂場で遊んでいる。2人は砂場にある小さな容器をさまざまなものに見立てて遊んでいる。S児が「よいしょ，よいしょ，あれ」と重なっている緑の容器を分けようとしている。その様子を見ていたM児が「じゃあ，これでとったら，ねぇ，これでとったら。これを，これを」としゃもじで容器を分ける仕草をしながら渡そうとしている。

　S児が「ザリガニから食べられないように，ザリガニから食べられないように」と緑の容器に砂を入れている。M児が「チョコレートの，チョコレートの」と言いながら，茶色の容器をS児へ渡す。S児は「チョコレート，チョコレート」と言いながら茶色の容器をM児から受け取ろうとしている。

　M児「はい，チョコレート。これがSちゃんの」と，茶色の容器を渡す。S児が並んでいる容器を見ながら，「よぉし，揃ってないやん，まだ。みんなに届けようと思った」と立ち上がりながら楽しそうに話す。M児も「野菜ができてないのまだ」と立ち上がりながら話し，S児へ緑の容器を渡そうとしたとき，緑の容器が地面に落ちた。S児が「ありがと，あっ」と受け取ろうとした際に，落ちていく緑の容器を見ながら2人で「落ちた」と笑い合っている。M児「落ちた」S児「落ちたな」と楽しそうに話をし，再びM児が「ぽー

い，落ちた」と故意に緑の容器を落とす。するとまたＳ児とＭ児は「落ちた」と笑い合っている。Ｍ児は「これ使っていいよ」と落ちた緑の容器をＳ児へ渡す。「ありがと」とＳ児が容器を受け取る。Ｓ児は手に持っていたスプーンを「ぽーい」とＭ児を見ながら故意に落としたが，Ｍ児は容器に砂を入れることに夢中になっている。Ｓ児は「ぽーい言ったの」とＭ児に話しかけている。その同じタイミングでＭ児が「できた」と立ち上がる。Ｓ児は「うわぁい，やった，できた，できた，できた」と踊りながら喜んでおり，Ｍ児が「ラーメン，ラーメン，ラーメン」と踊りながら話すと，Ｓ児も「ラーメン，ラーメン，ラーメン」と楽しそうに踊り始めた。

この事例でＳ児とＭ児は，お互いに自分のイメージを言葉で表現しながら楽しく遊んでいる。このやりとりは，一見おとなからするとわかりにくいような会話ではあるが，２人はお互いの言葉や動きに応答し，笑ったり，踊ったりしながら，この「２人の間にあるおもしろさ」を共有している。またＳ児とＭ児のやりとりでは「チョコレート」や「ラーメン」など，どちらかが話した単語をお互いに繰り返し模倣している姿も見られる。模倣はこの年齢頃の発達の特徴でもあり，木下ら（2011）は模倣について，「相互模倣は，子どもたちの間で"おもしろい"，"楽しい"といった情動の共有を可能にするコミュニケーションの形態の１つ」と説明している。また不意に緑の容器が落ちた場面では，この面白さを共有し，何度も「落ちた」というやり取りを繰り返している。この事例のように，自分が思っていることを言葉で表現し，相手に聞いてもらったり，言葉で応答してもらうことの心地よさが，さらに「話したい」という意欲につながる。このなんとも微笑ましい２人のやりとりの中に，言葉の発達の原点があるように感じられる。

1）豊かな経験と言葉の発達

３歳頃になると，日常生活に必要な言葉の意味を理解できるようになり，おとなや子ども同士の会話もある程度できるようになる。言葉の語彙数もおよそ1,000～1,500語を使えるようになり，「どこで覚えたの？」と思うような言葉や，おとなも普段使わないような難しい言葉をさらりとつぶやいてみたりと，この頃の子どもの言葉には，思わず微笑ましくなることもある。また４歳頃は，多弁期とも呼ばれ，会話への意欲が高く，子ども同士で楽しく「おしゃべり」をしている姿が多く見られるようになる。このように３歳以上の子どもたちの言葉の発達は，０歳から２歳までのものとは異なり，語彙数の増加だけでなく，発する言葉そのものの変化や，会話の内容も私たちおとなに近いものになる。「〜は」「〜が」「〜の」

などの助詞を使い始め，**二語文**から**三語文**[*1]へとより豊かな表現ができるようになる。もちろん幼児期の子どもの言葉の発達は，私たちおとなのように会話ができることを目的としているのではない。先進諸国の間で乳幼児期の子どもの発達と学習の支援など，各国の動向について調査したOECD（経済協力開発機構）の2001年の報告書『人生の始まりこそ力強く Starting Strong』では子ども観について「子どもの時期というものは，それ自体が重要な意味を持つ人生の最初の段階である。自分自身が学習の主人公，世界に関わりたいという願望を持つ有能な人」と述べている。つまり，幼児期の子どもたちにとって，幼児期というかけがえのない日々を生き，主体的にさまざまなことを体験することが，子どもの発達に決定的に重要なものだと言える。とりわけ言葉の発達においても，日々の生活体験がいかに豊かで充実しているかが大きく影響していることは言うまでもない。では，幼児期の言葉の発達と生活体験はどのように結びついているのだろうか。また保育者は言葉の発達と生活体験の結びつきをどう捉えたらよいのだろうか。

　幼稚園教育要領，保育所保育指針，幼保連携型認定こども園教育・保育要領では，領域「言葉」について「経験したことや考えたことなどを自分なりの言葉で表現し，相手の話す言葉を聞こうとする意欲や態度を育て，言葉に対する感覚や言葉で表現する力を養う」と書かれている。とりわけ，子どもが「すごい！」「楽しかった！」などと感じる心が動く経験は「感動体験」となり，この体験が，「この楽しかったできごとを誰かに伝えたい」と会話する意欲，表現する意欲を引き出していく。さらに「どうしたら伝えられるかな？」という言葉の獲得や文字の獲得といった態度へつながっていく。また日常の生活の中で「自分の話を聞いてもらえてよかった」，「思いが伝えられて嬉しかった」という体験が，さらなる言葉の発達を促していく。

　こうしてみていくと，言葉の発達には日々の経験が影響しており，さらに「他者とのかかわり」の中で育まれていくということがわかる。岡本（1982）は，子どもの言葉の獲得について「外からの刺激としてのことばを，そのまま機械的に写しとっていくのではなく，自分の活動をとおし，選択的に自主的に使いはじめる」と述べ，さらに「外なるものを人びととのかかわりをとおして自分のものとしてゆく。しかも自分の積極的なはたらきをとおして獲得し，さらにそれを新たな力として自己をひろげ，外界をつくりかえていく」と述べている。ここには，言葉の発達は他者とのかかわりが前提にあり，自分の生活に必要な言葉を体験的に，かつ自主的に獲得していくということが示唆されている。

　そして3歳という時期は，他者とのかかわりや子どもたちの生活が大きく広がっていく時期となる。幼稚園，保育所，認定こども園等の利用時期でもあるからである。2019（令和元）年度の文部科学省の「幼稚園・保育所等の年齢別利用者

*1 二語文，三語文：
二語文は1歳6カ月頃で現れ，「くるま」「とって」など，多くは助詞を略した2つの単語を話すようになる。三語文は2歳頃になると現れ，「あお」「くるま」「とって」など話すようになり，より自分の要求や思いを伝えられるようになる。第4章p.55も参照。

数及び割合」調査によれば，3歳児は94.8%，4歳児は97.3%，5歳児は98.3%の子どもが幼稚園，保育所，認定型こども園等の施設を利用しており，ほとんどの子どもが家庭に加えて，新しい環境で生活していることがわかる。幼稚園，保育所，認定こども園等を利用するまでは，おとなやきょうだいなどとの関係，いわば「縦のつながり」が中心であったものに対して，こうした施設を利用することによって，自分と近い発達段階の子ども同士の関係，つまり「横のつながり」へと広がっていく。この変化は子どもたちにとって影響が大きく，自分と近い年齢同士で遊ぶ楽しさを体験したり，共通の目的に向かって，自分たちの思いを伝えながら，ともに工夫したり協力したりするようになる。共通の目的を実現しようとする中では，ときには自己主張がぶつかり合い，自分の要求が通らないような経験や，遊びのイメージをめぐってトラブルなども生じる。

【事例2】 水をかけていい？[*1]

　好きな遊びの時間に4歳児のA児，B児と3歳児のC児が，砂場で山や水路をつくって遊んでいる。

　B児が「こっちからお水流すよ。」とみんなに聞こえるように話すと，C児は「お山の中に水かけてもいい？」とペットボトルで汲んできた水を，砂山にかけていいかA児に尋ねる。A児は「すぐそしたら，壊れるよ。固めないと。」とC児の顔を見ながら，少し強い口調で拒否する。A児は「かして。」とC児の水が入っているペットボトルをやや強引に取り，お山に水をかけはじめる。C児は「Cちゃんが，Cちゃんが，Cちゃんが（やる）。」とA児に詰め寄りながら，ペットボトルをA児から受け取る。A児は，C児へ何も言わずにペットボトルを返す。C児は「ここでもいい？お水？」とA児に確認するように尋ねるが，A児は「もう後から流すから。」とC児が水をかけようとするのを止めている。その様子を見ていたB児は「水はここから流すの。」とC児に教えるように話すが，C児は砂山やB児に背を向けて他の場所に水をかけている。その後，A児がC児へ「ちょっとだけ水かけて」と砂山をさして伝えると，C児は少しだけ水をかける。A児が「お山にいっぱい水をかけて」とC児へ話し，C児はペットボトルに入っている水を全て砂山にかける。A児は砂山を固め，C児は再びペットボトルに水を汲みに手洗い場へ向かった。

＊1 島田知和「異年齢保育における社会性の発達に関する一考察」別府大学短期大学部紀要，No.35, 2016

　4歳児のA児と3歳児のC児が，「砂山への水のかけ方」をめぐって，自分たちの思いや要求を言葉で伝え合っている。A児がC児へ水のかけ方について「すぐ

そしたら，壊れるよ。固めないと。」など要求を出し，C児も負けずに「水をかけたい」という要求を伝えており，なかなか折り合いがつかないような場面である。事例のように，「横のつながり」の中では，お互いに要求を譲れず，遊びが中断してしまうようなトラブルに発展することがある。「みんなが楽しく遊ぶためにはどうする？」と，遊びや生活の中で生まれた困り事や葛藤を子どもたちなりに言葉で要求を伝え合い，時には我慢しながら解決していくことが，この時期の言葉の発達に大切だといえる。

2）3歳児の言葉の発達

　3歳児の言葉の発達の特徴として，「ありがとう」や「おはよう」，「おやすみ」など日常生活で使う挨拶や，「入れて」「貸して」など，友だちとの遊びの中で必要な言葉も使えるようになる。また「これをしたからこうなる」など，自分の行為に対して結果を予想したり，「これがほしかったからこれをした」など，自分の行動の意図を言葉で少しずつだが説明できるようになる。また言葉の発達以外でも，運動能力が発達し，歩いたり，走ったり，飛んだりと基本的な動作ができるようになり，また手先の発達も進み，物を掴んだり，投げたりすることができるようになる。食事，排泄，衣類の着脱など，生活に必要な基本的なことも，おとなの手を借りなくても，ほとんどができるようになる。3歳児はこうした運動能力の発達や「できること」が増えたことで，まだ難しいことにも果敢に挑戦し，「自分でやってみたい」と意欲的に周囲に働きかけていく「やる気」に満ち溢れた時期である。それと同時に「知りたい」という好奇心も旺盛で，「これは何？」「なんで？」「どうして？」と生活の中で疑問に思った，ありとあらゆることをおとなへ質問をする時期でもある。子どもの質問に答えていくおとなは，その応答に少々苦労するが，およそ2歳から6歳頃の時期は「**質問期**[*1]」と呼ばれ，子どもの言葉の発達に大変重要な時期となる。

　子どもの周囲には，初めて見るものや興味を惹かれるもの，そして心が動かされるような魅力的なものが豊富にある。幼稚園教育要領解説において「教師は，幼児が言葉で伝えたくなるような経験を重ね，その経験したことや考えたことを自分なりに話すこと，また友達や教師の話を聞くことなどを通じ，言葉を使って表現する意欲や，相手の言葉を聞こうとする態度を育てることが大切である」とある。つまり言葉の発達には，子どもの好奇心を刺激する豊かな環境や体験があること，そして子どもからの質問を受け止め，質問や課題を一緒に共有してくれるおとなや友だちの存在があることが大きいといえる。おとなが子どもの質問に応えていくことで物の名称などの言葉の獲得や，さまざまな事象の理解が深まっ

*1 **質問期**：子どもたちの脳神経の発達により，周囲に興味を持ち，さまざまな物事に対して質問をする時期のこと。身の回りにあるものに対して「これは何？」「あれは？」と名称を質問する2〜3歳頃の「第1質問期」と，「なんで？」「どうして？」と物事の性質や理由を質問する4歳〜6歳頃の「第2質問期」がある。

ていく。おとなは子どもに生まれた「知りたい」という学習意欲を大切にし，この時期にしかない言葉によるコミュニケーションを一緒に楽しむことが，言葉の発達において大切だといえる。

3）4歳児の言葉の発達

　4歳児の発達の特徴として，生活や遊びの場面において，ある程度の見通しを持って行動できるようになる。好きな遊びの時間が終わる頃，時計を見ながら「お片付けするよ」と友だちに教えたり，遊びの中でも「こんなものをつくりたい」「こんな遊びがしたい」など目的をもって行動し，その目的に向かって自分なりに考えて試行錯誤していく姿が見られるようになる。また想像力や表象能力が豊かになる反面，自分なりの見通しやイメージはあるのだが，ときには思うようにいかないこともあり，不安になったり，時には苛立ったりと，頭の中で描くイメージと現実との違いに葛藤経験をもつ時期でもある。こうした葛藤を抱えながら，友だちとのつながりも強くなるため，目的に向かって一緒に協力したり，工夫したりしながら，目的の実現に向かって奮闘していく経験や，友だちとのかかわりの中で，いざこざが生じたり，自分の提案や要求が拒まれることも経験していく。このような経験の中で，この時期の子どもたちは，自分の提案や要求を通すために，言葉を用いた「交渉術」も身につけていく。

【事例3】　「○○くん，かして」[1]

　教室にはいくつかテーブルが出されており，A児・B児・C児の3人は同じテーブルに集まって座っている。3人はブロックでつくったものを仮面ライダーなどのヒーローの武器にみたてて，それぞれが思い思いにブロック遊びに興じている。

A児：（ブロックを）かして。※リズムをつけてB児に向かって軽い口調で言う

B児：だめよ。※困った表情だが，リズムをつけて，A児に合わせて軽い口調で言う

A児：そしたら同じやつ（A児が手にしているブロックでつくった武器）つくったげようか。※B児の顔を覗き込んで楽しそうに言う

B児：（あまり表情を変えず，何も言わずにうなずく）

A児：ねぇ，Cくんその長いやつひとつ貸して。※手を出さずに，C児に向

＊1 島田知和・田中洋「遊び場面における物をめぐる交渉の成否の要因分析」大分大学教育福祉科学部附属教育実践総合センター紀要, No.31, 2014

かって尋ねるように語尾を上げて言う

C児：だめ。　※A児の方を見ずに言う

A児：2つもってるなら1ついいでしょ。Bくんに武器つくってあげるんだけど。※特に口調を変えることなく，説得するように言う

C児：（初め困った表情でうつむいていたが，言われてあまり間をおかずに，あまり嫌な表情をせずに納得した様子でA児にブロックを渡す）

B児：（2人のやりとりを何も言わずにじっとみている）A児はC児からもらったブロックですぐにB児に自分と同じ武器をつくってあげる。B児はA児に「ありがとう」と言い，受け取り3人はそれぞれがつくった武器を持ち，テーブルから離れて走りながら楽しそうに遊び始める。

　初めA児は，B児が持っているブロックを貸してもらおうと「貸して」と提案したが，「だめよ」と拒否をされてしまった。そこでA児は，B児に「自分が使っているものと同じものをつくってあげる」と自分の要求を通すために，B児が応じてくれるように相手が納得してくるような提案をして「交渉」している。B児もA児が持っている武器に魅力を感じたのか「同じものをつくってもらえるなら」とこの要求に応じている。その後，A児はC児に対してもブロックを貸してほしいと提案している。一度は拒否されるが，再び「2つ持っているから1つ貸してほしい」とC児を説得し，初めは拒否をしたC児も「2つあるからいいか」と納得したのか，少し悩んだ末，ブロックを渡している。

　この時期の子どもたちは，一方的に自分の要求を通したり，拒否をするのではなく，相手の気持ちを受け入れ，自分なりに考えつつ，相手が納得してくれるような理由を話すことができるようになる。今井（1996）はこの時期の子どもの発達の特徴として「拒否されることばかりでなく，自分が拒否する立場になることも経験します。その両方の立場に立つことによって，自分を相手の経験に重ねあわせて考えてみることが可能になってきます。」と述べている。拒否する立場と拒否される立場の両方を経験することによって，「自分もあの時貸してもらえなくて悲しかったな」という体験から，「同じものをつくってもらえるならいいか」と「2つあるならいいか」と折り合いを付けられるようになる。自分の話や要求を聞いてもらえた体験，友だちの話や要求に応えた体験の積み重ねが，この時期の子どもたちの言葉の発達に大切だといえる。

4）5歳児の発達の特徴

　5歳児の発達の特徴として，園生活に必要な基本的な生活習慣が身につき，食

事や排泄などに加えて，自分たちの生活の中で生じた課題や困り事などをおとなの手を借りなくても自分たちで話し合い，解決できるようになっていく。また園の最年長として，「幼児期の終わりまでに育ってほしい姿」が示す姿に近づいてくる時期でもある。友だちとのかかわりもより活発になり，気の合う友だちと一緒にイメージや目的を共有して，言葉で自分たちの思いを伝え合って遊ぶようになる。さらに遊びをより楽しむために，「もっとこうしたい」という目的に向かって友だち同士で工夫をしたり，協力したり，「もっと遊びを楽しむためにどうする？」と自分たちで決まりや遊び方を話し合うなど，協同性や社会性も育まれていく。

【事例4】 鬼，誰がする？[1]

公園で8人の子どもが鬼ごっこをして遊んでいる。鬼を誰がするか決めている場面である。

A児：鬼したい人。※全員に聞こえるように大きな声で呼びかける

B児：鬼ごっこする人来て。※全員に聞こえるように大きな声で呼びかける

A児：鬼したくない人手あげて。※全員に聞こえるように大きな声で呼びかける

C児：はい，鬼したくない。※手をあげながら，A児に向かって言う

A児：鬼したい人手あげて。※全員に呼びかけるが誰も手をあげない

A児：じゃんけんで決めようよ。

B児：裏か表で分かれよう。※A児の方を見て提案する

A児：いいよ。

全員：裏か表で別れましょう。

B児：表きて。

A児：4人も鬼がいる。

D児：いやだ，鬼4人とか多すぎる。

B児：じゃあ逃げる人を4人。

D児：いいよ。

B児：それでいいですか。※全員に聞こえるような大きな声で確認するように尋ねる

A児：なんで。

C児：だってBくん速いじゃないか。※A児やB児に比べると声は小さいが，はっきりと言う

＊1 島田知和「異年齢保育における社会性の発達に関する一考察」別府大学短期大学部紀要，No.35, 2016

B児：速い人と遅い人にする。4と4で別れればいいじゃん。

A児：4と4で別れればいいじゃん。

B児：速い人こっち来て，遅い人こっち来て

※C児とE児が，足が遅いグループ，残りの5人が，足が速いグループに分かれる

C児：僕，Eくんと鬼がしたい。

B児：じゃあこの2人が鬼やるから。

A児：なんで。どっちも遅いよ。

B児：じゃあ俺とC。

E児：え，やだ。※Bに小さな声で言う

C児：Eくん入らないの。※Bに尋ねる

担任：Eくんが何か言ってるよ。何かいいたいことがあるんじゃない。

B児：何。※E児の肩を持って優しい口調で話しかける

E児：僕も鬼になりたい。

B児：じゃあ3人で鬼ね。作戦立てるぞ。※3人で輪になって笑顔で話し始める

　鬼を決める際の話し合いの場面である。事例のように5歳児頃になると，自分たちで話し合って鬼を決めたり，遊びのルールをつくることができるようになる。話し合いの際に，自分の話だけでなく，友だちの話も聞き，そしてお互いに友だちの意見に応えるように，自分なりに考えた意見を主張したりできるようになる。C児の「僕，Eくんと鬼がしたい」や，E児の「僕も鬼になりたい」などのように，自分がやりたいことを言葉で表現できるようになることに加え，さらに「それでいいですか」と全員が納得するような言葉や，「じゃあ3人で鬼ね。作戦立てるぞ」と全員が楽しく遊ぶための社会性や作戦会議などの協同性の育ちも見られる。遊びへの見通しも4歳児より持てるようになり，足が速い人が鬼だと，早く捕まって面白くないなど，これまでの経験したことをもとに「みんなで楽しく遊ぶためにはどのようなルールがよいか」と考え，言葉による伝え合いによって，楽しく遊ぶことができるようになっていく。

5）文字との出会い

　幼児期後半の言葉の発達の特徴として，「文字への興味・関心」があげられる。領域「言葉」の内容に「日常生活の中で，文字などで伝える楽しさを味わう」とあり，内容の取扱いにおいても「幼児が日常生活の中で，文字などを使いながら思った

ことや考えたことを伝える喜びや楽しさを味わい，文字に対する興味や関心をもつようにすること」とある（幼稚園教育要領より）。文字に関して，保育所保育指針や幼保連携型認定こども園教育・保育要領の1歳以上3歳未満児の保育に関わるねらい及び内容では，とりわけ記載されていないことからも，3歳以上児の特徴だということがうかがえる。文字への興味・関心は絵本や紙芝居などの児童文化財，幼稚園等の自分の名前シールなど身近な文字を「読む」ということから始まる。初めは読むといっても，1文字ずつ認識して「し・ん・か・ん・せ・ん」と発音するというよりも，何度も読み聞かせてもらった物語を覚えていたり，「しんかんせん」というシンボルとして単語を発音したり，また名前シールに関しては，自分を示す記号のようなものとして理解していく。おとなにも「これなんて読むの？」など自分の身の周りの文字に興味を持って質問をしてくる姿も増えてくる。

　そして「書き言葉」に対しても興味や関心を持つようになる。書き言葉の獲得において最も大切なこととして，子ども自身の生活にしっかり根付いたものであること，自分の生活や遊びの中で必要性が生じることがあげられる。例えば，好きな遊びの時間に砂場でつくっていた砂山があったとする。本当はまだ続きをつくりたかったが，給食の時間になってしまった。また続きから遊べるようにそのままにしておきたいのだが，砂場はみんなで使うものであるため，自分がその場から離れると誰かに壊されてしまうかもしれない。このまま砂場の前に立っていたいのだが，そうもいかない。このような場面は，幼稚園等においてよく見られる光景ではないだろうか。そこで自分がその場にいなくても，誰かに自分の思いを伝えられるものが「文字」である。「さわらないで」と書いた看板をつくり，立てておいたりすると「文字が読める子ども」には伝えることができる。もちろんすべての子どもが文字を読めるとも限らないため，文字が読めない子どもへはどうやって自分の思いを伝えようかと，さらに工夫したり，試行錯誤することで，言葉や文字への興味も深まっていく。このように「書き言葉」の獲得は生活の中の必要性であったり，「文字って便利だな」といった実体験を伴った経験が大切である。ごっこ遊びの中でも看板やメニュー表などをつくることで遊びも展開していく。まずは文字をきれいに書くことや，早く覚えることを重視するのではなく，文字の便利さやおもしろさを子どもたちと一緒に十分味わいたい。

演習問題
・これまでの実習や普段の生活の中で，幼児期の子どもとの会話で，印象に残っていることをお互いに話してみよう。またなぜ印象に残っているかについても考えてみよう。

- 本節では3歳以上児の言葉の発達について学習した。そこで，それぞれの年齢の子どもたちに読みたい絵本や紙芝居，エプロンシアターなどの児童文化財を探してみよう。またなぜその児童文化財を選んだかについても考えてみよう。

2　子どもの言葉を育てるおとなの役割

　子どもはおとなの会話をよく聞いている。子どもとの生活の中で，おとなが何気なく使っている言葉や単語，そして口調や言い方など，いつの間にか子どもが同じように使っていることがある。ことわざに「子は親を映す鏡」とあるように，子どもたちは両親をはじめとする家族からの影響や，家庭以外でも担任保育者など身近なおとなからも，こちらが気づかないうちに影響を受けていることがある。このように無意識下で，おとなから子どもへと意図せず伝わっているものを**潜在的カリキュラム**[*1]と言い，言葉の発達においては，教育課程など顕在化しているカリキュラムと同じくらい，子どもへの影響は大きいといえる。穏やかな口調で話す保育者のクラスの子どもは穏やかになったり，活発な口調で話す保育者のクラスの子どもは活発になったり，さらに否定的な表現を保育者が使ってしまうと，子どもたちも子ども同士の会話の中で，気づかないうちに否定的な言葉が飛び交ってしまうこともある。子どもの言葉を育てる保育者の役割として，まずは普段の自分の言葉選びや話し方から見直していきたい。

1) 経験から生まれる言葉

　次の事例は4歳児と3歳児の会話の様子である。

【事例5】　Aちゃん，涙ふきなよ[*2]

　好きな遊びの時間が終わり，給食当番の子どもが準備をしている中で，3歳児のA児がテラスへ出て「ママがいい」と泣いている。気づいた4歳児のB児，C児，D児が部屋に戻るように声をかけている。

　「ママがいいよ」と保育園の外を見ながら座り込んで泣いているA児。その様子を見たB児が「ママ今お仕事。ママが今日お迎えに来るの？　Aちゃんきっとママ来るから大丈夫だよ」と母親が迎えに来るかどうか穏やかな口

---

*1 **潜在的カリキュラム**：教育課程や全体的な計画，週間計画(週案)などが顕在的カリキュラムと呼ばれることに対して，口調や表情，使用する言葉など，おとなが特別意識していないことが，意図しないまま子どもたちに伝わっていく内容のものを言う。

*2 島田知和「異年齢保育における社会性の発達に関する一考察」別府大学短期大学部紀要，No.35，2016

調で尋ねている。C児やD児も「大丈夫だよ」「きっと来るからね」と穏やかな口調で話しかける。

　B児が「I先生（担任保育者）優しいでしょ」と話し，D児も「そうだよ」とうなずく。B児が「涙ふきなよ」とA児へティッシュを渡す。

　C児が「前だって，Cちゃんたちも，うさぎ組さんの時にわぁんって泣いちゃったんだよ。」B児「ほらA先生（２歳時クラスの担任）もいるよ，あそこに」。D児「Aちゃんもママに会えるから，泣きやんで」。

　A児は「ママ，ママ，ママ」と保育園の外を見ながら，泣き続けている。B児「そんなに泣かないで。ね。Aちゃん。I先生に抱っこしてもらえば」と提案するも，A児は「ママがいい」と泣いている。

　そこへ担任保育者がやってきて，４歳児の３人と一緒テラスに座り，「Aちゃん悲しいみたいだね。朝起きられなくて，ちょっと眠いんだって」と４歳児３人へ話かけている。少しA児の様子を見守り，A児へ「一緒にご飯食べようか」と５人で保育室へ戻った。

　領域「言葉」の内容の取り扱いでは，「言葉は，身近な人に親しみをもって接し，自分の感情や意志などを伝え，それに相手が応答し，その言葉を聞くことを通して次第に獲得されていくものであることを考慮して，幼児が教師や他の幼児とかかわることにより心を動かされるような体験をし，言葉を交わす喜びを味わえるようにすること。」とある（幼稚園教育要領より）。この事例で４歳児の３人は，「ママがいい」と泣いているA児に対して，全員共通して穏やかな口調で優しく声をかけている。さらに「前だって，Cちゃんたちも，うさぎ組さんの時にわぁんって泣いちょったんで。」「そんなに泣かん。ね。Aちゃん。I先生に抱っこしてもらえば」と自分たちの体験や，自分たちが保育者から受けた，嬉しかった体験，心が動くような体験があったからこそ，このような言葉やかかわりが生まれたと考えられる。またこの園では３歳から５歳児の異年齢保育を実践しており，この場面記録は４月のものである。４歳児の３人は，自分たちもA児と同じように年少児のときに，保育者や年長児から世話をしてもらった経験があり，自分たちも泣いたり，困ったりしている年少児の世話をしたいという思いから，このような姿がみられたと考えられる。

2）子どもの思いを受け止めて言葉を引き出す

　保育を学ぶ中で，「子どもの思いに寄り添う」「子どもの気持ちを考えて行動す

る」といった文言を見たり，聞いたりすることが多くあるだろう。これは保育において きわめて重要なもので，私たちが保育を実践する上で大前提になるものである。では具体的にどのようなかかわりが子どもの思いに寄り添ったり，子どもの気持ちを考えて行動すると言えるのだろうか。事例をもとに考えていきたい。

【事例6】　プールが嫌いだもん[1]

　M児（4歳児）はプールがとても嫌いで，プールの支度の時間になると何かと理由を見つけて職員室に訴えに来る。

　その日も，M児はその時間になると，悲しそうな顔で「ここが痛いの」と掌を小さく丸めてやってきた。それを見ると薬指の爪がほんの少しささくれている。

　主任のH教師は，M児の手を自分の手で包み込みながら，「そう，ここが痛いんだね。どーれ」と抱き寄せ，顔をのぞき込んで話しかけた。しばらくすると，M児は少し表情をなごませ，「今日ね，Mちゃんのおねえちゃん学校を休んだんだ」と家庭の様子を話し始めた。H教師は，「そう，今日はおねえちゃんが家にいるからMちゃんも一緒にいたかったのかな」とM児の気持ちを推測してみた。「うん，おうちで遊びたかったの。だってプール嫌いだもん。顔が濡れちゃうから」「顔が濡れるのが嫌なんだね」と，H教師がM児の気持ちを受け止めているうち，しばらくしてM児がパッと顔を明るくして「でもね，この前お風呂で潜れるようになったんだよ」と言った。M児の気持ちが自分の中でふっきれて，嫌なことだけではなく自分のできることに目が向きはじめた。

　H教師はこのやりとりをM児の担任のT教師に伝えた。T教師は，さりげなく機会を捉えて，「Mちゃん，お風呂に潜れるようになったんだって，すごいね」とほめた。1学期の末になると，M児は職員室に姿を見せなくなっていた。M児はいつの間にか自分から水着に着替えはじめていたのである。

＊1 文部科学省「幼児理解に基づいた評価」2019

　この事例の中で主任保育者は，「頑張ってプールに入ってみようか」と励ましたり，「今は何をする時間かな？」と他の子どもと同じ活動ができるように促したりしていない。M児の「手が痛くて悲しい気持ち」を，手を包んだり，抱き寄せたり，顔をのぞき込みながら全身で受け止めることを大切にしている。もちろんM児に対して「クラスの友だちと一緒にプールを楽しんでほしい」という願い（ねらい）を持ちつつかかわっており，M児との言葉による伝え合いの中で，「なぜM児はプールが苦手なのか」について，M児のことを理解しようと努めている。そ

してM児も主任保育者に自分のことをまるごと受け止めてもらった体験から表情がなごみ、「H先生は話を聞いてくれるから、自分のことを話したい」という思いになったのではないだろうか。文部科学省が2019年に発行した「幼児理解に基づいた評価」には次のように書かれている。「保育の中で教師は、ともすると大人と話すように、『がんばりなさい』『こうやればいいのよ』『どうしてなの？』など、表面に表れた事柄だけに目を向けて励ましたり、やり方を指示したり、理由を問いただしたりしがちです。そうではなく、言葉や行動のそこにある幼児の気持ちを受け止め理解しようとすることが大切なのです。」保育者の子どもの気持ちを少しでも理解したいという姿勢が、「子どもの気持ちに寄り添う」ということであり、子どもの言葉による表現を引き出している。

3）心の拠り所となる保育者

【事例7】　先生、できたよ！[*1]

　B児は、友だちと一緒に時間をかけて積み木でお城をつくりあげた。遊んだ後に保育者が、積み木でつくったものを飾るコーナーをつくり、そこにB児もお城を飾った。周りの幼児がB児のつくったお城を見ており、B児はとても満足した様子で部屋に戻った。　給食の準備時間に、友だちが積み木のコーナーにぶつかり、B児がつくったお城を壊してしまう。ぶつかった友だちがそのことについて謝りに来ると、B児はすぐに「いいよ。」と言って友だちを許した。その後、B児は担任にその出来事を報告しに来る。
B児：先生、K君がね、僕がつくった積み木にぶつかったから壊れたんだって。でもね、別にいいから僕許してあげた。
保育者：頑張ってつくったから残念だね。でもB君、許してあげられるのすごく優しいね。
B児：別にいい。
保育者：そうなんだ。またつくるの？
B児：うん。またつくればいい。
　そう言って、B児は普段と何も変わらない様子で給食を食べ始める。
　次の日、壊れたお城をつくり直せるように机の上に倒れた積み木を並べると、B児はすぐにお城を修理し始める。「一人でできるかなぁ。」と呟きながら夢中でつくり、出来上かがると保育者に「つくり終わったよ！」と報告をする。　保育者は再び積み木をコーナーに飾る。

＊1 渡邉輝美「幼児期の終わりまでに育ってほしい姿『言葉による伝え合い』についての一考察」初等教育－教育と実践－, No.44, 2020

　子どもたちは遊びや生活の中で，悲しいできごとにあって気持ちが沈むこともある。B児のように満足できるまで，じっくり時間をかけてつくったものが壊れてしまった時は，やはり落ち込むものである。このような悲しいできごとがあっても，「話したい」と思える保育者の存在は，子どもにとって「安全基地」とも思えるような存在である。何かあっても保育者にそのできごとを伝え，また気持ちを立て直すことができる。B児も保育者に伝えたことで自分の中で，折り合いをつけられたのかもしれない。この悲しかった気持ちを保育者が受け止め，保育者が言葉にして伝えることが，子どもの次の意欲につながっていく。保育の営みが大切にしている「養護」と「教育」の考え方の原点はここにあり，失敗やうまくいかないことがあっても，保育者がその思いを受け止めることで，気持ちが安定し，そして次の遊びや活動につながるように，そっと後押しするような言葉かけが，子どもの成長を支える教育と言えるのではないだろうか。また渡邉(2020)は，「幼児は友だちとのかかわりの中で思い通りにならない体験があっても，保育者の援助により思いを立て直し，再び続けて取り組む姿となり，成し遂げる充実感を味わい，自信をもつ。このことが友だちとかかわる原動力となり，言葉によるお互いの思いを伝え合う姿につながる」と述べている。壊してしまったK児が　「ごめんね」と伝え，それに「いいよ」と応える体験，そして「つくり終わったよ！」とうれしかったできごとを伝えられる保育者の存在は，子どもの言葉の発達に大変重要なものとなる。

> 演習問題
>
> ・子どもの言葉の発達には，思わず誰かに話したくなるような豊かな体験が大切である。言葉の発達を支える「豊かな体験」とは具体的にどのようなものか考えてみよう。
> ・言葉の発達には個人差がある。このような個人差を踏まえ，子どもの発達を支えるために保育者にはどのような配慮が必要だろうか。

【引用・参考文献】

文部科学省「幼稚園教育要領」, 2017

OECD「Starting Strong: Early Childhood Education and Care.」, 2001

文部科学省 幼児教育の実践の質向上に関する検討会「幼児教育の現状」, 2019

文部科学省「幼稚園教育要領解説」, 2018

岡本夏木『子どもとことば』岩波書店, 1982

今井和子『子どもとことばの世界－実践から捉えた乳幼児のことばと自我の育ち－』ミネルヴァ書房, 1996

木下孝司ほか『子どもの心的世界のゆらぎと発達－表象発達をめぐる不思議－』ミネルヴァ書房, 2011

渡邉輝美「幼児期の終わりまでに育ってほしい姿『言葉による伝え合い』についての一考察」初等教育－教育と実践－, No.44, 2020

文部科学省「幼児理解に基づいた評価」, 2019

島田知和「異年齢保育における社会性の発達に関する一考察」別府大学短期大学部紀要, No.35, 2016

島田知和・田中洋「遊び場面における物をめぐる交渉の成否の要因分析」大分大学教育福祉科学部附属教育実践総合センター紀要, No.31, 2014

第6章 言葉のかかわりに配慮を要する乳幼児と保育

学びのポイント
- 乳幼児期の言葉の発達過程とともに，発達の遅れの要因となる各種の障がいについて知る。
- 乳幼児の言葉の発達をうながすための保育者の配慮と支援内容を理解する。
- 障がいのある子どもの保護者に対する保育者の支援について知る。
- 演習問題を通じて外国籍の子どもや保護者に対する言葉の支援について考えを深める。

1 言葉のかかわりに配慮が必要な子ども

1) 言葉の発達と遅れ

①乳幼児期の言葉の発達過程

　乳児期から幼児期にかけて，子どもは周囲のおとなの与える刺激を受けて言葉を発達させていく。生後1～2カ月頃には，「アーッ」「ウーッ」などの発声が始まり，6～7カ月頃には「マンマンマンッ」「ダッダッダッ」などの喃語[*1]がみられるようになる。9～10カ月頃には，指さし[*1]，共同注意がみられるなど，生後1年は，前言語コミュニケーションが発達する時期である。そして1歳前後には最初の有意味語，すなわち「初語[*1]」がみられる。1歳後半～2歳頃には単語が50～60語に増え，それに伴い二語文[*2]がみられるようになる。3歳頃には簡単な日常会話が成立し，4歳～5歳になると会話の成立や意思疎通だけでなく，一連の出来事を時間の流れに沿って順序立てながら話すことができるようになる。さらに，言語はコミュニケーション伝達手段としての役割を担うだけではなく，次第に思考や行動調整にもかかわるようになる。しかし一方で，言語発達が著しい乳幼児期に，言葉の遅れやつまずきが見つかるケースがある。乳幼児期の言葉の遅れには，有意味の発語がない，発声・発話が不明瞭，語彙知識が乏しい，二語文・三語文が出ない，スムーズな会話が成立しないなど，年齢や状態像に応じてさまざまな現れ方がある。

*1 第2章p.14参照。

*2 第4章p.55参照。

②言葉の遅れがみられる時期

　乳幼児期に言葉の遅れが把握されるのは，主に家庭内，乳幼児健康診査，保育園・幼稚園などである。家庭内（親）では，発語がない，発声・発話が不明瞭など，

明らかに言葉に問題がみられる場合である。その他にはきょうだいや同年齢の子どもとの比較，本やインターネットなどの情報とわが子の発達の違いなどから関係機関（小児科，乳幼児健康診査，保育の場）に相談される場合など。家庭以外では，乳幼児健康診査や保育の場が最初の発見場所になることもある。

乳幼児健康診査において言語発達の遅れは次のように発見される。

まだ言葉を話さない（前言語期）乳児期は，3カ月健診，9カ月健診において，発声や喃語の少なさから，聞こえの問題，聴覚障がいがみつかることがある。また，運動面の稚拙さとあわせて，重度の知的障がいなどが疑われる。1歳6カ月健診では，有意語の出現，単語が5～6語出ていることと，指さしがあること，言葉による指示に従えることが基準となる。3歳児健診では，自分の名前を言える，「ママ，チョーダイ」など二，三語文の有無，「自分の名前」など簡単な質問に答えられるかといった「会話」面が確認される。この時期には言語コミュニケーション能力の発達の遅れなどから，自閉症スペクトラム，軽度の知的障がいなどが把握されることもある。

臨床心理士会が2014（平成26）年に行った乳幼児健康診査に関する全国調査では，1歳6カ月児健診と3歳児健診において約25%が要観察・要精密判定であったことが報告されている。その判定理由は，1歳6カ月児健診，3歳児健診ともに①「言語発達」，②「多動など行動」，③「精神発達」，④「社会性」，⑤「癖・振る舞い」の順であった。また同調査では，回答のあった自治体の8割以上で，発達相談の内容で，1歳6カ月児健診と3歳児健診のいずれも「言語相談」がもっとも多い結果になった。この調査からも，3歳未満の子どもの「言語発達」の遅れやつまずきは，乳幼児健康診査で把握されるケースが多いことが理解される。

一方，3歳以降になると，集団生活が始まる保育の場で「言葉」の遅れ，つまずきが気づかれるケースもある。子ども同士，保育者との関係性の中で，「指示を最後まで聞けない」「話を聞いていない」「会話が続かない」「自分の気持ちを言葉にできない」「相手の話を理解できない」「一方的に話し続ける」といった語用論[*1]的能力で課題が目立つようになる。語用論的能力とは，言語の表面的意味の向こう側にある真の意味を推測することができる力であり，対人コミュニケーションにおいては重要な能力である。これらの状態像は，集団生活の中で顕著になり観察されやすいものであり，知的に遅れのない自閉症スペクトラム，ADHDの子どもなどにみられる特徴である。

3歳児以降，集団生活の中で発達障がいの特性による困難さが見えてくることも多い。このことから，保育現場でどのように疑いがある子どもを把握し，医療や療育などの支援システムにつなげていくかは，保護者との連携も含めて重要な課題といえる。

*1 **語用論**：言語学の研究分野の一つ。話し手が伝えようとする内容と，聞き手が解釈した意味との関係性を，「文脈」という観点から考察する。

2) 言葉の遅れの背景にある要因

　言葉の遅れやつまずきには，さまざまな要因が関係している。ここでは，言葉の遅れやつまずきにつながる要因（障がい）を中心にみていくことにする。

①聴覚障がいによる言語発達の遅れ

　聴覚障がいとは，聴覚機能に何らかの困難が生じている状態をさしている。聴力障がい，聴覚過敏，錯聴，耳鳴りなどがこの中に含まれるが，聴覚感度の低下を示す聴力障がいがほとんどであるため，一般的に聴覚障がいといえば聴力障がいのことをさしている。

　聴力は「音圧（dB：デシベル）」によって示され，正常聴力の場合は，0dB近辺であり，難聴の程度が強くなるほどこの値が大きくなる。通常30dB以上が「軽度難聴」，50dB以上が「中度難聴」，70dB以上が「高度難聴」，100dB以上が「両耳全ろう」とされる。なお，日常会話の音圧は50 ～ 60dB程度である。

　また，聞こえの状態は，聴覚器官のどの部分に障がいがあるかによっても変わってくる（表6－1）。

表6－1　聴覚障がいの種類

伝音性難聴	外耳から中耳にかけて障がいが起こったもの。音の振動が内耳に十分伝わらないため難聴が起きている。音を大きくすると聞こえるため，補聴器の使用が有効とされる。
感音性難聴	内耳から聴神経，脳にかけて障がいが起こったもの。音が歪んで入るため，音を大きくしても聞き分けにくい。そのため，補聴器の使用も症状に適したものを選ぶ必要がある。
混合性難聴	伝音性難聴と感音性難聴の両者が合併したもの。伝音部分は補聴器で補えるが，感音部分は個人差が生じる。

　こうした聴覚障がいが乳幼児期に起こると，時期や程度，あるいは医療や教育の対応にもよるが，言語発達やコミュニケーション技能上に，また，社会性や情緒などの知的・精神的な発達の面に種々の課題が生ずることが指摘されている（中野ら，2008）。

②知的能力障がいにともなう言語発達の遅れ

　知的能力障がいとは，アメリカ精神医学会のDSM-5[*1]による定義を踏まえ，以下のように捉えるのが一般的である。

＊1 **DSM-5**：アメリカ精神医学会が精神疾患の診断基準・分類を定義した資料。第5版のDSM-5は2013年に公表された。

A．明らかに平均以下の知的機能：個別機能による知能検査で，およそ70
またはそれ以下のＩＱ（幼児においては，明らかに平均以下の知的機能で
あるという臨床判断による）。

B．同時に，現在の適応機能の欠陥または不全が以下のうち2つ以上の領域
で存在する。
コミュニケーション，自己管理，家庭生活，社会的／対人的機能，地域
社会資源の利用，自律性，発揮される学習の能力，仕事，余暇，健康，
安全。

C．発症は18歳以前である。

もちろん知的能力障がいといっても，それは一つの疾患ではない。18歳以前に
発症し，知的機能の発達障がいとその結果として適応面に障がいがあるという状
態像を共通点としているだけで，その原因はさまざまである。器質的な障がい[*1]
から，出生時，出生後における障がい，外的要因によるものまで幅広いものがあ
る。また，知能・感覚・運動・情緒等の諸機能，言葉の発達の程度（軽度から重度）
も個々の子どもによって違ってくる。

*1 先天的に脳に何らか
の病変の存在が確認さ
れる状態をいう。脳性麻
痺やてんかんなどが挙げ
られる。

ただし言語能力については，基本的に言葉の概念を理解することが難しく，他
者と円滑に意思疎通を図ることは苦手といえる。

③自閉症スペクトラム障がいによる言語発達の遅れ

アメリカ精神医学会のDSM-5は，自閉症スペクトラムを，「基本的な特徴は，
持続する相互的な社会的コミュニケーションや対人的相互反応の障がい，および
限定された反復的な行動，興味，または活動の様式である。これらの症状は幼児
期早期から認められ，日々の活動を制限するか障がいする」と定義している。

かつては，小児自閉症，高機能自閉症，アスペルガー症候群などの区分があっ
たが，症状のあらわれ方が重症度や年齢などにより変化したり，重複したりする
ため，現在では境界線を設けず「連続体」を意味する「スペクトラム」という考え
方が採用されている。

言語面に関しては，知的水準が低いために言語の習得がほとんどできない子ど
ももいれば，知的能力に遅れがなく言語の習得が良好な比較的症状の軽い子ども
もいる。しかし，言語の習得が可能な子どもの場合も，言葉の意味理解や使用に
難しさを抱えるなど，質的側面でのコミュニケーション能力の弱さがみられる。

自閉症スペクトラムの子どもは，乳幼児期に視線があわない，指さしを見てく
れないなど，共同注意の発達が遅れる。このことは，他者認識の発達に影響を与
える。他者認識と言語発達には関連があり，他者認識の発達に困難を抱えること

で，言葉やコミュニケーションの発達に障がいがでてくると考えられている（小椋他，2018）。

④注意欠陥／多動性障がい（ADHD）による言葉発達の遅れ

注意欠陥／多動性障がい（以下ADHD）とは，不注意，多動性－衝動性を主要な症状とした中枢神経系の発達障がいである。これらの主要な症状は一般的に子どもによく見られる特徴であるが，その症状が同年齢の他の子どもたちに比べ極端に多く，生活場面（保育，教育場面など）における適応に支障をきたしている場合に診断される（7歳未満にこれらの症状が存在することが診断基準の一つである）。現在，原因を特定する生物学的指標はまだ確認されていないが，ドーパミン系およびノルアドレナリン系神経機能に問題があるとの説が有力である。

主要な症状の揃い方により，①不注意の症状が中心である不注意優勢型，②多動性－衝動性の症状が中心である多動性－衝動性優勢型，③不注意および多動性－衝動性が顕著である混合型の3つのタイプに分類される。

言葉の面に関しては，不器用さと，語音の発達の未熟さ，発音が不明瞭のほか，推論や会話，語りにおける語用論での困難さがよくみられることが指摘されている（小椋ら，2018）。

⑤発声発語器官の運動機能の障がいによる言語の遅れ

a. 構音障がい

言語の意味を理解したり，思い起こすことはできるが，声を出す音声器官になんらかの障がいが発生し，正しく発音ができない状態になるこという。その状態像は表6－2の3つに分類される。

表6－2　構音障がいの種類

器質性構音障がい	構音器官の形態的障がいによるものをいう。先天性の形態異常としては口蓋に問題がある口蓋裂，粘膜下口蓋裂，先天性鼻咽腔閉鎖不全，口唇の形態異常，舌の形態および機能異常がある。
運動障がい性構音障がい	発声発語にかかわる神経や筋肉の病変によって起こる，話し言葉の障がいである。脳血管障がいや神経筋疾患により起こる錐体路系の障がい（運動麻痺），錐体外路系の障がい（不随意運動や筋硬直），小脳の障がい（協調障がい）などの運動系の障がいによって起こる。
機能性構音障がい	構音器官や神経系の障がいの原因が認められない構音障がいと定義されるが，これには構音の稚拙さや誤った習慣によるものが含まれる。①言語発達の遅れに関連するもの，②構音器官の運動機能の遅れによるもの，③言語環境の問題，などがその原因としてあげられる。

b. 吃音（きつおん）

言語の流暢性障がいであり，発話の流暢性が失われる疾患である。流暢性の障がいは，音声，音節，単語，言い回しにおける不規則な速度，リズム，繰り返し

によって特徴づけられる。具体的には，連発：「お，お，お，おかし」，伸発：「おーかし」，難発：「……おかしがあり」，主に単語の語頭音に生じる。背景に社交不安症（社会不安障がい）や発達障がいを有する場合がある。

演習問題

・障がいのある子どもの言葉の支援には、保育者としてどのような知識や技術が必要と思うか、整理して発表してみよう。

2 言葉のかかわりに配慮が必要な子どもの支援

1) 保育の場における言葉の支援

①日常的な生活場面と言葉の発達

　言葉は，人との自然なかかわりの中から，人に伝えたいという伝達欲求の高まりを前提として，発達していく。特に乳幼児期においては，自然な日常生活の文脈の中で子どもが発する"自発的な発話"に対して，おとなが配慮ある応答を繰り返すことで，子どもの言葉の伝達（表出）意欲が高まり，言語発達を促進させる。

　保育園や幼稚園は，遊びを中心とした日常生活の場である。子どもたちは，遊びを通して物事への興味，関心を高め，周囲の環境に意欲的にかかわっていく。そこで生じる子どもたちの"言葉"に対して，保育者が配慮のある応答をすることが，子どもの表出意欲を育んでいく。また，こうした日常生活の中での遊びや活動に結びついた保育者の言葉かけは，子どもたちにとっても理解しやすく，言葉の育ちにつながりやすい。

　また言葉の育ちで大切なのは単語の数をたくさん覚えさせることではなく，言葉をある程度会話の手段として使えるよう（語用論），そのスキルの向上をさせることである。そのためには，日常の生活や遊びの中で，生きた言葉のやり取り（双方的なコミュニケーション）を通して，言葉を伸ばしていくことが重要である。

　こうした日常生活の文脈の中での支援は，言葉に遅れやつまずきがある子どもたちへの言語支援としても有効なことがわかっている（秦野ら，2017）。

②集団生活における言葉の発達と保育者の役割

　保育における集団生活は言語の発達にとって重要である。特に，年中から年長にかけては，仲間関係が形成されるため，子ども同士の会話の語彙が増大し，語用論的な面でも言語発達が進む時期である。しかし，言葉に遅れやつまずきがあ

る子どもにとって，集団場面は他児とのコミュニケーションをうまく成立させることができず，遊びへの参加，遊びを共有できないといった体験につながりやすい。その結果，遊びの輪に加われない，他児とのトラブルを起こすといった人間関係（仲間関係）の育ち，さらには言葉の発達に悪影響を与えてしまう。

　この時期の集団保育には，保育者による支援が必要になる。保育者がまず，保育場面で当該児と他の子どもたちの仲立ちになり，当該児の気持ちを丁寧に言葉にして，他の子どもに伝えていくことが大切である。保育者の言葉かけによる生活や遊びの体験の共有は，子どもたちの共感力を育んでいく。また，保育者による言葉かけが，子どもたちにとって，より伝わりやすい適切な表現を知る機会にもなる。子どもは集団生活（仲間関係）を通して，遊ぶことの楽しさや他の子どもと気持ちが通い合う喜びを感じることができる。言葉の遅れ，つまずきがある子どもにとって，こうした集団生活は，言葉を生み出す土壌や他者との関係を築いていく重要な場となる。

③保育の一日の流れ＝スクリプト（規則的な流れ）を生かした言葉の支援

　スクリプトとは，ふだん行っていることの時間的流れとその活動内容に関する記憶や知識のことをいう。言語発達に遅れがある子どもは，スクリプト（規則的な流れ）が形成されやすい場面における言語活動が，言葉の獲得や育ちに有効とされている（小野里，2010）。

　保育園，幼稚園では一日の生活の流れがある程度決まっており，スクリプトが形成されやすい。その中での保育者の言葉かけが重要である。例えば，「あそびの時間は終わりです（遊びを終える）」→「おかたづけをして（片付けをする）」→「トイレに行って手を洗ってから，お部屋に戻ってきましょう（トイレに行く→手洗いをする→保育室に戻る）」→「戻った人から席についてください（座って先生の話を聞く）というような日常的に繰り返される生活場面は，子どもにとって行動の見通しにつながりやすい。この見通しのある生活体験と，その中での保育者の言葉かけが結びつくことで，子どもの言葉の理解は促進される。

　保育所・幼稚園は，集まり，当番活動，片づけなど，スクリプト（規則的な流れ）をつくりやすい状況が多くある。保育者が子どもに理解してほしい言葉や行動を，こうした規則性のある場面において意図的に働きかけていくことで，子どもの言語生活は豊かなものになる。

④言葉の育ちをうながす支援スキル（保育者の感受性，言葉かけ，応答，言語化）

a. 保育者の感受性

　子どもの言語の発達は，単に多くの言葉に触れる機会があればよいのではなく，愛着や信頼関係のある相手との双方的な言葉のやりとりを通して育っていく。これまで多くの研究で，養育者と乳幼児間で形成される愛着が，その後の子どもの

心理発達（言語を含む）に多大な影響を与えることがわかっている。そして愛着は保育者との間でも形成される（石黒，2008）。

このことから保育者は，子どもの発達や内面を理解し，信頼関係を築いていく中で，子どもの気持ちや思いを汲み取り，豊かな言葉で接していくことが大切である。特に，言葉の発達に遅れやつまずきがある子どもたちは，自分の気持ちや思いを言葉に置き換えることが難しい。保育者は，言葉だけでなく，表情や態度など非言語的な側面を含め，子どもが出しているサインを敏感につかみ取る感受性が求められる。

b. 言葉かけの工夫

言語発達に遅れ，つまずきがある子どもは，複雑な言葉の理解が苦手であるため，子どもの語彙力にあわせた言葉かけを意識する（子どもが二語文であれば，保育者も二語文を用いる）。また，言葉かけはゆっくり短い言葉で，かつ具体的に伝えるようにする。例えば，席に座る際の声かけでは「○○するために座るよ」と「○○」が具体的にわかるようにすることが大切である。さらに，言葉の表現を変えると理解しにくいので統一した言葉を使うようにする。「あのときはこうだったよね」など時間をさかのぼっての言葉かけは，子どもが何について言われているのか理解するのが難しいため，可能な限りその場その瞬間で伝えていくようにする。威圧的な言葉かけは避け，穏やかな態度と，メリハリの利いたきっぱりとした態度で伝えることが大切である。また，言葉かけに身振り（ジェスチャー）を積極的に添えることで，子どもの言葉理解が促進される。

c. 保育者の配慮ある応答，言語化

子どもの自発的な発話に，保育者が配慮ある応答をすることは，子どもの言語発達を促進する。例えば「でんしゃ，きた（二語文）」に対して「青い電車がきたね（三語文）」と応答する。「おたかづけする」に対して，間違いを指摘するのではなく「うん，おかたづけしようね」と応答する。このように，子どもの発話の意味内容を踏まえつつ，否定することなく，保育者が言葉を拡張，修正をしていくことが，子どもの言語発達に有効とされる。また，こうした応答の仕方は，子どもが自分の発話が受け入れられたという満足感とともに，おとなの発話にも関心を向けやすい利点がある。

次に子どもが自分の気持ちや行動を言葉にできない（していない）ときに，それを保育者が代弁，言語化していくことも，言葉を育むのに重要である。例えば，積み木で遊んでいる子どもの横で，保育者が「よいしょ，よいしょ，どんどん高く積めて，おもしろいね」と語りかける。泣いている子どもに対しては「いやだったね，悲しかったね」と気持ちを言葉にする。このように，子どもの内面を，保育者が言葉にして伝えることは，子どもにとっての言語化モデルになるとともに，

子どもが自分の感情や行動に自覚的になり，さらに自分の感情や行動を自覚的に制御できるようになるための大切な基盤を形成する。

⑤より特別な配慮が必要な子どもへの支援

a. 知的能力に課題がある子どもへのかかわり

　知的能力に課題（自閉症スペクトラムを含む）のある子どもは，その発達レベルにより異なるが，基本的に言葉の意味の理解や使用の仕方など，他者とのコミュニケーション手段としての言葉の理解に難しさを抱えている。言葉の支援の基本は，言葉がコミュニケーションの道具であり，人とかかわるために役立つものであることを理解できるよう援助していくことである。

　具体的には，何かほしいものがある場合，言葉を使用して要求することで，その対象をもらうことができるという体験を繰り返し教えていく（その際，子どもがより頑張れるように，実際に好きなものやほしいものをみつけておくとよい）。子どもが，「言葉で表現する」と「要求がかなう」という結びつきを理解しはじめると，コミュニケーションとしての言葉の使用が少しずつ増えてくる。その後は，少しずつそうした対象を増やすことで，言葉の数自体を増やしていく。当然こうした過程は簡単に進展しないため，じっくりと時間をかけた支援が必要になる。また，子どもの理解度や好みに応じて，絵カードを使うなど環境構造を中心に指導の方法を工夫する配慮も有効である。

b. 聴力障がいの子どもへのかかわり

　聴覚障がいは，臨界期までの早期発見・早期療育が支援の基本となることから，その療育の場は保育所，幼稚園ではなく，特別支援学校の幼稚部またはそれに設置された0～2歳の教育相談，または障がい児系の児童福祉施設である難聴幼児通園施設で行うことが多い。

　保育所，幼稚園に入所する聴覚障がい児は比較的軽度なものが多い。乳幼児期など障がいが発見された早い時期に，身振りや表情を豊かにしコミュニケーションの確立を図ることが大切である。また家庭との連携し，子どもに補聴器の装用習慣をうながすことも必要である。

　保育では，子どもが遊びや日常生活を通して，発音や発語の基本になる口腔器官の機能を高めることが求められる。保育者は日々の楽しい体験を場に即して言語化し，言葉の獲得の支援をする。その際間違った発音や言葉の使用については，その都度フィードバックするように心掛けることが大切である。周囲の音がうるさくて，保育者の声を選択的に聴きとれないこともあるので，言葉だけでなく身振りやサインなどを活用することも有効な手段といえる。

c. 発音発声に遅れのある子どもへのかかわり

　構音障がい自体に対しては，言葉の教室などで言語療法士のもとで幼児向けの

言語訓練プログラムを行うことが有効な支援である。また，現在の支援は言語訓練とともに，保育園，幼稚園など“集団生活でのいじめ，からかいなどの傷つき体験を防ぐ”ことが重要とされている。保育者には障がいの特性を理解し，周囲との関係性を含め，子どもにとって適切な配慮が求められる。

（ⅰ）構音障がいのある子どもへの配慮

発音の誤りがある子どもは，相手に話の内容がわかってもらえないことが多く，進んで話そうとする意欲が育ちにくい状況にある。保育の際には，子どもの発音だけに頼るのではなく何を話したいのかに注目し，必要に応じて絵や図を活用して確認しながら，話の内容を最後まで聞き取るようにすることが大切である。その際，発音の誤りに気づいても，訂正したり，言い直しをさせたりしないようにする配慮も必要である。

（ⅱ）吃音の子どもへの配慮

吃音の子どもは，会話に対する心理的負担を日常的に感じている。周囲が気にしたり，言い直させたりすると心理的緊張が強くなると吃音が持続しやすい。言葉だけに頼らず，うなずきや首ふりで返答できる質問をする，言葉が出るまでゆっくり待つなどの配慮をすることが大切である。

2）保護者支援

①子育ての難しさと二次障がいの理解

障がいのある子どもの子育ては，健常の子どもの子育てに比べ，保護者に不安や葛藤を招きやすい。言葉かけに無反応，アイコンタクトができない，コミュニケーションがかみ合わない，激しい多動から片時も目を離せない，すぐ友だちに手が出てしまうなど，障がいのある子ども特有の特徴から，保護者は心身ともに疲れやストレスを強く抱える。また，言葉に関連する障がいのいくつかは，身体の障がいや知的な遅れが明らかに認められるものではないため，周りから理解や配慮を受けにくく，保護者は孤立した心理状態に追い込まれやすい。

そしてこうした保護者の心理状態は，親子の愛着関係を阻害してしまうこともある。子育ての疲れやストレス，そして健常児に近づけたいと思いなどから，子どもへの働きかけが極端になり，その結果，親子の愛着形成が阻害される。さらに愛着形成の阻害は，その後の二次障がいにつながる懸念もある。

二次障がいとは，子どもが抱えている困難さを周囲が理解して対応しきれていないために，本来抱えている障がい特性とは別の二次的な情緒や行動の問題が出てしまうものをいう。子どもの成長過程でみると，乳幼児期から続く周囲の不適切なかかわりや無理解が，子どもの自尊感情を低下させ，特に小学校中学年以降，

おとなへの過度な反抗，いじめ，不登校など，情緒的・行動的問題として顕在化することが多い。二次障がいは，青年期以降の人生にも大きな影響を及ぼす可能性を持つため，現在，障がいのある子どもへの支援は，二次障がいを予防する観点の必要性が指摘されている（榊原，2012）。

②保護者支援の基本

先述のように障がいのある子どもをもつ保護者は，子どもとの意思疎通や愛着関係の築きにくさ，子どもが起こすトラブルなどによって，心身ともに疲弊する状況をしばしば体験している。支援の際には，まず，こうした保護者の苦悩や葛藤を共感的に理解していく姿勢が何より重要である。保育者の共感的なかかわりにより，保護者の孤立感，不安感，負担感を軽減させることが，保育者 - 保護者間の信頼関係の構築につながり，結果，その後の支援を円滑，効果的に進めることができる。

具体的な支援としては，言葉かけの工夫（ゆっくりしたテンポ，短い言葉，身振り），理解をうながす工夫（絵や写真を用いた視覚的な手がかりなど），さらには心の落ち着け方（パニックのときはおとなが慌てず，静かな場所へ誘導する）など，ふだん保育の場で行っている支援を軸に，子どもの特徴に応じたかかわり方について伝えていくことが大切である。

乳幼児期に保護者が子どもへの理解を深め，適切なかかわり方をすることで，子どもにとってよりよい環境が形成され，二次障がいにつながるリスクを抑えることができる。保護者の心情を支えるとともに，子どもの特徴に即した具体的なかかわり方を示していくことによって，保護者が子育てへの見通しをもてるように支援していくことが大切である。

③保護者が受け入れられない場合

保育の場で頻繁にみられるコミュニケーションの苦手さ，集団行動の難しさなどは，家庭では他児と比較することがないため個性として捉えられ，障がいと気づかない場合も多い。保育者は具体的な場面での行動や友だちとのかかわりなど，気になる側面を知らせるようにしても，保護者は，時にそのような子どもの姿を認められず「家ではそんな様子は見られない」「たまたまだったのでは」と否定し，実際の子どもの姿を受け入れられないこともしばしばある。そのような際は，無理やり説得するのではなく，いずれ起こりうるだろう懸念を丁寧に伝えながら（「もしかすると，○○のようなことが起こるかもしれません」），保護者が問題意識をもつまで，じっくり待つ姿勢が必要である。もし，予告していたような事態が起きた場合は，保護者を責めるのではなく，保護者の不安を受け止めながらの働きかけが必要である。

④専門機関との連携

障がいが疑われる場合，医療などの専門機関との連携は大切である。しかし，早期に療育機関へつなげるべきとの使命感から，保育者が一方的に働きかけすぎると，保護者の怒りや不信感を招き，結果として保育所，幼稚園と保護者の関係が悪化することがある。保護者が自分の子どもに何らかの障がいがあると気づき，それを受け入れていくには時間がかかることを忘れてはいけない。また，医療などの専門機関につなぐときは，子どもや保護者にとってメリットがなければならない。障がいが疑われても，加配の必要や療育機関につながるまでもなく，日常の保育で対応が可能なケースであれば，無理に受診を進める必要はない。

　しかし一方で，日常の保育だけでは子どもに必要な支援を十分にできないと感じられる場合，子どもの困り感が大きい場合などは，「様子を見ましょう」と先送りするのではなく，医療機関や療育機関へつなげることが大切である。保護者が一歩踏みだし，医療，療育などで相談を始めると，その保護者のまわりに何重もの支援の輪が成立し，その結果，子どもへの理解と今後の見通しができて，保護者の迷いや不安などを軽減させることがある。また保護者や関係機関との連携により，子どもにとってよりよい保育環境をつくることが可能となる。

3）専門機関との連携

①言葉の支援にかかわる専門機関

　言葉の発達にかかわる専門機関としては，まず，「乳幼児健康診査」（通常「乳幼児健診」と呼ばれる）がある。乳幼児健康診査は母子保健事業の中に位置づけられており，「保健所（保健センター）」で実施されている。乳幼児期の子どもの発育状態，栄養の良否，疾病有無など総合的な健康診断のほかに，障がいの早期発見も役割の１つである。母子保健法に定められているのは「1歳半健診」「3歳児健診」の２つであるが，その他，「3，4カ月健診」「1歳児健診」「2歳児健診」などが多くの自治体で行われている。従事しているのは，助産師，保健師，小児科医，臨床（発達）心理士などである。この乳幼児健康診査により，言葉を含む発達面の不安が見つかった場合，フォローアップの対象となる。なお，乳児期に聴覚に障がいが発見された子どもの教育や療育は，早期の段階から，特別支援学校（就学前教育），病院，療育センターなどで行われる。

　乳幼児健康診査により1歳半〜3歳までに「障がい」の可能性が予測された場合，フォローアップを担うのは各自治体にある「親子教室」などである。そこでは，親子遊びや日常の子育て相談が中心となり，子どもの発達・発育の経過観察が行われる。保育士，保健師，家庭児童相談員，作業療法士などが従事している。

　状態像がはっきりしてくる3歳以降，障がいがある子どもへの支援は，「児童発

達支援センター」「療育センター」などの児童福祉機関が中心的な役割を担う。従事しているのは保育士，児童指導員，言語聴覚士，作業療法士，臨床（発達）心理士・公認心理師などである。

　保育所・幼稚園に通いながら個別支援を受ける場合，上記の児童福祉機関以外に「言葉の教室（言語通級指導教室）」を利用する子どももいる。「言葉の教室」は，言語発達の遅れや吃音，構音に障がいのある子どもを主対象としており，小学校に設置されることが多いが，なかには幼児部が設置されている教室もある。保育士，学校教諭，言語聴覚士などが従事している。

②保育と専門機関との連携（専門家・関係機関との相互理解）

　関係機関の連携においては，まずは，互いの専門性，支援目的等を理解し合うことが必要である。互いの専門性や役割をよく理解していないと，連携の目的について共通理解が得られず，相談内容に応じた適切な支援へとつながらない。例えば，子どもの発達支援の場合，複数の支援者が異なった支援を進めていくことで，子どもを混乱させてしまうことがある。日頃から，事例検討や情報交換等を通して，担当者同士が関係を密にしておくことが必要である。

演習問題

・言葉の理解が難しく、遊びの場面で孤立してしまう子どもに対しては、どのような配慮が必要か考えてみよう（保育環境、個別の支援、仲間関係などの視点から）。

3　外国にルーツをもつ子どもの言葉の支援

1）外国にルーツをもつ子どもの支援

　近年のグローバル化が進む情勢により，日本においても就労，国際結婚などの目的で在留する外国人居住者が増加し，多様な文化的・言語的背景をもつ生活圏も形成されるようになってきている。

　それに伴い，現在，日本では外国にルーツをもつ子どもも増加している。法務省によると，2018（平成30）年現在，0歳〜6歳の外国籍の乳幼児は約12万人に達しており，10年前に比べると7倍もの人数になっている。2019年「出入国管理及び難民認定法」の改正に伴い，今後さらに外国籍等の子ども・保護者の増加が見込まれている。

こうした外国にルーツをもつ子ども家庭の増加は，保育所・幼稚園の利用増にもつながっている。三菱UFJリサーチ＆コンサルティング（2020）が実施した，外国籍等の子どもの保育に関する全国調査では，回答のあった自治体のうち約7割が外国にルーツをもつ子どもが入園している保育所等があると回答していた。この調査結果からも，全国的に外国にルーツをもつ子どもの保育所等の利用は増加していることがうかがえる。

また，同調査からは，保育所等における在園時の課題をみると，「言語的な障壁から保護者と十分なコミュニケーションが取れない」が71.2％でもっとも回答割合が高く，次いで「気になる行動が，言語的障壁か発達的な課題によるものなのかを判断することが難しい」が51.6％と，言語が通じないことによるコミュニケーションの問題，子どもの言語発達の課題などさまざまな「言語面」の困難に直面する可能性があることが明らかとなっている。

こうしたことから，保育所，幼稚園においては，外国にルーツをもつ子どもへの「言語面」での支援が求められるようになっている。

2）保育における言葉の支援

①子どもへの支援

外国にルーツをもつ子どもの保育で課題となるのは，言葉の問題である。さらに，外国にルーツをもつ子どもといっても，保護者とともに来日したばかりでまったく日本語が話せない子ども，日本で生まれたが家庭内では外国語が使用され，保育の場ではじめて日本語環境に触れる子ども，家庭内で日本語と外国語の両方が使用され，一定程度，日本語がわかる子どもなど，さまざまである。

しかし，共通して保育者ができる配慮としては，まずわかりやすい日本語をゆっくり，はっきり話すことである。さらにそこに身振り手振りのジェスチャーを加えることで，子どもに伝えたい内容を言葉以外の要素も用いて発信することである。時にはイラスト，写真，ジェスチャーなどの視覚的な情報を用いてコミュニケーションを取ってみることも有効である。また，保育者が子どもの母語を使って言葉かけをすること，そのほか手をつなぐ，肩に手を置くなどのスキンシップなども子どもに安心感を与える。こうした安心感をもたせる関係や環境が園生活への適応や言葉の習得に欠かすことができない要因となる。

このように外国にルーツをもつ子どもに対しては，日本語表現以外の方法も含めてさまざまな方法を用いる保育者の配慮が必要である。また，子どもたちは言葉にできなくてもさまざまなサインを用いて自分の気持ちや意志を伝えている。保育者はこうしたサインを敏感に気がつくことができる感受性も必要となる。保

育者がそれぞれの家庭の文化的な特徴をよく理解し，子どもへの配慮あるかかわりをすることにより，外国にルーツをもつ子どもの言葉を含めた保育の場での適応が比較的早期に達成されるとの報告もある（三菱UFJリサーチ＆コンサルティング，2020）。

②保護者への支援

　外国にルーツをもつ子どもの保護者への支援は，まず相手の国の文化的背景を理解することがもっとも大切である。日本の保育の場でのルールや考え方などが簡単に通じないこともあるが，保護者の母国における考え方も尊重しながら，日々の信頼関係を築くことが何より必要といえる。言葉の問題に関しては，園だよりを始めとする日々の文書などは保護者に理解されるように，可能な限り日本語の他に母国語も添えるなどの配慮があることが望ましい。現在は，自動翻訳機などの活用によって，外国語での文書や日々のコミュニケーションが以前より容易に行うことができるようになっているので，そうしたツールを活用することも方法の１つである。また，外国ではなじみがないような行事等については，イラストや写真，実物を用いてわかりやすく説明することも大切な配慮といえるだろう。

演習問題

- 日本語がわからず不安な園生活を過ごす外国人家庭の子どもに対して、どのような働きかけが有効か、自分なりの工夫やアイデアを話し合ってみよう。

【引用・参考文献】

日本臨床心理士会「乳幼児健診における発達障害に関する市町村調査　報告書」, 2014

American Psychiatric Association『DSM-5　精神疾患の診断・統計マニュアル』医学書院, 2014

小椋たみ子, 小山正, 水野久美『乳幼児期の言葉の発達とその遅れ』ミネルヴァ書房, 2018

石黒広昭編『保育心理学の基底』萌文書林, 2008

小野里美帆「言語・コミュニケーション発達における『スクリプト』の役割再考」文教大学教育学部紀要 (44), 167-175, 2010

榊原洋一『エビデンスに基づく乳幼児保育・発達障害トピックス』診断と治療社, 2012

中野善達, 根本匡文『聴覚障害教育の基本と実際』田研出版, 2008

三菱UFJリサーチ＆コンサルティング株式会社「保育所等における外国籍等の子ども・保護者への対応に関する調査研究事業　報告書」, 2020

第7章 小学校との接続（言葉の育ちを中心に話し言葉から書き言葉へ）

学びのポイント

- ●事例を通して，小学校との接続における子どもの言葉の発達を理解する。
- ●指針などの理論をふまえて，言葉の発達における保育者のかかわりを学ぶ。
- ●小学校ならびに家庭および地域社会との連携の意義を理解する。
- ●事例を通してアプローチカリキュラムとスタートカリキュラムについて学ぶ。

1 保育所での育ちが小学校へとつながる事例

【事例】 はじめてのスピーチ

　小学校1年生のゆみ（仮名）は，先日，はじめての日直を終えて帰宅した。その晩，ゆみは家族に向かって，「にっちょくさんはね，スピーチするの」と，「すきなどうぶつ」というテーマに沿って行われた，その日のスピーチを再現した。

わたしのすきなどうぶつは，うさぎです。なぜかというと，しっぽがまるくてふわふわしているからです。……

　大きな声でうれしそうにスピーチするゆみに，「すごいね，そんなふうに大きな声で言えたんだね」と家族が伝えると，ゆみは，その前年，保育所の生活発表会で代表としてみんなで歌う曲名を紹介した経験をふり返っていた。「ゆみちゃんね，だれがしょうかいするかきめるとき，しょうかいしたいこがじゅんじゅんにしょうかいしてみようってなって，ゆみちゃんがおおきなこえだった！　ゆみちゃんにきまり！ってなったとき，とってもうれしかったの」と話すゆみは，そのときに感じた大きな声で伝えるということ，「もじもじしていたら言葉が届かない」ということをはじめてのスピーチ経験に結びつけていた。

このように就学後の子どもの言葉の育ちは，就学前の豊かな育ちに支えられている。

本章ではゆみというある子どもの言葉の育ちを一例に，保育内容「言葉」の観点から，小学校との接続について考える。なお，ゆみに関するエピソードや学習成果物等については，本人および保護者，小学校等，関係機関からの承諾のもとに掲載している。

2 子どもの育ちを見通すことの必要性

1）保育から教育へと接続される3つの柱

2020（令和2）年度から小学校では，改訂された学習指導要領の全面実施を迎え，児童に「知識及び技能」「思考力，判断力，表現力等」「学びに向かう力，人間性等」の3つの柱からなる資質・能力を育むものとなっている。この資質・能力の3つの柱は中学校や高等学校でも同様に示され，保育所保育指針や幼稚園教育要領，幼保連携型認定こども園教育・保育要領でも，「知識及び技能の基礎」「思考力，判断力，表現力等の基礎」「学びに向かう力，人間性等」として，「幼児期の終わりまでに育ってほしい姿」とのかかわりのなかで示されている。保育所保育指針を例として示す。

保育所保育指針　第1章　総則

4　幼児教育を行う施設として共有すべき事項

(1) 育みたい資質・能力

ア　保育所においては，生涯にわたる生きる力の基礎を培うため，1の (2) に示す保育の目標を踏まえ，次に掲げる資質・能力を一体的に育むよう努めるものとする。

　(ア) 豊かな体験を通じて，感じたり，気付いたり，分かったり，できるようになったりする「知識及び技能の基礎」

　(イ) 気付いたことや，できるようになったことなどを使い，考えたり，試したり，工夫したり，表現したりする「思考力，判断力，表現力の基礎」

　(ウ) 心情，意欲，態度が育つ中で，よりよい生活を営もうとする「学びに向かう力，人間性等」

イ　アに示す資質・能力は，第2章に示すねらい及び内容に基づく保育活動全体によって育むものである。

　すなわち就学前から高等学校までの発達や学びを見通して，一貫した資質・能力の育成がねらいとされ，就学前では3本の柱として「知識及び技能の基礎」「思考力，判断力，表現力の基礎」「学びに向かう力，人間性等」とされた（図7−1）。さらに上記「第2章に示すねらい及び内容」＝「幼児期の終わりまでに育ってほしい姿」として具体化されている。「幼児期の終わりまでに育ってほしい姿」には，「健康な心と体」「自立心」「協同性」「道徳心・規範意識の芽生え」「社会生活との関わり」「思考力の芽生え」「自然との関わり・生命尊重」「数量・図形，文字等への関心・感覚」「言葉による伝え合い」「豊かな感性と表現」の10項目が示されている（図7−2）。

小学校以上

| 知識・技能 | 思考力・判断力・表現力 | 学びに向かう力・人間性等 |

※下に示す資質・能力は例示であり，
　遊びを通しての総合的な指導を通じて育成される。

幼児教育

〈環境を通して行う教育〉

知識・技能の基礎
（遊びや生活の中で、豊かな体験を通じて、何を感じたり、何に気付いたり、何が分かったり、何ができるようになるのか）

思考力・判断力・表現力等の基礎
(遊びや生活の中で、気付いたこと、できるようになったことなども使いながら、どう考えたり、試したり、工夫したり、表現したりするか)

● 基本的な生活習慣や生活に必要な技能の獲得
● 身体感覚の育成
● 規則性、法則性、関連性等の発見
● 様々な気付き、発見の喜び
● 日常生活に必要な言葉の理解
● 多様な動きや芸術表現のための基礎的な技能の獲得　等

● 試行錯誤、工夫
● 予想、予測、比較、分類、確認
● 他の幼児の考えなどに触れ、新しい考えを生み出す喜びや楽しさ
● 言葉による表現、伝え合い
● 振り返り、次への見通し
● 自分なりの表現
● 表現する喜び　等

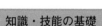
遊びを通しての
総合的な指導

● 思いやり　● 安定した情緒　● 自信
● 相手の気持ちの受容　● 好奇心、探究心
● 葛藤、自分への向き合い、折り合い
● 話合い、目的の共有、協力
● 色・形・音等の美しさや面白さに対する感覚
● 自然現象や社会現象への関心　等

学びに向かう力・人間性等
（心情、意欲、態度が育つ中で、いかによりよい生活を営むか）

・三つの円の中で例示される資質・能力は、五つの領域の「ねらい及び内容」及び「幼児期の終わりまでに育ってほしい姿」から、主なものを取り出し、便宜的に分けたものである。

図7−1　幼児教育において育みたい資質・能力

資料）文部科学省教育課程部会幼児教育部会「幼児教育部会における審議の取りまとめ」（2016）より抜粋

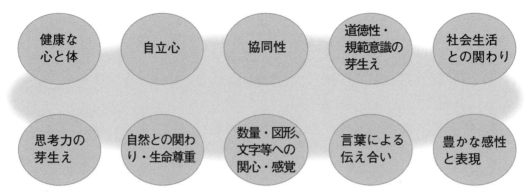

図7－2　幼児期の終わりまでに育ってほしい10の姿

資料）文部科学省教育課程部会幼児教育部会「幼児教育部会における審議の取りまとめ」(2016) より抜粋

2）就学後の育ちを見通した保育者のかかわり

　このようななかで保育や幼児教育の場では，就学後の子どもの育ちを見通すことがますます求められている。ここでは先述したゆみの言葉の育ちを手がかりに，その必要性について考えてみよう。

　ゆみが通っていた保育所では，3歳以上児の縦割りクラスにおける朝の会で「はっぴょう」という時間が日々設けられていた。朝，園児たちが遊びの時間に発見したことや，制作したものなど，みんなの前で紹介したいことを発表する時間である。発表したい子は前日に保育者へ申し出ておき，朝の発表では，「それをつくっていて，難しかったところはどこですか」「どんなふうに工夫しましたか」などといった保育者とのやり取りが展開される。

　ゆみは3歳児クラスになって以降，4歳児や5歳児のお友だちが発表する姿を見て，「自分も発表してみたい」という思いが芽生えていた。ただ，みんなの前に出てお話しすることが恥ずかしかったゆみは，「はっぴょう」はしないまま4歳児に進級した。ゆみはもともとおとなしく，引っ込み思案の傾向があり，運動会のリレー練習でも他の園児から「がんばれー！」と応援されると，驚いて泣き出してしまい，最後まで走れなくなるような面があった。当時の担当保育士はゆみの思いを受けとめつつ，その後のゆみの育ちを見通したうえで最後まで走れるように励ましたり，見守ったりするようなかかわりを行っている。このような，「人前で恐れずに何かをやり遂げること」を促すような保育者のかかわりにも支えられ，ゆみはリレーで走りきるようになっただけでなく，少しずつ，自分がしたいときに「はっぴょう」ができるようになっていった。そして5歳児の生活発表会では，冒頭の事例に示した通り，自分たちが歌う曲名を紹介する代表者に立候補し，そのオーディションでは大きな声で曲名の紹介を行うことができ，代表者の

1人に選ばれた。

　以上のようなゆみの言葉の育ちを支える保育者のかかわりを，「幼児期の終わりまでに育ってほしい姿」という観点から意味づけてみたい。当時の担当保育士は，リレー練習でゆみが泣いて走れなくなった日に次のような話をゆみの保護者に行っている。

　　これまでだったら，ゆみちゃん最後まで走れなくても大丈夫だよって受けとめるだけなんだけどね。これからのことを考えたら，リレーの勝ち負けを気にするお友だちの前でも，最後まで走りきれるようになってほしい。

　この言葉に表れた，保育者のゆみに対する思いは，「幼児期の終わりまでに育ってほしい姿」における「自立心」を見通したものであると捉えられる。「自立心」について，たとえば「保育所保育指針解説」では，「保育士等や友達の力を借りたり励まされたりしながら，難しいことでも自分の力でやってみようとして，考えたり，工夫したりしながら，諦めずにやり遂げる体験を通して達成感を味わい，自信をもって行動するようになる」とある。保育者は，日々の保育においてゆみの育ちを見つめながら，リレー練習をとおしてゆみには難しかった「人前で恐れずに何かをやり遂げること」を励まし，「自立心」を育もうとしている。そして，こうしたかかわりによってゆみはリレーで最後まで走ることができ，その達成感や自信が「はっぴょう」することや，生活発表会での曲名紹介へとつながっていった。

3）「言葉による伝え合い」への影響

　以上のことは，「自立心」とともに，「幼児期の終わりまでに育ってほしい姿」における「言葉による伝え合い」にも影響を与えている。「保育所保育指針解説」では，「言葉による伝え合い」が小学校の生活や学習において，「学級の友達と互いの思いや考えを伝え，受け止めたり，認め合ったりしながら一緒に活動する姿や，自分の伝えたい目的や相手の状況などに応じて言葉を選んで伝えようとする姿などにつながっていく」とする。

保育所保育指針　第1章　総則

4 幼児教育を行う施設として共有すべき事項

(2)幼児期の終わりまでに育ってほしい姿

ケ　言葉による伝え合い

保育士等や友達と心を通わせる中で，絵本や物語などに親しみながら，豊かな言葉や表現を身に付け，経験したことや考えたことなどを言葉で伝えたり，相手の話を注意して聞いたりし，言葉による伝え合いを楽しむようになる。

　ここで描かれている「育ってほしい姿」は，言葉の獲得に関する領域「言葉」のねらいである「自分の気持ちを言葉で表現する楽しさを味わう」ことや，「したり，見たり，聞いたり，感じたり，考えたりなどしたことを自分なりに言葉で表現する」などといった内容とも関連している。このように，「幼児期の終わりまでに育ってほしい姿」はさまざまな要素が絡みあいながら育まれていき，子どもの言葉を育てていく。

　さて，こうした言葉の育ちが見られたゆみは，小学校入学後，はじめての日直として学級のお友だちの前でスピーチすることができた。「もじもじしてたらきこえないから，おおきなこえでいえたよ」というゆみのスピーチを支えたのは，就学後の小学校教諭のかかわりや学級の児童たち，そして保育者のかかわりであった。このように小学校への滑らかな接続のためにも，「幼児期の終わりまでに育ってほしい姿」などを手がかりとして，子どもの言葉の育ちを見通すことが必要である。

　なお，「保育所保育指針解説」では，「幼稚園教育要領解説」や「幼保連携型認定こども園教育・保育要領解説」と同様に「幼児期の終わりまでに育ってほしい姿」について，「到達すべき目標ではないこと」や「個別に取り出されて指導されるものではないこと」，「全ての園児に同じように見られるものではないこと」，「5歳児に突然見られるようになるものではない」ことが留意点として示されている。

　こうした留意点からも，言葉の育ちにかかわる「幼児期の終わりまでに育ってほしい姿」は，「言葉による伝え合い」だけではないことがわかる。領域「言葉」を中心に日々の保育や幼児教育を行っていくなかで，一人ひとりの子どもの育ちを「これまで」と「これから」を含め連続的に捉え，子どもの言葉を育むことが重要である。

３　小学校や地域社会との連携

1）子どもの「これから」と「横のつながり」を見通す

　子どもの育ちを見通して保育を行うなかでは，時間的，空間的な連携が有効となる。つまり，子どもの「これから」に該当する小学校との連携や，家庭および

小学校を含む「横のつながり」としての地域連携が重要となる。

保育所保育指針　第2章　保育の内容

4 保育の実施に関して留意すべき事項

(2) 小学校との連携

ア　保育所においては，保育所保育が，小学校以降の生活や学習の基盤の育成につながることに配慮し，幼児期にふさわしい生活を通じて，創造的な思考や主体的な生活態度などの基礎を培うようにすること。

(3) 家庭及び地域社会との連携

　子どもの生活の連続性を踏まえ，家庭及び地域社会と連携して保育が展開されるよう配慮すること。その際，家庭や地域の機関及び団体の協力を得て，地域の自然，高齢者や異年齢の子ども等を含む人材，行事，施設等の地域の資源を積極的に活用し，豊かな生活体験をはじめ保育内容の充実が図られるよう配慮すること。

　連携について木下（2019）は，その内実は交流活動が中心であると述べたうえで，教育課程をつなげる「接続」ととともに車の両輪であると指摘している（木下，2019：26）。

　また，たとえば小学校と保育所等との交流活動は，情報交換として教員と保育者の間で行われる交流活動と，児童と園児間で行われる交流活動がある。教員との情報交換では保育者が，子どもたちの様子を記した児童要録を年度末の小学校へ渡して，子ども一人ひとりの成長の様子や特性を情報共有することとなる。さらには小学校だけでなく，地域の学童保育指導員からも利用予定の子どもに関する問い合わせがあることもあり，子どもに関する保育所からの情報交換，情報共有は小学校への滑らかな接続にとって，非常に重要な位置づけとなっている。

　いっぽう，子ども同士の交流活動も盛んに行われている。地域の小学校や幼稚園，認定こども園，保育所等に通う子どもがともに遊びを楽しむような保幼小連携交流会が催されたり，近隣小学校の音楽会に招待されたり，さまざまな交流が見られる。たとえばゆみの保育所では，5歳児クラスになると近隣小学校へ出向いて小学生とともに遊んだり，なかでも小学生となった卒園児と再会して互いの成長を感じ合ったりする行事が多く催されていた。また，毎年保育所の夏祭りには卒園児が招待され，卒園した小学生と間近で出会ったり，話したりすることもあった。そのなかでゆみたち5歳児は，「ほいくえんをそつえんしたら，しょうがくせいになるの」という実感を深めていった。

2) 就学後の子どもに求められる言葉の支援

こうした小学校や地域との連携について，保育内容（言葉）の視点から改めて考えてみよう。ゆみは，小学校入学直後はいわゆる学校言語に不慣れで，日々戸惑うことばかりだった。「時間割」とは何か，「テスト」とは何であるのか。配布されたプリントには名前を書くということや，日付を書くということ。「こくぷ」（国語プリント）「さんぷ」（算数プリント）という宿題の略称など，すべてがはじめてで，小学校での説明だけでは十分理解することができず，毎日の学校生活をこなしていくのがやっとだった。

3歳以上児の保育における言葉の獲得に関する領域「言葉」では，その内容の一つに「⑤生活の中で必要な言葉が分かり，使う」という項目がある。ここでは幼児期の子どもについて，「みんな」と言われて自分が含まれているということがわからなかったり，「順番」と言われてもまだどうすればいいのか理解できなかったりすることなどへの言及があり，解説では「保育士等は，子どもの生活に沿いながらその意味や使い方をその都度具体的に分かるように伝えていくことにより，子どもも次第にそのような意味が分かり，自分でも使うようになっていく」とされている。

このように，小学校においても「学校生活のなかで必要な言葉が分かり，使う」という言葉の育ちは注目されるべきである。小学校でも当然，「必要な言葉」に対してはその都度説明がある。また，小学校学習指導要領（2017〈平成29〉年告示）解説国語編」では，第1学年及び第2学年の〔知識及び技能〕に，「身近なことを表す語彙の量を増し，話や文章の中で使うとともに，言葉には意味による語句のまとまりがあることに気付き，語彙を豊かにすること」という指導事項が新しく設けられている。ここでいう「身近なことを表す語句」とは，「日常生活や学校生活で用いる言葉，周りの人について表す言葉，事物や体験したことを表す言葉などを指す」と説明されていて，国語科の授業でも「学校生活のなかで必要な言葉が分かり，使う」ことがめざされる。

ただし小学校教員が想定する以上に，就学直後の子どもは「学校生活のなかで必要な言葉が分かり，使う」ことが難しく，支援を必要としている。そのために連携としての情報交換会等では，就学直前の子どもの様子や特性を伝えるだけでなく，育ちの過程，すなわち子どもの「これまで」を含めた情報共有が有効となる場合がある。子どもたちは就学前に，「生活に必要な言葉が分かり，使う」ための支援を保育者から受けてきたという過程と，だからこそ就学直後の子どもにも「小学校生活に必要な言葉が分かり，使う」ための支援が，国語科の授業も含めて必要となるということについて，保育者が伝え，あるいは小学校教員が尋ね確

認するような連携が求められる。この点については「保育所保育指針解説」でも，「子どもの発達を長期的な視点で捉え，保育所保育の内容と小学校教育の内容，互いの指導方法の違いや共通点について理解を深めることが大切である」とされている。

なお木下（2019）は，保幼小連携と接続について次のように述べている。

連携より接続を重視するということではありません。連携と接続は車の車輪のようなものです。どちらが欠けても前に進むことはできません。単に机上で接続の教育課程を作るのではなく，実際に交流活動や情報交換などの連携を行い，そこで見えてきた子どもの育ちや学びを反映させた教育課程を作ることが重要なのです。連携と接続をセットで考えることが大切になります。（木下，2019：29）

木下が指摘するように，実際の交流活動や情報交換などにおいて，子どもの育ちの「これまで」と「いま」と「これから」をつなぐ連携が行われ，そこで見えてきた子どもの育ちや学びを反映させた教育課程の接続を試みることが重要である。本章では最後に，教育課程の接続として保育内容（言葉）と小学校国語科に焦点をあてて，アプローチカリキュラムとスタートカリキュラムについて考えていく。

4 アプローチカリキュラムとスタートカリキュラム

1）幼少接続期カリキュラムの重要性

「保育所保育指針解説」は小学校との連携にふれるなかで，就学期について「低学年は，幼児期の保育を通じて身に付けたことを生かしながら教科等の学びにつながる時期であり，特に，入学当初においては，スタートカリキュラムを編成し，その中で，生活科を中心に合科的・関連的な指導や弾力的な時間割の設定なども行われている」と説明している。

一般的には5歳児後半において，小学校教育を見通した系統的な保育課程のことをアプローチカリキュラム，小学校における就学期に，幼児教育をふまえた系統的な教育課程のことをスタートカリキュラムと呼んでいる。そして，「小1プロブレム」などといった就学の「段差」を解消するために，アプローチカリキュラムからスタートカリキュラムへとつなぐ幼小接続期カリキュラムが重視されている。特にスタートカリキュラムについて，文部科学省が示す「幼児期の教育と小学校教育の円滑な接続の在り方について（報告）」では，「幼稚園，保育所，認定

こども園と連携協力すること」「個々の児童に対応した取組であること」「学校全体での取組とすること」「保護者への適切な説明を行うこと」「授業時間や学習空間などの環境構成，人間関係づくりなどについて工夫すること」という5点が留意点として挙げられている。

　アプローチカリキュラムとスタートカリキュラムをつないでいくには，保育者と小学校教員の双方が，「学びの芽生え」と「自覚的な学び」という考え方を意識しておく必要がある。

　「学びの芽生え」とは，学ぶということを意識しているわけではないが，楽しいことや好きなことに集中することを通じて，様々なことを学んでいくことであり，幼児期における遊びの中での学びがこれに当たる。一方，「自覚的な学び」とは，学ぶということについての意識があり，集中する時間とそうでない時間（休憩の時間等）の区別がつき，与えられた課題を自分の課題として受け止め，計画的に学習を進めることであり，小学校における各教科等の授業を通した学習がこれに当たる。

　幼児期は，自覚的な学びへと至る前の段階の発達の時期であり，この時期の幼児には遊びにおける楽しさからくる意欲や遊びに熱中する集中心，遊びでの関わりの中での気付きが生まれてくる。こうした学びの芽生えが育っていき，それが小学校に入り，自覚的な学びへと成長していく。すなわち幼児期から児童期にかけての時期は，学びの芽生えから次第に自覚的な学びへと発展していく時期である。

　このため，幼児期から児童期にかけては，学びの芽生えと自覚的な学びの両者の調和のとれた教育を展開することが必要である。

(資料) 文部科学省「幼児期の教育と小学校教育の円滑な接続の在り方について（報告）」2010より抜粋

2）「学びの芽生え」から「自覚的な学び」への展開

　小学校では就学期の子どもに対して，遊びをとおして学ぶ姿，すなわち「学びの芽生え」に教員が気づくことが求められる。就学期の子どもは，「学びの芽生え」と「自覚的な学び」が混在している。日々の授業においても，学習目標の達成や教科内容の習熟という視点では十分にみとることのできない，豊かな「学びの芽生え」があり，そうした「学びの芽生え」が「自覚的な学び」のきっかけとなり教科の学びが深められていく。このことについて，はじめに取り上げたゆみの言葉の育ちを例に考えてみよう。

　スタートカリキュラムの中心とされる生活科において，ゆみは小学校入学後か

ら朝顔の観察に取り組んでいた。たね，芽，ふたば，つる，つぼみ，花，たねと，朝顔の生長を楽しみに見守ってきたゆみは，観察日記で次のように記している。一部を抜粋する。

「あさがおのたね」たねはじょうぎの6だったよ　いろはくろ　ちょっとだけちゃいろ　つるつるしてた　ばななのうしろがわににてたよ
「あさがおのめ」ちっちゃかった　いろはぴんくだった　つるつるだったよちっちゃいいちごのおもちみたいだったよ
「あさがおのふたば」まほうすてっきみたい。9みり。はっぱはさらってかんじがした　くきはちょっとだけつるつるだった　みどりときみどりだったよ
「あさがおのはな」おっきいのもあったしちいさいのもあった。ぴんくもあったしあかむらさきもあった。つるつるだった。わたあめみたいだった。

図6－3　観察日記「みつけたよ！」カードより

　1年生における朝顔の観察は，「小学校学習指導要領（平成29年告示）」の生活科の内容として挙げられる。

小学校学習指導要領（平成29年告示）
第2章　各教科　第5節　生活
（7）動物を飼ったり植物を育てたりする活動を通して，それらの育つ場所，変化や成長の様子に関心をもって働きかけることができ，それらは生命をもっていることや成長していることに気付くとともに，生き物への親しみをもち，大切にしようとする。

朝顔の観察をとおしてゆみは，生長とともに姿を変える朝顔を「ばな、のうしろがわにてた」「まほうすてっきみたい」「わたあめみたい」というように，自分の言葉で捉えようとしている。

　なお，「小学校学習指導要領（平成29年告示）解説生活編」では，指導計画作成上の配慮事項として他教科との関連が示されており，国語科も一例として示されている。

小学校学習指導要領（平成29年告示）解説　生活編

第4章　指導計画の作成と内容の取扱い

1　指導計画作成上の配慮事項

特に，国語科との関連では，見たり，探したり，育てたり，作ったりしたことが，例えば，書くことを見付け，伝えたいことを明確にすること，自分の思いや考えを明確にすることなどへ発展することが考えられる。また，生活科における豊かな体験を，国語科における，報告する文章や記録する文章などを書く言語活動，日記や手紙などを書く言語活動などの題材として活用することは，表現することへの有効な動機付けとなる。

　いっぽう「小学校学習指導要領（平成29年告示）解説国語編」においても，「低学年における他教科等や幼児教育との関連についての配慮事項」が掲げられ，「幼稚園等において幼稚園教育要領等に示す幼児期の終わりまでに育ってほしい姿を考慮した指導が行われていることを踏まえ，例えば，思考力の芽生え，数量や図形，標識や文字などへの関心・感覚，言葉による伝え合いなど幼児期の終わりまでに育ってほしい姿との関連を考慮することが考えられる」との記述がある。さらに，第1学年及び第2学年の「書くこと」に関する言語活動例の一つには，「小学校学習指導要領（平成29年告示）解説生活編」でも取り上げられたように，「身近なことや経験したことを報告したり，観察したことを記録したりするなど，見聞きしたこと書く活動」（文部科学省，2018a：67）が挙げられている。

　ゆみは生活科における朝顔の観察をふまえ，「観察したことを記録する」という言語活動のなかで，バナナが好きでよく食べていること，いちごが好きでいちご大福を見つけたとき，おもちにいちごとあんこが入っていてびっくりしたこと，幼児期に大好きだったアニメ番組の魔法ステッキが憧れだったこと，保育所の夏祭りでわたあめを何度も食べたことといった，「身近なことや経験したこと」を自分の言葉として書くことができた。「自分の経験と言語活動とを言葉でつなぐ」ことは，小学校国語科で育みたい言葉の育ちの一つである。朝顔の観察をとおして

得られたゆみの言葉の育ちは，就学前の経験が「学びの芽生え」として萌芽し，「自覚的な学び」へと形づけられたものである。そしてまた，「わたあめおいしかったね，ふわふわだったね」などといった話し言葉として現れていたゆみの「自分の言葉」は，就学後，書き言葉としてさらに育まれていく。ゆみが日直として行った「すきなどうぶつ」のスピーチ（話し言葉）が，国語科の授業における「わたしのすきなものはてつぼうです。からだがよくうごかせるからです。」という，「わたしのすきなもの」についてのノートへの書きとり（書き言葉）として育まれていくように，「自分の言葉」は話し言葉と書き言葉の両面から小学校生活全体へ広がり，深まっていく。

3) 保育内容「言葉」を足場に小学校との接続を探る

　以上のように，就学期におけるスタートカリキュラムでは，「学びの芽生え」が「自覚的な学び」のきっかけとなり，教科の学びが深められていくこと，「自分の経験と言語活動とを言葉でつなぐ」ことを促していくことが重要となる。そして就学前のアプローチカリキュラムでは，「学びの芽生え」が今後，どのような「自覚的な学び」につながっていくのか，「幼児期の終わりまでに育ってほしい姿」を手がかりとしながらイメージしつつ，日々の保育活動を行うことが求められる。たとえばゆみの言葉の育ちで考えれば，「ばななのうしろがわ」「ちっちゃいいちごのおもち」「まほうすてっき」「わたあめ」といった比喩表現は，3歳以上児の保育における領域「言葉」の「いろいろな体験を通じてイメージや言葉を豊かにする」という点にも深くかかわる。「保育所保育指針解説」ではまた，「保育所の生活はもとより，家庭や地域での様々な生活体験が具体的なイメージとして心の中に豊富に蓄積されていくことが大切であり，体験に裏付けされたものとして言葉を理解していくことが大切である」とも述べられている。

　アプローチカリキュラムやスタートカリキュラムのなかで「自分の言葉」を育てるためには，「体験に裏付けされた言葉を育てる」ことや，「自分の経験と言語活動とを言葉でつなぐ」ことが重要である。また，就学前では「幼児期の終わりまでに育ってほしい姿」における「言葉による伝え合い」も意識しながら保育を行うことが必要である。「言葉による伝え合い」で示されているように，「経験したことや考えたことなどを言葉で伝えあい，それを楽しむ」ことをとおして，就学後の「自覚的な学び」を見据えながら，保育者は子どもの言葉の育ちを支えていく。保育内容「言葉」を足場にした小学校との接続の可能性を探ることが，保育者には求められている。

> **演習問題**
>
> - これまでの経験をふり返って，保幼小連携や家庭や地域との連携に関する具体的な取り組みを話し合ったり，グループでの調べ学習を通して，連携の具体的な姿を報告し共有し合ったりしよう。
> - 3歳以上児の保育における領域「言葉」のねらいや内容を生かした，アプローチカリキュラムを具体的に考案しよう。考案したアプローチカリキュラムを交流し，そのよさと課題を整理しよう。
> - 「自分の言葉」を育てる保育活動の具体的な姿を考えよう。「乳児保育グループ」「3歳未満児の保育グループ」「3歳以上児の保育グループ」に分かれて話し合い，成果を交流しよう。

【参考・引用文献】

木下光二『遊びと学びをつなぐ これからの保幼小接続カリキュラム―事例で学ぶアプローチ&スタートカリキュラム』チャイルド社, 2019

厚生労働省「保育所保育指針」, 2018

厚生労働省「保育所保育指針解説」, 2018

文部科学省「小学校学習指導要領（平成29年告示）」, 2018

文部科学省「小学校学習指導要領（平成29年告示）解説国語編」, 2018

文部科学省「小学校学習指導要領（平成29年告示）解説生活編」, 2018

文部科学省教育課程部会幼児教育部会「幼児教育部会における審議の取りまとめ」, 2016
https://www.mext.go.jp/b_menu/shingi/chukyo/chukyo3/057/sonota/__icsFiles/afieldfile/2016/09/12/1377007_01_4.pdf　※最終閲覧2020年9月18日

文部科学省「幼児期の教育と小学校教育の円滑な接続の在り方について（報告）」, 2010
https://www.mext.go.jp/component/b_menu/shingi/toushin/__icsFiles/afieldfile/2011/11/22/1298955_1_1.pdf　※最終閲覧2020年9月18日

第8章 領域「言葉」における教材研究と指導法1
言葉を楽しむ

学びのポイント
- わらべうたやふれあい遊び，手遊びなど言葉遊びの教材研究を深める。
- 幼児後半期のなぞなぞ遊び，しりとり遊びなどの概要と方法を知る。
- 実践例を通して指導計画の立案について学び，模擬保育を行う。

1 言葉のリズムややり取りを楽しむ

　言葉のリズムややりとりを楽しむ遊びとして，わらべうたやふれあい遊び，手遊びなどがある。これらは特別な準備も用具も必要ではないため，いつでもどこでもすぐにでき，保育では取り入れられやすい遊びである。いずれも心地よい歌や言葉と一緒に，手や指，からだとふれあう遊びである。保育所保育指針の「乳児保育に関わるねらい及び内容」に示されるように，特に乳児期に，保育士やおとなとからだのふれあいや表情をたいせつにしながら，言葉を介した応答的なやり取りは，子どもが人とかかわる基礎を培い，言葉への理解や発語の意欲と密接に関連する。もちろん，幼児期の子どもたちにとっても，これらの言葉のリズムややりとりを楽しめる遊びは，教育的に意味がある。

　わらべうたと，ふれあい遊びや手遊びは明確に区別することができないが，それぞれの特徴と遊びの例をいくつかあげて説明する。

1）わらべうた

①わらべうたとは

　わらべうたは，子どもたちが日常の生活や遊びのなかでつくりだし，歌い継がれてきた「伝承童謡」である。そのなかにはおとなから乳児や子どもに対する言葉かけやあやし遊びなどもある。わらべうたは，明治時代に欧米化政策のなかでつくられた学校唱歌や大正デモクラシーのなかでつくられた創作童謡とは異なる。今日まで歌い継がれてきた「はないちもんめ」や「ずいずいずっころばし」などのわらべうたの多くは，子どもたちの集団遊びの環境が整ってきた室町時代から江

戸時代に歌われるようになったといわれる[1]。

わらべうたのリズムやメロディーは日本独特の音階からなっており，地域や時代によって使用される音に違いがある。また，わらべうたは，日本語がそのまま歌になっているともいわれる[2]ように，子どもが発声しやすい音階であり，単純なリズムの繰り返しや日本語のイントネーションに近い付点音符が使われている。つまりわらべうたは話し言葉がもつリズムや旋律の延長上にあり，言葉と音楽の中間のような特徴がある[3]。

乳児は，特定の人との親密な交わりを通して言葉を獲得していく。今井は，乳児がおとなとの交わりを喜び，いっそう強めていこうとする欲求を促す力の一つとして，特定のおとなが語りかける「言葉の快さ」を指摘している。それこそが子守唄やわらべうたのようなあやし言葉や唱え言葉といわれる韻律をもった「音楽のことば」[4]である。

このように，わらべうたは子どもの日常生活や遊びの中で生まれ，その時代や地域の生活環境を反映しながら日本語のリズムやイントネーションをもった「音楽のことば」であるため，子どもたちの言葉の発達の土台となるのである。

さらに，「**にぎり　ぱっちり**」[5]に見られるように，おとなとのわらべうたのなかで，子どもはいろいろなモノを想像し見立てて，豊かなイメージを育んでいくことができる。

＊1 太田光洋『保育・教育ネオシリーズ20　保育内容・言葉　第三版』同文書院，2018，p.77

＊2 佐藤志美子『心育てのわらべうた』ひとなる書房，1996，p.176-178

＊3 太田，前掲書，p.77-78

＊4 今井和子『子どもとことばの世界—実践から捉えた乳幼児のことばと自我の育ち』，ミネルヴァ書房，1996，p.15-17

＊5 佐藤美代子（編著）・近藤理恵（絵）『なにしてあそぶ？　わらべうた・目あそび・手あそび・足あそび　Part 2』草土文化，2003，p.8-9

にぎり　ぱっちり

に　ぎ　り　ぱっ　ち　り　た　て　よ　こ　ひ　よ　こ

① ♪にぎり　ぱっちり
　　たてよこ　ひよこ
両手の中に布を隠しておき，手を振りながら歌う

② ♪ぴよぴよぴよ…
手を開いて隠していた布を見せる（布のかわりにお手玉や小物を隠してもよい）

※バリエーション
保育者が子どもの両手を包み，上下に振りながら同じ歌を歌う。「♪ぴよぴよ」で手を開く

②唱え言葉，唱えうた

　「音楽のことば」であるわらべうたのもっとも素朴なかたちは，母親からのあやしかけや話しかけの抑揚のついた言葉である。たとえば，母親が泣いている子どもにかける「♪〇〇ちゃん，どうしたの」の言葉には抑揚があり，歌いかけるような特徴がある。このような独特の言葉かけを「マザリーズ（Motherese）[*1]」と言う。マザリーズで語りかけたほうが母親の語りかけのパターンを乳児が模倣することが多いということもわかっている。わらべうたとマザリーズとは共通したところがあり，歌うように唱えられる言葉は「唱え言葉」や「唱えごと」と呼ばれる[*2]。たとえば，「♪おつむ　てんてん」「♪いない　いない　ばあ」や，転んで泣いている子どもをなだめる時などの「♪ちちんぷいぷい　いたいの　いたいの　とんでけー」のようなおまじないなどがある。

　子どもが大きくなって，友だちと遊ぶようになると，仲間入りや遊具の貸し借りなどやりとりが出てくる。「♪〇〇ちゃん　あ〜そ〜ぼ」「♪い〜れ〜て」「♪か〜し〜て」「♪い〜い〜よ」，時には「♪あ〜と〜で」など節をつける「唱え言葉」が多い。これらのように節をつけることで，言葉が発しやすくなり，人間関係をスムーズにすることができる。

　ある保育園の1歳児クラスで，0歳のころから保育士が「♪どうぞ」「♪ありがとう」と抑揚をつけて給食のエプロン渡しをしていたところ，子どもたちも言葉のやりとりを覚え，クラスの雰囲気が穏やかになったいう。玩具やモノの取り合いなどのトラブルも多い時期であるが，遊びでも保育者が子どもと一緒に，「♪い〜れ〜て」や「♪い〜い〜よ」「♪か〜わって〜」と言うことで，子どもも怒ったような口調ではなく，相手に気持ちを受け入れてもらえるようなトーンで話しかけることができるようになっていった。おとなからの言葉かけが心地よい口調であることから，子どもが自然に自分のものにしていったのである[*3]。

　わらべうたというと，音程や正しい歌い方をしなくてはいけないと身構えることもあるが，もともとは子どもの生活や遊びから生まれたものだと考えると，このような「唱え言葉」のように素朴なやりとりを楽しむことから始めるとよい。

　たとえば，**なこかい　とぼかい**[*4]は，「泣くより　跳んでしまえ！」とばかりに唱えながら跳ぶわらべうたである。子どもは高いところから飛び降りるのが大好きである。保育者の歌にあわせて布を飛ばしたり，からだを抱き上げられてゆらされたり，2歳のころであればちょっとした台の上から一人で跳んだり，友だちと一緒に跳んだりなどを楽しめる。さらに大きくなれば，高さのあるところから跳んでみたり，友だちとどのくらい遠くまで跳べるかを競ったりするなど，子どもの年齢発達によっていろいろな遊び方や跳び方ができる。

*1 第4章p.59参照。

*2 太田，前掲書，p.78／佐藤，前掲書，p.178

*3 池谷公代余・江間三智子・竹本歩「子どもと子どもがつなぐエプロン渡し『はい，どうぞ』『ありがとう』に想いを寄せて」『季刊保育問題研究260号』2013，p.85-88

*4 佐藤・近藤，前掲書，p.14-15

なこかい　とぼかい

わらべうた

なこかい　　とぼかい　　なこよっかん　　ひっとべー

《バリエーション》

①♪泣こかい　とぼかい
　なこよっかん
子どもの手を両手でもち，歌のリズムに合わせて左右にゆらす。

②♪ひっとべー
横に放り出すようなしぐさで手を離す。

①手を振りながら歌う。

②「♪ひっとべー」で思い切り前にジャンプする。

子どもたちも大きくなると「♪どれにしようかな　てんのかみさまのいうとおり」や，別れるときの「♪さよなら　あんころもち　またきなこ」や「♪かえるがなくから　かーえろ」，じゃんけんのときの「♪お寺のおしょうさん」などの唱えうたも出てくる。また，10まで数えて「♪おまけの　おまけの　きしゃぽっぽ　ぽーっとなったら　かわりましょ[*1]」は，子どもが気持ちを切り替えて交替するのを励ましてくれる唱えうたでもある。

子どもたちの唱えうたには，数えうたや替えうたなど，歌うことや唱えること自体を楽しむあそびもある[*2]。その他に呼びかけや早口，しりとり，約束ごと，物選び，悪口やはやしもある。地域や時代，流行によって子どもたちがつくっていったものも唱えうたには多くあり，歌詞などが異なることも多い。

「ばか　かば　まぬけ」[*3]の遊びは悪口で遊ぶ歌である。なぜか子どもが言いたがる「ばか」という言葉は，いつもなら人に言ってはいけないと注意される。ところが，遊びなので堂々と「ばか」も「まぬけ」も言える。そして，このわらべうたの最後は，「あんたすきよ！　チュッ」でおしまいとなるのがよい。遊ぶなかでけんかもいじめも吹き飛びそうである。普段の子ども同士のけんかで，お互いがこの悪口遊びを言い合うことで思わず笑って，昇華し仲直りができそうである。

＊1 キヨノサチコ『ノンタンぶらんこのせて』偕成社，1976

＊2 大島清・大熊進子・岩井正浩『わらべうたが子どもを救う　教育の原点は「言葉みがき」』健康ジャーナル社，2002，p.217-224

＊3 佐藤美代子(編著)・近藤理恵(絵)『なにしてあそぶ？　わらべうた　目あそび・手あそび・足あそび』草土文化，2001，p.41

　しかし，悪口やはやしうた，替えうたのなかには人間の尊厳や民族差別，人権，プライバシーにかかわるような内容のうたもあり，おとなが注意をしていなければならない。そのような悪口やはやしうたは，子どもの遊びうただからですまされず，おとながきちんとした対応をすることが求められる[*1]。

＊1 悪口を遊ぶうたなどは，保護者への説明が必要なこともある。

ばか　かば　まぬけ

  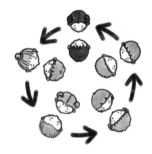

①♪ばか　かば　まぬけ
　　へっぽこなす　かぼちゃ
　　すっぱ　すっぱ　みそっぱ
相手を指さしながら歌う。

②♪あんた　きらい　ふん！
互いに違う方向にそっぽを向く。

③あんた　すきよ　チュッ！
外周の子どもが右回りに移動して，同じ歌を繰り返す。最後の相手には上の歌詞を歌う。

③集団あそび

わらべうたは子どもたちの遊びうたであるため，集団で遊ぶことで楽しさが
いっそう高まり，子どもたちの音楽性も育つ。3〜4歳児では，「**くまさん　くま
さん**[1]」など，自分の相手を意識して遊ぶ2人組の遊びが難しくなく適している。

＊1 太田，前掲書，p.87-88

くまさん　くまさん

①**くまさん　くまさん**
手拍子しながら歌う

②**まわれみぎ**
手をつないで回る

③**くまさん　くまさん**
①と同じ

④**りょうてを　ついて**
お互いの両方の手のひら
を合わせる

⑤**くまさん　くまさん**
①と同じ

⑥**かたあしあげて**
片脚をあげて軽くジャンプ

⑦**くまさん　くまさん**
①と同じ

⑧**さようなら**
おじぎをして「さような
ら」のあいさつ

　4〜5歳児なると，役割交代ができる集団遊びのわらべうたを楽しむことができる。**「お茶をのみに」**は，偶然オニになることがあり，役割と全体の中の自分を意識しながら遊ぶおもしろさを味わうことができる[1]。

*1 太田, 前掲書, p.89

お茶をのみに

わらべうた

お　ちゃを　　の　み　に　　き　て　く　だ　　さ　い　　はい

こん　に　ち　は　　　　　　い　ろ　い　ろ　お　せ　わ　に

なり　ま　し　た　　は　い　さ　よ　う　な　ら

①おちゃをのみに　きてください

手をつなぎ輪になって左向きにまわる。オニ役のこどもは輪と逆向きに進む。
「きてくだ『さい』」で輪の手を離す。

②はい　こんにちは

オニは近くにいる子の前でとまり，「はい」で向き合う。
「こんにちは」で互いにあいさつをする。

③いろいろ　おせわに

手を取り合って回る

④なりました　はい　さようなら

「なりました」でオニと輪の子どもが入れ替わる。
「はい」で手を離し，「さようなら」でおじぎ

5歳児～小学生になると，さらに人当てやオニ当てなどルールのあるわらべうたを楽しめるようになる。「**あめかあられか**」は声で友だちの名前を当てなくてはいけないので，仲間意識や友だちへの関心が育っていないとできない遊びである[1]。　*1 太田, 前掲書, p.91

あめかあられか

わらべうた

あ　め　か　あ　ら　れ　か　てっ　ぽう　か

う　め　に　う　ぐ　い　す　ほう　ほ　け　きょ

そ　れ　と　も　い　し　の　じ　ぞう　さ　ま　か

①手をつないで輪を作る。オニの子どもは輪の中で顔をふせて座る。
　輪の子どもたちが歌いながら回る。

②歌い終わったら，オニは下の3つの言葉から一つ選んで言う。

③オニの後ろにいる子どもは、それに対応する言葉を答える。
　オニはその声から、誰が答えたかを当てる。

（オニ）	（子）
うめ	ぽっぽっ
うぐいす	ほーほけきょ
おじぞうさん	んー

2) ふれあい遊び

　わらべうたや手遊びのなかには，歌やリズムをつけて抱っこしたりくすぐったりなど，おとなと子どもや子ども同士がふれあう遊びがたくさんある。ふれあい遊びは，歌やリズムの快さだけでなく，肌のぬくもりも感じられ，安心感や人への信頼感を強くすることができる。それとともに，抱っこやおんぶをされたり，からだをゆらされたり，マッサージのようにやさしくなでられたりすることで体の緊張が和らぎ，バランス感覚や運動能力の育ちにもつながるのである。

　たとえば，0歳児ころからの「たかい　たか〜い」の遊びは子どもたちが大好きである。おとなに高く抱き上げられると，視界が広がり，上から見下ろすおとなや周りの様子に子どもは大喜びする。また，すとーんと下ろされるのもおもしろいものである。乳児や小さな子どもには，怖がらないよう少しずつ上に持ち上げるなどして高さやスピードになれさせて遊ぶとよい。ひざの上に立たせたり，子どもを足にのせて上下にゆすったりするのもスリルが楽しめる。してもらって楽しいからか，人形に「たかいたか〜い」をして喜ぶ子どもの姿も見られる。

　「**たけんこがはえた**」[*1]は，歌にあわせてゆらされるのが気持ちよい。おとな二人が布の両端をもってゆらしたり，おとな一人で子どもの脇の下を支えたり抱っこしたりしてゆらして遊ぶ。「さるがえり」で，布を返してそっと床に下ろされるところも子どもは好きである。

＊1 ちいさいなかま編集部『なにしてあそぶ？　保育園で人気の手遊び・うたあそび　Part2』草土文化, 1979, p.20

たけんこがはえた

布やバスタオルに子どもを乗せて，歌に合わせてゆっくり揺さぶる。

歌が終わったら，布を持ち上げて高い高いをしたり，床に下ろした後，こちょこちょとくすぐったりする。

0歳のころよく遊ばれる「**にんどころ**」の"にんどころ"とは，似ているところという意味だが，家族のみんなに似ている，みんなに愛されているという気持ちがこめられた遊びである。さわられるのが嫌な子どもには，人形やぬいぐるみにして見せることで徐々に楽しむことができるようになる。わざとふれる順番を変えて「次は？」と期待をもたせるのもおもしろい。[1]

＊1 NPO法人東京都公立保育園研究会『子どもに人気のふれあいあそび』ひとなる書房，2005，p.14-15ほか

にんどころ

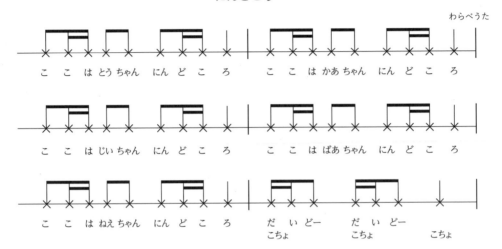

わらべうた

ここ は とうちゃん にん ど こ ろ　　ここ は かあちゃん にん ど こ ろ

ここ は じいちゃん にん ど こ ろ　　ここ は ばあちゃん にん ど こ ろ

ここ は ねえちゃん にん ど こ ろ　　だ い どー だ い どー　こちょ
こちょ　こちょ

①ここは　とうちゃん　にんどころ
右のほほを人差し指で4回さわる

②ここは　かあちゃん　にんどころ
左のほほを人差し指で4回さわる

③ここは　じいちゃん　にんどころ
おでこを4回さわる

④ここは　ばあちゃん　にんどころ
あごを4回さわる

⑤ここは　ねえちゃん　にんどころ
鼻の頭を4回さわる

⑥だいどー　だいどー
顔全体を2回なでる

⑦こちょこちょこちょ
くすぐる

「一本橋こちょこちょ[*1]」は，おとなと子どもだけでなく，子ども同士でも年齢を問わず，いつでもどこでもちょっとした時間にもでき，五感の刺激になるあそびである。自分が遊んでもらって楽しかったら，人形やぬいぐるみに一本橋こちょこちょをして遊ぶ子どももいる。

　幼児になると，わらべうたの「あぶくたった」や「おちゃらかほい」などの手遊びなどでのふれあい遊びを楽しむことができる。

＊1 志村聡子編著『はじめて学ぶ乳児保育　第二版』同文書院, 2021

一本橋こちょこちょ

①いっぽんばし　こーちょこちょ
②すべって 　③たたいて 　④つーねって 
⑤かいだんのぼって 　⑥こちょこちょこちょこちょこちょ 

3) 手遊び

　手遊びは，伝承されたわらべうたのほかに，手遊びのために創作されたものや，さらに時代や流行を反映して歌詞を替えた遊びなど実に多種多様にある。自由に変化させて遊ばれることこそが手「遊び」であるゆえんといえる。現代では，

You Tubeなどの動画でもたくさんの手遊びが紹介されているが，同じタイトルの手遊びであっても曲や歌詞，振り付けも少し変わっているものも多い。

たとえば，ここで紹介している「**キャベツの中から**[*1]」の手遊びは，6番の歌詞が「♪あおむしでたよ　ピッピッ　ピッピッ　ピッピッ　ピッピッ　ピッピッ（と親指から順に出していき）ちょうちょになっちゃったー」とする別バージョンもある。

同じ手遊びでも地域やさらには保育所や幼稚園によって遊ばれかたが異なることがあるため，実習などでは，子どもたちがどのような遊び方をしているかを知っておく必要がある。

＊1 梅谷美子『子どもと楽しむ　手あそび　わらべうた』かもがわ出版，2010, p.14-15

キャベツの中から

採譜　木下枝都子

キャ　ベ　ツ　の　な　か　から　あ　お　む　し　で　た

よ　ピッ　ピッ　　　とう　さん　あ　お　む　し

```
1  キャベツのなかから    あおむしでたよ    ピッピッ    とうさん    あおむし
2  キャベツのなかから    あおむしでたよ    ピッピッ    かあさん    あおむし
3  キャベツのなかから    あおむしでたよ    ピッピッ    にいさん    あおむし
4  キャベツのなかから    あおむしでたよ    ピッピッ    ねえさん    あおむし
5  キャベツのなかから    あおむしでたよ    ピッピッ    赤ちゃん    あおむし
6  キャベツのなかから    さなぎがでたよ    パッパッ    ちょうちょになっちゃった
```

①キャベツのなかから
握った右手を左手で包み込む（キャベツの形）

②あおむしでたよ
右手と左手を入れ替える（あおむしの形）

③ピッピッ
両手の親指を立てる。（6番のパッパッでは両手をパーの形）

④とうさんあおむし
1番から5番の歌詞に対応する指を立てる。とうさん＝親指、かあさん＝人差し指、にいさん＝中指、ねえさん＝薬指、赤ちゃん＝小指

6番歌詞：ちょうちょになっちゃった

　手遊びは，保育のなかでちょっとした時間の合間や主活動の導入的に使われることが多い。しかし，それだけで手遊びを保育に位置づけるのはもったいない。子どもの手指操作の発達や，形からのイメージや数を数えるなど表象や知的な発達も遊びのなかで促されていく。何よりも大好きな保育者や友だちと一緒に心を合わせて遊ぶことのおもしろさがある。子どもの手指やイメージの発達を考慮しながら意識的に手遊びを保育に位置づけていきたいものである。

　手遊びの数えうたには，子どもが1本，2本，3本と，指出しや指折りができるかどうかで遊べるものも多くある。年齢発達にあった手遊びを考える必要はあるが，たとえ発達的に難しい場合も楽しい雰囲気で保育者が遊んで見せることで，子どもたちはからだでリズムをとったり，部分的に模倣をしたりするなど一緒にしている気持ちになるものである。この一体感こそが子どもにとって喜びとなり，歌を伴うこうした遊びを子どもたちが楽しんで取りくむ理由ではないだろうか。徐々に同じような指操作ができて，一緒に手遊びを楽しむことができるようになる。まずは，保育者が楽しく遊ぶことが重要である。

2　言葉の感覚を楽しむ

　ある程度言葉を自由に操れるようになると，子どもたちは言葉を使って遊ぶようになる。4〜5歳児は，生活で必要な言葉をほぼ使えるようになり，比喩や造語もでき，自分の経験や考えを言葉で話せるようになる。この時期，子どもたちは話すことが嬉しくておしゃべりになり，日常生活の中でいろいろな言葉遊びを楽しむ。

1）なぞなぞ

　なぞなぞ遊びも日常生活のなかで子ども同士で楽しむ姿がみられる。なぞなぞの本をみながら出し合ったり，自分たちで考えたなぞなぞを出し合ったりする。子どもたちの考えるなぞなぞの多くが日ごろの自分の体験から発せられることが多いというのもこの年代の特徴である。子どもから発問するなぞなぞには「正解」が難しく，その場を共有した者でないとわからないものもあるが，ただの言葉遊びを超える特別の意味がある。なぜなら，なぞなぞのなかに体験やそのときの感情が込められており，子どもの生活のドラマを垣間見ることができるからである。

　おとなから子どもになぞなぞを出題をする場合，3，4歳児には日常生活のなかで単純に考えられるものをそのまま問題にするとよい。たとえば，「上からすーっとすべれるよ。ぞうの鼻に似てるよ？」（答：滑り台）や，「雨が降ったらさ

していくものは？」（答：傘）などである。5歳になると，常識的でないなぞなぞ
を好むようになる。たとえば，「せかいのまんなかにあるものは？」（答:か）や，「右
手でしかにぎれないものは？」（答：左手）などである[*1]。子ども同士でも，自由
にいろいろななぞなぞを考えて遊ぶのを楽しむことができるようになってくる。

＊1 藤田浩子『おはなし
おばさんの　くるりん★
ふしぎことば』一声社,
2001, p.28-31

2) 一音一字の気づきからの遊び

　4歳くらいになると，日本語の特徴である一音一字に気づき，音節分解や音節
抽出[*2]ができるようになる。自分の名前や友だちの名前を音節分解して，何文字
でできているか指折り数えて，誰の名前が一番長いか，あるいは短いか，自分と
同じ文字数は誰かなど探して楽しんだりする。階段でじゃんけんをして，パーで
勝つと「パイナップル」で5段，グーで勝つと「グリコ」で3段，チョキで勝つと
「チョコレート」で4段進み[*3]，誰が一番先に上まで上がるかを競う遊びも，音節
に分けて音を数えることができて遊べる遊びである。このように子どもたちは遊
びながら言葉の仕組みやおもしろさを学び取っている。

　音節分解ができるようになったころの子どもは，さらに単語のなかから自分の
印象に残った音を取り出して（音節抽出）遊ぶことがある。今井は，4歳児たちが
自分の名前から選びとった音を引っ張り出して遊んでいる様子を次のように記し
ている。

＊2 音節分解とは「自分
の話していることばを音
節にわけてかんがえるこ
と」。音節抽出とは，「こ
とばの中に含まれている
音節を取り出すこと」で
ある。／近藤幹生, 寶川
雅子, 源証香, 小谷宜路,
瀧口優『改訂2版　実践
につなぐことばと保育』
ひとなる書房, 2019

＊3「チョコレート」で6
段進むなど，地域によっ
て異なるルールで遊ぶ場
合もある

```
け　い　　「ぼく，うがつくから，うさぎ」

保育者　　「あれ，どこがうなのかな」

け　い　　「けい，あっ，いだ。いかだ」

つとむ　　「とがつくから，とまと」

ゆうへい　「ゆがつくから，ゆき」

あきひこ　「こがつくから，こおり」

まほこ　　「まがつくから，まんご」

けんた　　「けんけん」

たかし　　「しがつくから，しか」[*4]
```

＊4 今井, 前掲書, p.131-
132

　この遊びは，特に何番目の音を取り出すというような明確なきまりをもったも
のではない。取り出した音が最初につく言葉を言うのがわかりやすいために，自
分の好きな音を取り出してそれが最初につく言葉を探しだしているようである。

3) しりとり

　しりとりは，音節分解や音節抽出ができるようになってできる遊びであるが，語尾の音を選んで頭につけた言葉を探すという明確なきまりのある遊びである。遊び方によってその他のきまりがあり，もっとも一般的なきまりは，語尾に「ん」のつく言葉は使わないことである。「ん」がつくとそれでしりとりは終わりになり，「ん」のつく言葉を言った人の負けとなる。その他にも，食べ物や動物の名前に限定したり，初めと終わりの言葉を決めたりするほか，2文字しりとりなどがある。

　絵本の『しりとりしましょ！　たべものあいうえお』[*1]のしりとりも，子どもたちは楽しみやすい。その一部を下に示しているが，「あ」から始まって，次の「い」につながる言葉をしりとりして，さらに「う」につなげていくようなしりとり遊びである。この絵本は，すべて食べ物のしりとりであり，さらに絵の背景が次のページにもずっと続いているため，しりとりが一連の絵巻物のようになっているのも魅力である。[*2]

＊1 さいとうしのぶ『しりとりしましょ！　たべものあいうえお』, リーブル, 2005.

＊2 絵本を絵巻物にできるキットもある。
さいとうしのぶ『しりとりしましょ! 巻物えほんキット』, リーブル, 2018)

> 　しりとりしましょ　はじめは　㋐
> 　あいすくりーむ　むぎちゃ　やきいも　もち　ちゃわんむし　しゅうまい
> 　しりとりしましょ　おつぎは　㋑
> 　いちご　ごましお　おしるこ　こしょう

　これらのしりとりはおとなも一緒に参加することで，より楽しく遊ぶこともできる。子どもの年齢や発達，語彙力に応じたきまりを決めて，いろいろなしりとり遊びを楽しむことができる。

4) さかさ言葉（回文）

　音節分解や音節抽出ができるようになると，言葉をさかさにして楽しむ遊びもできてくる。「イカのさかさ」は「カイ」，「シカのさかさ」は「カシ」など，さかさにするとまったく違う言葉や意味になる。そのおもしろさに気づくと子どもたちはやたらと言葉をさかさにして遊ぶようになる。

　藤田は，変身カードとして，カードの表と裏に烏賊と貝，鹿と菓子，鯛と板などの絵を描き，子どもたちに烏賊の絵を見せながら「さかさはなぁんだ」でカードをさかさ（逆立ち）にして見せ，子どもから「カ・イ」の答えが出ると，カード

を裏返して貝の絵を見せるというクイズ形式のさかさ言葉遊びを紹介している[1]。その他に,「クルミ」のような3文字や人の名前のさかさ言葉もおもしろい。

[1] 藤田, 前掲書, p.24-25

　このようなおとなが設定した遊びもできるが,日常の何気ない時間に子どもたちが自由に楽しめるのが言葉遊びのよさでもある。何よりも声に出し耳で聞くことによってこそ言葉の響きや美しさ,おかしさにも気づくことができる。子ども自らがあれこれの名前をさかさにしたり組み替えたりしながら気づいていく言葉の不思議やおもしろさをたいせつにしたい。たとえば,あづまれいなちゃん（5歳）が名前をさかさにして遊んでつぶやいた次のような口答詩がある。

> たなかのりこちゃんて　なまえ　うしろから　よむと
> きれいなんだよ
> こりのかなた，きれいでしょ。
> わたしは，ないれまづあ，へんでしょう[2]

[2] 今井和子・村田道子『おひしゃま　だっこしてきたの』アリス館, 1996, p.123

　朝の出席とりで,言葉遊びを取り入れた実践もある[3]。「うえむら　ひかるくん」をさかさから「るかひ　らむえうくーん」と呼び,子どもも「はーい」ではなく「いーは」と返事をする。このように,一日の保育の中でいくらでも言葉を楽しむことはできるのである。

[3] 吉田直美『みんな大人にだまされた！―ガリバーと21人の子もたち―』ひとなる書房, 1997, p.3-4

　さかさ言葉の中でも,上から読んでも下から読んでも音が同じ回文もおもしろい。「くっく」や「ぶーぶ」などの幼児語もあるが,次のような回文がある。

2文字	桃，耳，笹，午後，スス（煤），ほほ（頬）
3文字	小箱，逆さ，軌跡，マグマ，南，宿屋，スイス
4文字	きつつき
5文字	新聞紙，田植え歌，狐つき，歌うたう，烏賊と貝
6文字	安い椅子屋，港と波
7文字	竹藪焼けた，子猫の子猫，台風吹いた，ダンスがすんだ

　「竹藪焼けた」や「台風吹いた」は幼児でも耳にしたことのある回文であるが,幼児たちとは2〜5文字の回文が楽しみやすい[4]。

[4] 藤田, 前掲書, p.58-61

5) その他の言葉遊び

　これらの言葉遊びの他にも,反対言葉,早口言葉や「あ」が頭につく言葉を集めたり,濁点をつけたり,自分の名前の一字からカルタを作ったりなど,言葉遊

びは多様にできる。

　先に紹介した，さかさ言葉で朝の出席とりをする保育者は，さかさ言葉だけでなく，名前に濁点や半濁点をつけて，「うえむら　ぴかるくーん」に「ぱぁーい」と返事をする出席のとり方もしている。そのほかにも，怖い話がはやっているころには，おばけに名前を覚えられてはたいへんとばかりに，保育者は名前を声に出さず口を大きくあけて出席をとり，子どもたちは，「はい」の代わりに舌をぺろっと出したりウィンクで答えたりしている。さらに親の名前を使って「上村誠さんの息子さーん」と呼ぶときもあり，なかには自分の父親に「父ちゃん」以外の名前があることを初めて知ったという子どももいたという[*1]。

　また，今井は，飼っていた鶏の卵をひびきくんが保育者に渡そうとした瞬間，けいちゃんが横から手を出して，卵が割れてしまったときのやりとりを次のように書いている。

　「ひびきくんとけいちゃんと私の三人は，申し合わせたように大きな口をあけ『あっ』でした。三人のそのときの呼吸といい，表情といい，動作といい，あまりにもピッタリだったので，私たちは思わず吹き出してしまいました。叱られるはずが，危機一髪，笑いに転じた喜び，けいちゃんは『あっとおどろく，こんなかお』とおどけて見せたのです。」[*2]

　今井によれば，日本語の五十音のもつ響きを子どもたちに楽しませるために，次のような遊びをしていたことがあり，それをけいちゃんが思い出しておどけて見せたという。

「あいうえおの　あっていうかお　どんなかお？」
「あっとおどろく　こんなかお」
「あーいたい　のこんなかお」
「あーらうれしい　のこんなかお」

　今井は「あーあ，がっかり　こんなかお」と，卵が割れたうらみをおおげさに表現すると，ひびきくんも「あーあ，とおこった　こんなかお！」と腕組みしてけいちゃんをにらみつけて見せたりしている。このように，卵が割れて緊張する場面も言葉遊びで和んだ様子が紹介されている。今井は，「日常生活の中でことば遊びを楽しむことによって生まれる生活のゆとりでしょうか。ことば遊びが人の心を解放し，楽しいことば文化を創造していく喜びをもたらしてくれるものであることを実感したのでした[*3]」と述べている。日ごろから生活の中のさまざまな時や場所で，子どもたちが言葉のもつ意味やイメージを体感しながら言葉遊びを多様に楽しむことができる保育の工夫がたいせつである。

*1 吉田，前掲書，p.3-4

*2 今井，前掲書，p.149. この後，クラスの子どもたちに卵が割れた時の情景を話すと，子どもたちが「あいうえおの⑤っていうかお　どんなかお」をつくり始め，らいおん組の絵本「あいうえおって　どんなかお」ができたということである。今井和子文，宮沢晴子絵『あいうえおってどんなかお』（アリス館，1994）に所収。

*3 今井，前掲書，p.150

だじゃれなども5歳くらいになると楽しむようになる。「そんなバナナ」「ハックサイ（くしゃみ）」「アイスを愛す」「アメはあめぇ」「アリが10匹でアリガトウ」「イカはいかが」「ネコがねころんだ」「ぶたがぶたれた」など，おとなたちとも楽しめるようになる[4]。だじゃれも子どもたちの言葉の世界を楽しく豊かにしてくれる。

　言葉に関心を持ち始めた子どもたちは，言葉をさまざまに遊び，使いながら次第に言葉に内在しているルールやイメージの多様性を発見していくのである。早口言葉で舌がもつれたり，しりとりで「ん」がついてしまったり，言葉につまったりしても，それを笑いあえるのが言葉遊びのおもしろさでありよさである。正しい言葉（正解）や勝ち負けにこだわるよりも，幼児期には，言葉のおもしろさやリズム，快さを感じながら，存分に言葉を使った遊びを楽しみたいものである。

[4] だじゃれの絵本では，中川ひろたか・高畠純のだじゃれシリーズ『だじゃれ　どうぶつえん』『だじゃれ　すいぞくかん』『だじゃれしょくぶつえん』（絵本館）がある。子どもも絵と文でイメージしやすく，おとなや子ども同士でだじゃれを楽しめる。

【引用・参考文献】

太田光洋編著『保育・教育ネオシリーズ20　保育内容・言葉　第三版』同文書院，2018

佐藤志美子『心育てのわらべうた』ひとなる書房，1996

今井和子『子どもとことばの世界－実践から捉えた乳幼児のことばと自我の育ち』ミネルヴァ書房，1996

池谷公代余・江間三智子・竹本歩「子どもと子どもがつなぐエプロン渡し　「はい，どうぞ」「ありがとう」に想いを寄せて」『季刊保育問題研究　260号』2013年，p.85-88

佐藤美代子編著，近藤理恵絵『なにしてあそぶ？　わらべうた・目あそび・手あそび・足あそび　Part 2』草土文化，2003

キヨノサチコ『ノンタンぶらんこのせて』偕成社，1976

大島清・大熊進子・岩井正浩『わらべうたが子どもを救う　教育の原点は「言葉みがき」』健康ジャーナル社，2002

佐藤美代子編著，近藤理恵絵『なにしてあそぶ？　わらべうた・目あそび・手あそび・足あそび』草土文化，2001

ちいさいなかま編集部『なにしてあそぶ？　保育園で人気の手遊び・うたあそび　Part2』草土文化，1979

NPO法人東京都公立保育園研究会『子どもに人気のふれあいあそび』ひとなる書房，2005

梅谷美子『子どもと楽しむ　手あそび　わらべうた』かもがわ出版，2010

志村聡子編著『はじめて学ぶ乳児保育　第二版』同文書院，2021

藤田浩子『おはなしおばさんの　くるりん★ふしぎことば』一声社，2001

近藤幹生・實川雅子・源証香・小谷宣路・瀧口優『改訂2版　実践につなぐことばと保育』ひとなる書房，2019

さいとうしのぶ『しりとりしましょ！　たべものあいうえお』，リーブル，2005

さいとうしのぶ『しりとりしましょ！巻物えほんキット』，リーブル，2018

今井和子・村田道子『おひしゃま　だっこしてきたの』アリス館，1996

吉田直美『みんな大人にだまされた！―ガリバーと21人の子どもたち－』ひとなる書房，1997

今井和子文，宮沢晴子絵『あいうえおってどんなかお』アリス館，1994

中川ひろたか文・高畠純絵『だじゃれ　どうぶつえん』絵本館，1999

中川ひろたか文・高畠純絵『だじゃれ　すいぞくかん』絵本館，2001

中川ひろたか文・高畠純絵『だじゃれ　しょくぶつえん』絵本館，2003

3　指導計画の立案（例）と模擬保育

　子どもたちは身近なおとなや他者と言葉でのやり取りや言葉を楽しむ活動を行うことで，言葉のリズムのおもしろさや美しさなどを感じる。先述の通り，幼い時に多くの人が経験したことのある「しりとり」や「なぞなぞ」は言葉の感覚を楽しむ遊びの代表格である。「しりとり」や「なぞなぞ」は子どもたちの語彙数を増やし，言葉の感覚を豊かにし思考力が身につき保育現場でよく行われている。年長児になると自分たちでなぞなぞを作成し，友だちや保育者に伝えてくる姿も見られる。

　また，言葉のリズムややり取りを楽しむ活動として「わらべうた」や「手遊び」などが挙げられる。「わらべうた」は音域が狭いことから子どもたちにも覚えやすく歌いやすい。何より動きと遊びが一体となっているため，子ども同士のかかわりや身体機能の発達を高めることにつながる。「かごめかごめ」や「あぶくたった」などは低年齢児から参加できる集団遊びである。子どもたちは何度も繰り返して遊び，子ども同士のかかわりを深めていく。

　「手遊び」もわらべうた同様に子ども同士のかかわりをもつ手遊びもあるが，どちらかと言えば集団遊びではなく，保育者の真似をしながら指先や表現を楽しむことが多い。言葉を楽しむ遊びは場所や事前に準備するものが特になく，子どもたちと活動の合間や，他の児童を待つ間など気軽に取り組むことができることが特徴である。

　今回は「わらべうた」と「ふれあい遊び」の指導計画の立案を紹介する。

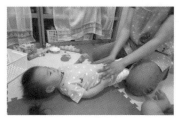

年齢にあったわらべうたを楽しむ子どもたち

1）わらべうた

指導計画の例〈3歳児　わらべうた〉

○月　○日（　）			3歳児　○○組18名	
実習生氏名		○○　○○○	指導担当者名	○○　○○○
主な活動		• わらべうた　たけのこいっぽんをする		
子どもの姿		• 新しい保育者に少しづつ慣れ，好きな遊びを見つけ遊び始める姿が見られる一方で，登園児に不安からか泣く子どももいる。		
ねらい		• 集団遊びを通して，保育者や友だちと触れ合う楽しさを味わう。 • 何度も繰り返しながら，ドキドキやワクワクを感じる。		
内容		• わらべうた「たけのこいっぽん」をする。 • 実習生や友だちと一緒に抜いたり，抜かれないように踏ん張ったりを体験して楽しむ。		
準備物		• 特に準備するものはない。しかし，この遊びがどんどん腰回りにつながっていく遊びであることから，実習生1名ではなく担任にも手伝っていただきたき安全に注意しながら遊びを進めて行けるよう予めお願いしておくとよい。		

時間	環境構成	予想される子どもの活動	保育者としての援助と留意点
10：00 10：05	○…実習生 ×…子ども	• 準備の整った子どもから実習生の前に集まり，絵本を見る。 • たけのこを知っている子どももいれば，たけのこを知らない子どももいる。 • 実習生の話をしっかり聞く。 • 実習生の遊びの説明を聞く。 • 担任保育者が行っているのを見て，一緒にやりたがる子どももいる。 • 友だちや担任保育者，実習生と一緒に「たけのこいっぽん」をする。 • 順番に腰につながっていくが，中には自分の順番でないところで腰につながっていく子どももいる。	• 徐々に集まってきた子どもたちに対して絵本を読む。 • たけのこの絵や本物を見せて「これ何だか知ってる」と子どもに問いかける。また，たけのこが土からでている写真を見せてたけのこがどうやってできるか伝える。 • 今日は「たけのこいっぽんの遊びをしてみない？」と提案する。 • 担任保育者にたけのこ役になっていただき，「たけのこいっぽん」の遊び方を実際に行って説明する。 • 先頭はしっかり木や柱などにつかまり，2番目からは前の友だちの腰にしがみつくこと，オニ役は最後尾の友だちから抜いていくことを伝える。 • 最初はオニ役を担任保育者と実習生がすることを伝える。 • 実習生も一緒に遊びをしていく中で，ルールを伝えていく。

活動する年齢に応じて，たけのこが成長して竹になる過程を伝えてあげてもよい。

ルールを説明するときは，簡潔にかつ分かりやすく伝える。その際実際にやりながら行うと子どもたちに伝わりやすい。また一度に全て伝えるのではなく，遊びながら徐々に伝えてもよい。

実習生が楽しく歌ったり，体を大きく動かすことで子どもたちも「なんだか楽しそう・参加したい」と思うようになる。

		● 喜んで参加する子どもももいれば，遊びに参加せず傍観している子どももいる。 ● オニからたけのこ（子ども）が抜かれないように，しっかりと友だちにつながり踏ん張っている。 ● 抜かれたたけのこ（子ども）は一か所に集まる。 ● 実習生の話を聞き，もう一回やりたいと意欲を見せる。 ● もう一度友だちや担任保育者，実習生と一緒に「たけのこいっぽん」をする。 ● 一度目より張り切って参加する子どももいたり，一緒に歌を口ずさんだりする子どももいる。 ● 実習生の周りに集まり，話を聞いたり楽しかったことを伝える。	● 「やりたくなったら参加してね」など声をかけ，無理強いしないようにしていく。 ● 「さあ，たけのこが抜けるかな」「あれ，なかなか抜けないな」などたけのこ役の子どもたちがワクワク・ドキドキするような言葉がけをし，一緒に楽しめる雰囲気をつくる。 ● 抜かれた子どもたちが戸惑わないように，あらかじめ場所を確保する。 ● 一度実習生の周りに集まり，子どもたちと楽しさを共有して，またもう一度やりたいと思えるように声をかけていく。 ● 子どもたちの様子を見ながら，怪我のないように安全に配慮する。 ● 状況に応じてもう一度遊びを行ったり，オニ役を子どもたちにしてもらうなど臨機応変に対応する。 ● 子どもたちが楽しんでいた姿を伝え，皆で一緒に遊ぶ楽しさを確認できるように振り返る。 ● 「次は外でやってみよう」と提案し，次回以降も期待がもてるようにする。	活動に参加をしない子どもは，その子どもなりに何か理由があるはずなので，無理強いしないようにする。無理強いして参加させると「やりたくないのにさせられた」と記憶に残ってしまうので個々に配慮することが大切です。 楽しさのあまり相手の腰にしがみつく際やオニ役から抜かれないようにと力を入れすぎてしまうこともある。子どもたちの動きを見て声をかけたり危ないと思ったらその場に行ったりするなど配慮する。 戸外の木や固定遊具の柱などさまざまなものにアレンジして楽しめる。

＜たけのこいっぽん＞

（オニ）たけのこいっぽんおくれ
（たけのこ）まだめがでないよ

（オニ）たけのこにほんおくれ
（たけのこ）まだめがでないよ
（オニ）たけのこさんぼんおくれ
（たけのこ）まだめがでないよ

（オニ）たけのこよんほんおくれ
（たけのこ）もうめがでたよ

（オニ）にほんぬけたー

2）ふれあい遊び

指導計画の例〈4歳児　ふれあい遊び〉

○月　○日（　）		4歳児　計20名	
実習生氏名	○○　○○○	指導担当者名	○○　○○○
主な活動	• 手遊び「パンやさんにおかいもの」をする。		
子どもの姿	• 友だちと一緒に遊ぶ中で自分の気持ちを話したり，相手の気持ちを少しづつ聞こうとする姿が見られるようになっている。		
ねらい	• 皆と一緒に歌ったり，触れ合ったりして気持ちを共有することを体験する。 • 身近な生活の中で使用する言葉を知り，表現することを楽しむ。		
内容	• 「パン屋さんにお買い物」に合わせて他児とふれあい遊びとして楽しむ。 • 友だちとコミュニケーションを取りながら，一緒に手遊びを楽しむ。		
準備物	• ペープサート（導入として使用するので他の手段で行う際は準備しなくてもよい）		

時間	環境構成	予想される子どもの活動	保育者としての援助と留意点	
10：00	○…実習生 ×…子ども	• 排泄から戻り，身支度の整った子どもから実習生の周りに集まってくる。	• 全員が揃うまで，他の手遊びやじゃんけんをするなど子どもの興味ひきだせるように誘う。	
10：05	• ペープサート	• すぐに身支度を済ませ集まってくる子どももいれば，準備に時間のかかる子どももいる。 • 「○○〜」「△△〜」と言いクイズに参加する。	• 徐々に集まってくる子どもと触れ合いながら，準備に時間のかかっている子どもに焦らなくてもよいことを伝え，配慮する。 • 「今からクイズをするね」と言って，パンのペープサートを見せクイズを行う。 • 「今日は皆とパン屋さんの手遊びをしたいな。パン屋さんにはどんなパンが売ってるかな」と問いかけ，今から始まる活動に期待がもてるようにする。	身支度に時間がかかってしまう子どもがいる際は，他の手遊びやジャンケンなど先に集まった子どもが飽きないよう配慮する。同時に時間がかかっている子どもにも楽しいことが始まることを伝え意識できるようにする。
	• ふれあい遊び「パンやさんにおかいもの」 2人組になるようにする	• 実習生に合わせて手遊びをする。 • 手遊びをしない子どももいる。 • 実習生の話を聞き，友だちを探し2人組になって向き合う。 • 友だちと笑顔で一緒にふれあい遊びを楽しむ。	• 子どもの状況に合わせて速さを調整しながら手遊びを行う。 • 無理強いはせず，温かく見守る。 • 「次は2人組でしてみよう」と1人から2人で向き合ってすることを伝える。 • 子どもたちの中の1人と実習生とで2人組になり，見本を見せる。 • クラス全員が2人組になっていることを確認してから手遊びを始める。	手遊びをしていないから楽しんでいないわけではない。リズムを体で感じている子どももいるので，見極めが必要。 クラスの中から1人手伝ってもらい見本を見せることで子どもたちにも視覚的に伝わりやすい。

		● 歌に合わせて他児と向き合って行う子どももいれば，"お互いに向き合う"ことへの意味が分からず戸惑う子どももいる。	● 子どもたちに分かりやすいように最初はゆっくり行う。サンドイッチ，メロンパン，ねじりドーナツなどの歌詞に合わせて相手の目や鼻や耳に触れ，1番と2番で役割を交替する。その際，子どもの様子を見ながら遊びを進めていく。	ゆっくりと大きな身振りでするようにしていくことで戸惑いがなくなるように配慮する。
		● 実習生の声かけで他の友だちを探す。 ● すぐに他の友だちと2人組になり嬉しそうにしている子どももいれば，特定の友だちと2人組になりたい子どももいる。 ● 友だちと楽しんで活動に参加する。	● 「次は他の友だちと2人組になりましょう」と子どもたちに伝える。 ● 特定の友だちの2人組を好む子どもは，一緒にしたかったことに共感しながらも他にも友だちがいることを伝えていく。 ● 慣れてきたら少し速くしたり，お互いに同時に動作しあうなど変化をつけて楽しめるようにする。 ● 子どもの反応や状況を見ながら，満足感が得られるようにする。自分たちで考えたパンを使って遊んでみるのもよい。	気の合う友だちとずっと活動を一緒にしたい気持ちに共感しながらも，ねらいとは異なるので，2人組作りに時間を取られすぎないようにしていく。
		● 実習生の周りに集まり話を聞く。 ● 自分の楽しかったことを伝え，友だちの話しも聞く。	● 子どもたち同士がふれあって楽しんでいた姿を話し，改めて皆と一緒に遊ぶことの楽しさを分かち合う。 ● 子どもの声に耳を傾け共感し，「次にやってみようね」など次回へ期待感をもって活動に参加できるようにして終了する。	自分の思いをスラスラと言葉にして伝えることが難しい子どもも「友だちと一緒に色々なパンを作って楽しかったね」など実習生が代弁してあげることで楽しかったことを確認できる。日頃から自分の思いを伝える機会を設けることが大切。

＜パンやさんにおかいもの＞

①パンパンパンやさんに　おかいもの
2人組で向き合い，リズムよく互いの手を合わせる

②サンドイッチに
一方が相手の両頬を両手ではさむ

③メロンパン
相手の両目を「あかんべー」する

④ねじりドーナツ
相手の鼻の頭をつまんでねじる

⑤パンのみみ
相手の両耳をひっぱる

⑥チョコパンふたつ　くださいな
手を叩いた後，両手を相手にさし出す

3）言葉遊び

　日頃からすぐに取り組める言葉遊びの一例を紹介する。これらの活動は，好きな遊びをしているときや，通園バスの中，午睡の前後など，ちょっとした時間を使って楽しむと，子どもたちだけでもできるようになる。

言葉遊び〈しりとり〉

主な活動	• しりとりをする。
ねらい	• 多くの言葉に触れ，興味関心を持ち，頭文字や末尾の音節に気づく。 • 何度も繰り返しながら，ルールを理解し言葉遊びを楽しむ。
内容	• 順番にしりとりをし，語彙や言葉の感覚を豊かにする。
環境づくり	• しりとりに関する絵本を読み，ルールを理解する。 • 日頃から頭文字集め（「あ」から始まる言葉を見つける）を保育の中に取り入れておく。
遊び方	• 前の人が言った単語の最後の文字から始まる単語を順番に言い合う。 • 最初は保育者と子どもたちが交互に言い合い，しりとりのルールを体感する。 • 人数は多くても少なくてもよいが，輪になり行うと子どもたちにも順番が分かりやすい。
援助の ポイント	• しりとりに関してはさまざまなルールがあるが，「ん」で終わらないようにすること以外はよしとすれば年少児からでも始めやすい。（その後1度言った単語は言わないようにするなど，子どもたちとルールを作っていくとよい） • 順番が回ってきても頭に浮かばない子どももいる。「しりとり」に参加したいという子どもの気持ちを尊重し，保育者がなぞなぞ形式のように遊び始めると楽しく参加することができる。 • 通園バスの中やバスを待っている時，遠足に行く道中など場所も選ばすにどこでも始められる。

アレンジ①"テーマしりとり"

　例えば動物や虫・食べ物などテーマを決めてそのテーマに関することだけでしりとりをする。

アレンジ②"おはなししりとり"

　文章でしりとりをしていく。例えば，お腹がすいた→たこ焼きを食べたい→芋ほりに行った→…など。子どもたちと会話をしながらしりとりを楽しむ。

アレンジ③"2文字とり"

　単語の後ろから2文字分をしりとりをする。例えば，やきいも→いもむし→むしかご…など。

アレンジ④"絵しりとり"

　しりとりを絵に描く。途中で何を描いているかは言わず，描き終わってから答え合わせする。

異年齢でのしりとりでは，わかった答えを年下の子に教えてあげている年長児

言葉遊び〈回文遊び〉

主な活動	・回文遊びをする。
ねらい	・上から読んだり下から読んだりしながら，言葉のおもしろさを知る。 ・回文を考えることで発想力を豊かにする。
内容	・回文の仕組みを知ることで，たくさんの言葉を考え語彙力を身につける。 ・回文を通して言葉遊びを楽しむ。
環境づくり	・回文に関する絵本や文章を子どもたちに紹介して言葉のおもしろさに気づけるようにする。 ・絵本は自由に見られるようにしておき，子どもたちが新しい回文を考えられるようにする。
遊び方	・保育者と一緒に回文を声に出して読み，言葉のおもしろさや不思議さを共感する。 ・慣れ始めたら，子どもたちと回文作りをし，発想力や想像力がふくらむように援助する。
援助のポイント	・興味のある子どもたちと一緒に回文を考えることで，言葉に対する感覚が豊かになるようにする。 ・子どもたちが考えた回文を認め，クラス全体で発表できるように環境を整える。 ・回文を作ることで，たくさんの言葉に触れる機会を設ける。

〈回文の例〉

トマト、やおや、しんぶんし、たけやぶやけた、うた歌う、イカとカイ…など

乳幼児期の子どもたちは急速に成長する。言葉に関しても語彙数はもちろん，音の響きやおもしろさなどを保育者や友だちとのかかわりによって獲得する。時には言葉の使い方を間違って覚えていることもあるが，間違いを指摘するのではなく正しい言葉の使い方で返し，耳から覚えていけるように配慮することが大切である。

　今回は言葉を楽しむ活動としていくつか紹介したが，実際はさらに多様な遊びが展開されている。豊かな言葉が生まれるには子どもには豊かな生活体験，つまり遊びが必要であり，保育者には言葉に対する感受性や知識などが求められる。充実した遊びを深めていけるよう日々の子どもたちのすがたを大切にして援助できるようにしたいものである。

手遊びを楽しむ０歳児（保育者手作り作品）

【参考文献】
太田光洋編著『保育・教育ネオシリーズ20　保育内容・言葉　第三版』同文書院, 2018
財団法人幼少年教育研究所『新版　遊びの指導』同文書院, 2012
内藤知美・新井美保子編著『保育内容言葉』建帛社, 2018
大豆生田啓友・佐藤浩代編著『言葉の指導法』玉川大学出版部, 2019
岸井慶子監修『3つのカベをのりこえる！保育実習リアルガイド』学研, 2017

領域「言葉」における教材研究と指導法2
創造や表現を楽しむ

学びのポイント

● 演劇や人形劇を鑑賞したりつくったりする活動と，領域「言葉」の結びつきを理解する。

● 演劇・人形劇の鑑賞と創作における保育者のかかわりや注意点などを学ぶ。

● ごっこ遊びと劇遊びの内容を理解して，教材としての価値を知る。

● 園や地域独自の文化的な活動体験の意味について考える。

● 実践例を通して指導計画の立案について学び，模擬保育を行う。

1 見たりつくったりを楽しむ　人形劇，シアターなど

　保育現場において言葉に対する感覚や言葉で表現する力を養うなどの領域「言葉」のねらいを効果的に達成するために，多くの教材が研究・開発されている。その代表的な例は，絵本や紙芝居，ペープサートなどである。他にも言葉に身体の要素を加えた演劇や人形劇などの教材などがある。子どもに個性があるのと同じく，言語的教材にも多様な特色がある。その一つ一つを理解することで，子どもの成長や発達に合わせて適切な選択ができるようになる。そのため，それらのもつ価値を探求し続けることは，子どもと保育，そして子どもと言葉を考える上で重要な姿勢となる。

　本節では次の2つの観点から考える。一つは，子どもがおとなの劇作品や人形劇を鑑賞する活動，言い換えれば，子どものためにおとなが劇作品や人形劇を提供する活動である。もう一つは，子ども自らが人形を使って遊ぶことや，何かになりきって遊んだ結果を作品としてまとめ，保護者などに披露する劇的活動である。領域「言葉」と，子どもが演劇や人形劇を見たりつくったりする活動は，どう結びつくのか。そして，その活動を支援する保育者にはどのような役割が求められるのかについて，本節では考えていくことにする。

1）子どもが演劇や人形劇を鑑賞する体験

　子どもは演劇を鑑賞すると，その想像力がかき立てられる。そして，そこで得たイメージを保育者や友だちに言葉として伝えて，共感してもらおうとする。舞台上にいる登場人物は，演じ手が役を演じているのだが，子どもは役の人物が本当にい

るように感じ，自分もその想像世界の登場人物の1人のつもりで鑑賞する。子ども
は，主体的に想像力を使って，目の前の状況を現実であるかのように捉える。劇
というイメージの場に対して，子どもは受動的でなく能動的にかかわるのである。

①言葉に対する教材としての価値

　演劇鑑賞は，子どもに自分独自の言葉を発する機会をもたらす。子どもは眼前
に広がる想像の世界に全身を投入して鑑賞するため，思ったことや感じたことを，
即座に言葉にせずにはいられない。子どもの心は，客席に座っていても，大きく
揺れ動いているのである。

　なかでも子どもにとっては，あたかも生きているように人形が語り，行動して
くれる人形劇の方が親近感を持ちやすい場合が多い。人形は生身の人間よりも可
愛らしくて小さい，愛すべき存在である。人形であれば空中を跳びまわることが
でき，一瞬でその姿を消して，変化させることもできる。子どもにとって人形劇
は，スペクタクルの要素も含む親しみやすい劇といえる。

　一方，生身の人間が行う演劇ならではの特色もある。それは，演劇で発せられ
る言葉は，耳で聞く音声情報としての言葉（バーバル）であるとともに，目で見
る非言語としての表現（ノンバーバル）でもあるということである。非言語とし
ての表現とは，大きく分けて2つに分けることができる。

《人形劇の例》　　　　　　　　　　　　　　　　《非言語的要素を含む演劇表現》

複数人数で人形を操る劇　　　　　靴下人形を用いた劇　　　　　移動を制限して表情などで見せる劇

　一つは，ボディ・ランゲージと呼ばれる身振り手振り，ジェスチャーなどの身
体動作である。たとえば目を細めたり，眉毛を上げたり，口元をすぼめたりする
顔の表情や，腕組みや足組み，身を乗り出したりする身体の姿勢などが挙げられ
る。「目は口ほどにものを言う」という諺もあるが，我々は身体を使って，コミュ
ニケーションを豊かにするのである。

　もう一つは，言葉の"間"やテンポなどのパラ・ランゲージ[*1]と呼ばれる要素
である。たとえば，レストランで自分の好物が目の前に運ばれてきた瞬間，「やっ
たー」と語尾の高さが上がり，伸ばす言い方になってしまう時などに現れる。言

*1 言葉の意味を強めた
り弱めたり，別の意味を
もたらしたりする，言葉
に付随する動作や態度を
さす。

138

葉を発する際の高低などの声の音程，イントネーション，アクセント，息漏れなどの発音や，声の調子などをさす[*1]。舞台上で発せられる表現は，意識的に非言語な要素が含まれる。そのため，子どもは初めて聞く言葉であってもボディ・ランゲージとパラ・ランゲージが含まれるため，本当は知らないはずの言葉の意味も感じとり，理解することができるのである。

②保育者のかかわり

　子どもが言葉の奥深さを感じたり，言葉への親しみをもったり，言葉とかかわって展開するさまざまな要素を含む表現の豊かさを味わったりするという観点から，保育者として子どもたちが劇を鑑賞する機会をつくることは大切である。その際に保育者に求められるのは作品を選ぶ眼であろう。子どもがイメージしやすい作品，想像しやすい作品を見極めるには，保育者自身が観劇の機会を多くもち，感覚・感情的に判断できるみずみずしい感性を保つことが重要である。作品の判断基準は，保育者自身の価値観に頼ることになるが，子どもには子どもの感性がある。保育者が適切と判断しても，子どもたちの興味・関心と一致するとは限らない。作品が子どもに適するかを見極めることが重要である。

　子どもは，演劇の世界に魅せられ，眼前の想像世界に入り込み，言葉や動きで反応する。保育者としては鑑賞の際には周りに配慮して静かに集中して見るよう注意を促したくなるが，それは言葉の発達から考えるとあまり適切とはいえない。なぜならば子どもが劇に引き込まれ集中していれば，不必要に騒ぐようなことはないし，鑑賞時にあふれ出る感情そして言葉を出さないように抑えることは，子どもの感受性の育ちや，主体的な言葉を発する機会を奪うことになるからである。

　そして，子どもは鑑賞を十分に楽しんだ後，今度は鑑賞した世界の中で自分自身が遊びたくなる。演じ手の所作の真似や，劇中のセリフを言ってみたくなる。保育者は鑑賞の機会を設けるのであれば，一面的に終わらせるのでなく，その次の活動までも意識して，子どもが自分なりの言葉を主体的に発する機会を連続的に設けることも重要であろう。子どもが言葉を発したいという気持ちになったら，すぐにそのまま発せられる機会があることが，言葉の成長・発達を促す意味で大切と考えられる。

2）子どもが演劇や人形劇を創作し発表する体験

　子どもが，自分たちの遊びを他の誰かにも見てもらいたくなれば，自分たちで場所や日時を決め，人集めのチケットも自分たちでつくって観客を集め演じて遊ぶこともできる。さらに保護者などを招いて演じることもある。幼稚園教育要領などに記される「自分のイメージを動きや言葉などで表現したり，演じて遊んだ

＊1 太宰久夫「表現活動における言葉」改訂・保育士養成講座編纂委員会編『保育士養成講座第10巻 保育実習』全国社会福祉協議会，2009，p.196-198

りするなどの楽しさを味わう」[*1][*2] 劇的活動とは，そのような子どもの自発的な活動，主体性のある活動をさしている。

　しかし，改まった場において子どもが観客に遊びを披露することは，実際のところ，簡単ではない。それは，見られているという意識が緊張を誘発し，普段とは違う状態を生みだすからである。ただし，そのような困難を伴う発表活動であっても，自分たちで主体的に取り組むことのできる仲間関係が構築されていれば挑戦できる。保育者に支えられながら，仲間と共感の喜びを一緒に味わったり，最後までつくり上げた満足感や達成感を分かち合ったりすることができる。

①演じて遊ぶ体験とは

　ロジェ・カイヨワは，演じて遊ぶ体験について「人が，自分を自分以外の何者かであると信じたり，自分に信じこませたり，あるいは他人に信じさせたりして遊ぶ，という事実にこれはもとづいている。その人格を一時的に忘れ，偽装し，捨て去り，別の人格をよそおう」[*3] と述べている。つまり，現実ではない想像世界ということを理解しながら，それを信じて，別の誰かになりきって言動を楽しむことが演じて遊ぶ体験といえる。

　もちろん，子どもの中には，自らの身体ではなくて，その気持ちを人形に投影し，人形で演じて遊ぶことを好む者もいる。また，人形に自分を投影して演じて遊ぶことは，身体を使う遊びよりも動的ではなく，どちらかといえば，内向的な印象をもたれるかもしれない。しかし，そのどちらが良いということではなく，種類そして好みの違いにすぎない。子どもは，さまざまな状況を想定しながら，人形で投影的に演じて遊ぶのである。

②子どもとの劇づくりとは

　園で子どもたちが演じて遊んだ成果を，保護者などに劇として見せる機会として生活発表会や遊戯会がある。そこでは「劇ごっこ」や「げき」などの名称で呼ばれるが，発表の内容や成果を評価の対象とするのではなく，その過程で表現意欲や関心を育むことに主眼をおく劇的活動である。

《人形遊びのなかで何かになりきって遊ぶ》《発表会や遊戯会で上演される劇》

＊1 文部科学省「幼稚園教育要領」2017，第2章 ねらい及び内容 表現 2内容

＊2 厚生労働省「保育所保育指針」2017，第2章 保育の内容 3 3歳以上児の保育に関するねらい及び内容 （2）ねらい及び内容 オ表現

＊3 カイヨワ著・多田道太郎訳・塚崎幹夫訳『遊びと人間』講談社学術文庫，1990，p.55

「演劇」とは，飯塚友一郎によれば，行動する主体である「演じ手」，その行動の根拠が定められた「戯曲（台本）」，そして，演じ手の働きかけの対象としての「観客」を含むものである[*1]。この定義をふまえて，観客（保護者）に対する劇作品の創作方法を整理すれば，大きく分けて2つのやり方がある。一つ目は，既存の台本を活用するやり方である。二つ目は台本を自分たちで準備するやり方である。

既存の台本を活用するやり方とは，台本の内容や演出方法は基本的に完成されている。人数や園の広さの違いで部分的に修正する必要はあるが，手本となる本番の映像もあり，創作の方向性で迷うことは少ない。また，結果的に観客が見やすい作品としても仕上がりやすい。ただし，子どもの気持ちが伴わずに作品化される懸念もある。

一方，自分たちで台本を準備するやり方とは，子どもや保育者がアイディアを話し合って自分たちで台本をつくる活動である。絵本や昔話などを土台にしたり，自分たちの体験や，調査事項をまとめたりして台本化する。一つの話でつくることが基本であるが，子どもたちが取り組みたい，いくつかの話を合体させる場合もある。もちろん，結果として観客に伝わりやすい，ストーリーの辻褄が合う作品にはなりづらいが，一方でその過程の中での台本づくりを通して，仲間と対話する機会が生まれる。また，劇づくりの最中にも，自分の意見が通らずにやる気をなくすことなどもあるかもしれないが，創意工夫を凝らし，時には妥協もしながら，そうした苦難を乗り越え，責任をもって最後までやり遂げる機会にもなる。子どもたちのやりがいは，自分たちで台本を準備する方が強くなると考えられる。ただし，創作の方向性は，二転三転して定まりづらく，保育者に求められる役割は大きい。保護者から作品が低い評価を受けて子どもの自信が失われる可能性もある。保護者に対する趣旨の説明など，導く側の工夫が一層求められる。

③子どもとの人形劇づくりとは

人形劇とは，劇中の登場人物を人形で表現する劇的活動である。擬人化された人形を用いて物語を展開するため，現実っぽさを感じさせずに想像世界に誘う。

人形の種類として，ギニョール（手使い，指使い人形），マリオネット（糸操り人形），棒使い人形などがある。既成の人形が保育室にあれば，その活用も悪くはないが，たいていの既製品は子どもにとって重すぎる。人形は子どもでも簡単につくることができるため，自作した人形で遊ぶのもおもしろい。最初は頭だけの人形でもいいし，人差し指で動かす小さな人形でもよい。また，身近にある手袋や靴下[*2]，紙コップやデパートの紙バックでもつくることができる[*3]。

＊1 飯塚友一郎「演劇」『演劇百科大事典　第1巻』平凡社, 1960, p.353

＊2 真宮美奈子『ビジュアル版・プロ保育者へのステップ2　つくって遊ぼう布おもちゃ－子どもとのコミュニケーションのために－』明治図書出版, 2000

＊3 小林由利子「人形遊び」『演習　児童文化』萌文書林, 2010, p.118-119

《靴下人形を自作して遊ぶ》

　人形づくりや操作に対して，技術や技巧的な面を無理に求める必要はない。人形遊びをしていく中で，誰かに見せたいという欲求が生まれたら，発表コーナーをつくって子ども同士で見せ合うミニ発表会などを設けるのも楽しい。

④言葉に対する教材としての価値

　劇的活動を通して言葉の理解を促し，より豊かにするという考えは，古くから存在する。たとえば，『世界図絵』という絵入り教科書を考案したことでも有名なコメニウスは，その著『遊戯学校』において，「単に読んだり聞いたりしたものよりも，演技によって生き生きと表現する方が，どんな記憶するべき事柄でも，容易に記憶力に刻み付けられるようになる，という状態が生じる。多くの行，文章，まるまる一冊の書物でさえも，このようにして次々と覚えさせる方が，ばらばらに分けて，少ないものを覚えさせるよりも，容易なのである」[*1]とその有効性を述べる。OECD教育研究革新センターも劇的活動の言語学習に対する効果について「授業で演劇の訓練をすることは，読解力や物語の理解といった幅広い言語能力を高めるという，明確な因果関係を示すエビデンスがある」[*2]と説明する。

　その理由として考えられるのは，先に述べたように，劇的活動の中で発せられる言葉は，耳で聞く音声情報としての言葉（バーバル）とともに，目で見る非言語として表現（ノンバーバル）を伴うからだろう。文字情報だけで文脈を理解することが難しくても，劇での多様な表現が作品全体の雰囲気や文脈理解を助けることは容易に想像される。たとえば，「おはよう」という短い言葉でも，嬉しくてたまらない時の「おはよう」と，悲しい表情を浮かべながらため息混じりに発する「おはよう」では，聞き手側の印象は全く違ってくる。誰かになってその人の言葉を発する際に，自分の身体を通すことで，他者の言葉であっても自らの気持ちや感情を付随することは可能である。

⑤保育者のかかわり

　演じて遊ぶ体験は，日常で自分が使う声と身体で行う原始的な行為であり，誰でもできるものである。ただし，皆でその楽しさを共有するには，一人ひとりの想像世界や役のイメージを共有して一つに揃える必要がある。保育者になるため

＊1 北詰裕子『コメニウスの世界観と教育思想―17世紀における事物・言葉・書物』勁草書房，2015，p.168

＊2 OECD教育研究革新センター編著「第5章 演劇教育の認知的成果」『アートの教育学』明石書店，2016，p.197

には表現技術に磨きをかけること，新しい表現技法の習得も大事な使命といえるが，むしろ子どもと同じ世界を共有できる感性や想像力のみずみずしさ，その楽しみを広げる環境の構成，そして，自らが子どもにとっての憧れの人的環境となることも大事である。逆説的にいえば，保育者の声が小さくて言葉の語彙が少なかったら，子どもの表現にどのような影響があるだろうか。保育者が，いつも無表情で感動を表に出さなければ，子どもには何が伝わるだろうか。保育者が発する言葉は，子どもの中にそのまま入り，子ども自身の言葉になる[*1]。保育者の表情や表現も，そのまま子ども自身のものとなる。子どもにとって保育者は絶対的な人的環境であり，その一挙手一投足を子どもは全身全霊で見つめているのである。

　保育者には，子どもの表現を受け止めるという重要な役割もある。子どもの何気ないつぶやき，ささやきなどの自己表現も聞き取り，共感する姿勢が重要である[*2]。なぜならば，その瞬間は，子どもの奥底にある実際の気持ちや思い，願いが言葉として表に現れる時だからである。

　「行事そのものを目的化して，幼稚園生活に行事を過度に取り入れたり，結果やできばえに過重な期待をしたりすることは，幼児の負担になるばかりでなく，ときには幼稚園生活の楽しさが失われる」[*3]という警鐘は肝に銘じておきたい。子ども自身が完成形にこだわりたいのであればよいが，保育者が子どもの作品の出来や見栄えにこだわりをもちすぎると，表現技術を教え込む訓練と化す。もちろん，それによって子どものテクニックは磨かれて上達していくかもしれない。しかし，演じて遊ぶという大前提からは遠ざかり，自己表現の要素が失われた表現活動となってしまう。気をつけねばならないのは，言葉を理解させるために表現活動があるのではなく，子どもが言葉を発したい，皆と話したいと思う豊かな心を育むために表現活動があるのである。心が動くからこそ，言葉が発せられる。心の成長や感性の涵養なしに言葉の発達は促されないのである。

[*1] 第1章p.3ならびに本章p.157の「内言化」を参照。

[*2] 太宰久夫「表現活動における言葉」改訂・保育士養成講座編纂委員会（編）『保育士養成講座 第10巻 保育実習』全国社会福祉協議会，2009，p.178-179

[*3] 文部科学省「幼稚園教育要領解説」2018，第4節 指導計画の作成と幼児理解に基づいた評価　3 指導計画の作成上の留意事項（5）行事の指導

2　ごっこや演じることを楽しむ　劇遊び

　言葉に頼らずとも，子どもは自分の気持ちを周りに伝えることができる。それは，言葉の前段階である音声，そして，身振りや手振りなどを使いこなすからである[*4]。やがて，確実に思いを伝えたいという欲求が生まれ，記号化された社会的手段である言葉に対する興味や関心が湧く。子どもはおとなの発する言葉を見聞きし，それを遊びの中で見よう見まねで使う。その最たる機会は，身近な事象を模倣して楽しむごっこ遊びである。その中で子どもは自分のもつ知識や能力を総動員する。遊びながら，いつの間にか言葉を身につけるのである。

　友人関係が広がると，1人で行われるごっこ遊びは，2人で，そしてより多く

[*4] 菱沼太郎「劇あそびをこうとらえる」『劇あそびのすすめ方と指導の要領』日本児童福祉協会，1987，p.20

の人数でも行われるようになる。人数が増えることで，それぞれのイメージを統一し，複数で共有することが図られる。そして，ごっこ遊びの中の行為を意味づける者や，原因と結果を流れで表現するストーリーを求める者も出てきて，組織的な遊びへと発展する。そして，保育者がかかわることで「劇遊び」といわれる演劇的な表現活動にも転化する[*1]。

＊1 保育で一般に用いられる「劇ごっこ」「劇遊び」「劇」などの表現は必ずしも一定ではない。本書での定義はp.147表9－1を参照。

　ごっこは，子どもたちの自己目的的な遊びである。そのため，形を変えながら飽きることなく，いつまでも展開し続ける。たとえば，ある幼稚園では何ヶ月もの間，男児中心に海賊ごっこが行われていた。そして，その核となる海賊船は，積み木などで毎日配置を換えながら新しくつくり変えられ続けていた。

《ある園での海賊船ごっこ》

遊びはじめ

2週間後，内部の配置が変わった海賊船

　一方，「劇遊び」といわれる活動は，おとながかかわることで始まり，発展し，集結する。たとえば，子どもがお手紙ごっこの中でやりとりを楽しんでいる最中に，郵便配達員に扮した保育者が登場する。そして，宛名のない小包があり，困っていることを子どもに伝え，荷物を託す。子どもたちの中でこの荷物は誰のものか，その中身は何か，中身を確認したいが自分たちへの贈り物ではないのに開封するのは問題なのではないかなどの対話が呼び起こされる。このようなきっかけによって，解決に向けた取り組みが始まるのである。

　本節では，劇的活動を「ごっこ遊び」「劇遊び」「劇」に区分して捉え，言葉とともに身体も活用する「ごっこ遊び」と「劇遊び」を中心に考えてみたい。

1）子どもがごっこを楽しむ体験

①ごっことは何か

　子どもは，自らの周りが発する音や言葉，動きの真似をする。なぜならば，子どもの気持ちは好奇心に満ちて，知りたくて，感じたくて観察するからである。アリストテレスは『詩学』の中で，「模倣（再現）することは，子供のころから人

間にそなわった自然な傾向である。」[1]と述べる。自らの感性に響くおもしろい音や動きを感知すると，表現衝動が子どもの中に生まれる。そして，その衝動のままに，特に子どもはそれを抑えるのが難しいため，反射的にその真似をしたり，その人になりきったりせずにはいられないのである。

*1 アリストテレス著, 松本仁助 岡道男訳『アリストテレス詩学・ホラーティウス詩論』岩波書店, 1997, p.27

《生活の中のごっこ遊び》　《模擬体験》

ハンドルで運転ごっこ

洗車ごっこ

ガソリンスタンドで洗車行為の体験

　いうまでもなく，状況の再現や誰かの特徴を真似るなどの模倣行為は，その見本となる対象があることが前提である。そして，目の前にその対象があるから再現できるのであるが，写真のように，目の前に見本や道具がない別の場所でも，代理のものを用いて模倣的に再現することができる。なぜかといえば，同様の体験を自分自身で行った経験や，それをじっくりと観察した経験に基づき，その動きや表情などが細部まで自分の中にイメージとして蓄積されているからである。裏を返せば，そこまでその対象を観察したのは，愛着や憧れなどの強いこだわりがあるからである。そのような蓄積があるからこそ，ふとしたきっかけで再現したくなるのであり，そして，実際にできるのである。

　ごっこの手段は，自分の声や言葉，そして手足，体全体である。それを駆使して，奏でたり，描いたり，踊ったり，語ったりする。つまり，ごっこは器楽演奏であり，造形制作であり，舞踊であり，朗読でもある。その特徴の一つは，声と身体による総合的な表現といえよう。ただし，ホイジンガ[2]が『ホモ・ルーデンス』の中で「子供が何かを表現することは，本物でないものを本物と考えて，見せかけの現実化をすることである。ものごとを形象化して，イメージのなかに思い浮かべたり，表現したりすることである」[3]と述べるように，イメージの世界における行為をしているという意識を保ちながら，現実世界の中でその行為をするという二重構造が，もう一つの特徴である。ごっこは，想像世界を扱ったものであり，事実ではないため，人によっては現実逃避や子ども騙しなどのマイナスの印象をもつかもしれない。しかし，好意的に解釈すれば，想像世界の側から現実世界と少し離れて客観的に見ることにつながる。現実世界で生きるためのエネ

*2 第2章p.18参照。

*3 ホイジンガ著, 高橋英夫訳『ホモ・ルーデンス』中央公論新社, 1973, p.45

ルギーは，想像世界を信じることで得られ，そして，それを信じるからこそ現実世界の未来を前向きに見据えることもできると考える。

②言葉に対する教材としての価値

1968（昭和43）年の「幼稚園教育指導書・一般編」においては，ごっこの教育的価値について「幼児が興味や関心のある人物や事象を模倣し，満足して遊んでいるうちに，心身のあらゆる方面についての発達が促され個人的，社会的な望ましい態度の基礎を身につけたり，簡単な社会のしくみや働きについても興味や関心をもち，幼児なりに理解する」[*1]経験として説明がある。特にごっこの中で，友だちと言葉のやりとりを役を通して行ったり，ごっこの中の出来事に関して感じたことを自身の言葉で友だちに伝えたりする経験を通して社会的な言葉を身につけていく。また，ごっこの中の即興性のあるやりとりは，思いがけない出来事を生む。その瞬間に，役としての言葉や自身としての言葉というよりも，これまで自身が使ったことのない思いがけない言葉が発せられることがある。ごっこには，自然と言葉の活用や習得を促すおもしろさがあるのである。

＊1『幼稚園教育指導書・一般編』フレーベル館，1968，p.119

③保育者のかかわり

保育者はごっこの世界に入ることができる。そして，その世界に入らずに見守ることもできる。ごっこの中で現される世界は，その人が感じていることが投影される世界である。それは，おとな主体の社会に対する子どもなりの見方や感じ方，そして興味や関心が反映される世界ともいえる。そのため，保育者がその世界の中で誰かになりきって入ることは簡単でない。それは，これまでの経験の中で培ったイメージと一致しづらいものであり，それを子どもと共有させるのは難しいと考えられるからである。ごっこが，子ども主体の活動であることを意識しながら，保育者は子どものイメージをつかみ，その一員となることが求められる。

ただし，保育者がごっこの世界へ没入するくらい熱を入れ込みすぎると，保育者としての支援が何も出来なくなる。その役割を果たすためには，冷静な目も必要である。保育者は，ごっこの世界に主観的に入って共感的に楽しむ熱い気持ちと，一方で，冷静にその世界を客観的姿勢で見守り，必要に応じた支援ができる余裕がほしいところである。

2）子どもが劇遊びを楽しむ体験

①劇遊びの特徴

子どもが演じて遊ぶ，ごっこが発展したものに「劇遊び」と呼ばれる劇活動がある。両者の共通点は，一人ひとりが，ごっこの世界を信じて，想像世界を楽しもうとする気持ちがなければ成立しないことが挙げられる。一方その違いとし

て,「劇遊び」には決まったストーリーがあり，必ず集団で行われる点や，保育者がかかわるという点が挙げられる。幼稚園教育要領などの公的なガイドラインの中にも「劇遊び」という用語は登場する。たとえば1948（昭和23）年に文部省（現・文部科学省）より出された「保育要領」には，幼児の楽しい経験の12項目の一つに「ごっこ遊び・劇遊び・人形芝居」が挙げられていた。そこでは「劇遊び」について，「幼児は童話を聞くとそれを遊びにしてみたいと考えるものである。たとえば，三匹の子ぶたの話を聞くと，これを直ちに遊びにする。大きい男の子はおおかみになり，小さい子はそれぞれ三匹の子ぶたになって，話で聞いた筋を興味深く再現しようとする」と説明されている[*1]。

「劇遊び」を「劇ごっこ」や「げき」と表記されるような，子どもが発表を目指す劇創作活動と同一視する人もいるかもしれないが，ここでは観客への発表を前提としない「一般的にストーリー性をもった，変身をともなう幼児が主体となって行う活動[*2]」と考える。「劇遊び」とは，子どもが知っている話や聞いた話の再現を即興的に行う，保育室などの日常の場で行われる劇的活動である。整理すると以下の表9−1になる。

*1 扇秋言編『幼稚園教育要領・保育所保育指針の変遷と幼保連携型認定こども園教育・保育要領の成立』萌文書林，2014, p.50

*2 小林由利子「幼児教育における『劇遊び』とその援助について」『児童育成研究』第11巻，1993, p.3

*3 佐野正之『教室にドラマを！』晩成書房，1981, p.20

*4 柴田詠子「幼児教育における「劇つくり」に関する基礎的研究(1)」『札幌大学女子短期大学部紀要』65号，2018, p.136

表9−1　子どもの劇的活動の比較[*3][*4]

	ごっこ遊び（模倣を楽しむ活動）	劇遊び（即興的な再現活動）	劇遊び（保育者の導きで即興的に行われる活動）	劇（発表を目指す劇創作）
目的	自分たちが楽しむ	自分たちが楽しむ		自分たちと観客が楽しむ
環境	日常の中で子どもが自由に選択	日常の中で再現場面の想像を支える物的環境		観客の想像を支える環境
ストーリー	必要ない	必要（子どもが知っている，興味のあるもの）	必要（部分的）。保育者と子どものかかわりでつくる	必要（最初から最後まで）
セリフ	暗記しない	暗記しない		繰り返し暗記
役	固定しない	固定しない		固定して練習
衣装・装置	必要ない	必要ない		必要
観客	必要ない	必要ない		必要
活動中の支援	必ずしも必要ではない	必ずしも必要ではない	必要	必ずしも必要ではない

出典）佐野（1981）及び柴田（2018）を参考に筆者作成

先に述べたが演劇は，「俳優」，「戯曲（台本）」，「観客」の3つの要素が含まれる活動である[*5]。一方，ごっこ遊びと「劇遊び」に，観客はおらず，台本も活用されない。俳優の役割を果たす子どもたちが，イメージの世界を共有し，誰かになりきって言葉を発したり，もしくは自分自身のままで，やりとりを楽しんだりす

*5 飯塚友一郎「演劇」『演劇百科大事典　第1巻』平凡社，1960, p.353

ることに主眼がおかれる。

　表で示した３つの活動の違いを，ノルウェーの昔話を絵本化した『**三びきのや
ぎのがらがらどん**[*1]』を例に説明する。まず，「劇」を行うには，登場人物である
３匹の山羊とトロルの配役を行い，固定化するだろう。そして，台本に基づいて
セリフや動きの確認を行いつつ，同時に彩りを加えるための衣装，お面，橋など
の制作も保育者の協力の下で行われることになろう。「劇」では，台本に基づいて，
ストーリーの立体的な再現が行われるのである。

　同様に，「劇遊び」もストーリーの立体的な再現が行われる。ただし，再現の目
的は，自分たちが楽しむことにある。「劇」のように観客に見せるための再現では
ないため，ストーリーの最初から最後まですべてしなくてもよい。ストーリーが
変わることもある。同じく，誰が何の役なのかを観客に示す衣装も着る必要がな
い。BGMや小道具，大道具や背景なども展開に必要なものだけを準備すればよ
い。配役も保育者がトロル兼ナレーターをやれば，子どもが好きな大中小の山羊
役を選択でき，全員で山羊役という展開もできる。そのストーリーも子どもが再
現したいと思う盛り上がる部分だけを抽出して，再現すればよいのである。

②子どもの主体性の重視

　演劇の台本は起承転結という流れで構成されている。『三びきのやぎのがらがら
どん』では，表９－２の通りである。

　「劇」の構成も起承転結の流れで構成される。そして，観客への説明のために
ストーリーの起承転結のすべてを提示する必要がある。一方，自分たちが楽しめ
ればよい「劇遊び」では，起承転結にこだわる必要はない。最もドラマティック
な「転」の場面を扱い，その醍醐味である対立や葛藤のを味わえばよいのである。

＊１『三びきのやぎのが
らがらどん』福音館書店，
1965
〈ストーリー〉小山羊が橋
を渡る際，怪物トロルと
出会い，自分が非力であ
ることを訴えてトロルか
ら許しを得て，橋を渡る。
そして次に中山羊が登場。
最後に大山羊がトロルを
退けて，３匹が無事に橋
を渡って空腹を満たし終
了する。第10章 p.177参
照。

表９－２　起承転結の整理

	場面の説明	『三びきのやぎのがらがらどん』での例
起	問題が生じた背景やきっかけが示唆される。	食糧不足に悩まされている山羊が旅に出ている。
承	その問題が明るみになり，その解決のために主人公が行動に出る。	食糧のある土地への唯一の手段である橋が，トロルの支配下にあることがわかり，小山羊が通過交渉のために向かう。
転	その問題の解決のための重大な決断を主人公が下す。	小山羊と中山羊の態度で油断し慢心したトロルに，自らを鼓舞し勇気を振り絞って，大山羊がトロルに奇襲する。
結	その問題が解決し，元の平穏な生活に再び戻る。	山羊たちが橋を渡って食糧を手に入れ満足する。

《転の場面を扱った劇遊び》

桃太郎と鬼の対立場面

猫を起こさないよう忍び足する場面

魔女の罠に触れずに通過する場面

　もちろん，「劇」でも山羊とトロルが対峙する緊張感の溢れる場面は再現される。ただし，その際に大山羊の攻撃によって，トロルが敗れるというストーリーは揺るがない。ストーリーを知らない初見の観客は，山羊が勝つことは知らないため，問題解決ができるかどうか，山羊に同化し自分事のようにその展開を緊張して楽しむことができる。一方，子どもたちは，その場面を何度も練習する。そのため，新鮮さは失われ，トロルという問題は絶対に解決できることがわかり，緊張感はなくなる。すなわち，初見の観客が感じるような，もしもトロルのような敵対者が目の前に現れ，自らの歩みを妨げる攻撃をしてきたならば，どう回避行動をとるかなどの想像的問いに子どもたちは興味を示さなくなるのである。

　一方，『三びきのやぎのがらがらどん』の「劇遊び」で言えば，物語の世界観を土台として行われる一方で，ストーリーやセリフ，動きを絵本のまま再現することにはこだわらない。子どもたちが"トロルと対峙する"という劇中の（想像上の）問題を自分事として受け止め，解決に向けて真剣に取り組むことを優先させるからである。実際にその物語の中で山羊がトロルを退けた解決策は，力であった。しかし，それ以外の解決行動を子どもたちが考え，実行することもできる。たとえば3匹ともが，トロルに対して向こう岸に渡りたい理由を説明して対話的解決を図る行動や，全員の所持金を集めてトロルに通行税を納めることで通行を認めてもらおうとする行動，その橋をあきらめて，他の道を探す行動などである。想像上の問題は多様なやり方で解決できるはずである。その選択を子どもたちに委ねるため，結果として物語のままに進まないことも起こるのである。

　結果をそのまま再現する「劇」には，憧れの衣装を着て役になりきり，その瞬間を観客とともに一体的に味わう楽しみがある。一方，「劇遊び」のように，結果自体を自分たちの手で生み出そうと知恵を絞り，大山羊のように怪物トロルに飛びかかる決断したら，勇気をもって実行してみるおもしろさも生み出せるのである。

③言葉に対する教材としての価値

　「劇遊び」では，発する言葉や行動を提示する台本は提供されない。そのため，

自分の中にある知識やこれまでの経験あるいは，お互いに知恵を出し合って折衷案を見いだし，即興的に言葉や行動を実行することになる。先に説明したように橋を占拠するトロルにその通行許可を依頼することになったら，その説明の概要は友人のアイディアを借りたとしても，結果的に自らの言葉でトロルの説得に挑戦することになる。「劇遊び」で行われる学びは，新たな言葉の獲得というよりも，体験を通じて自分の中にある言葉を他のイメージと結びつけて，言葉の意味を広げたり，自分の言葉として定着を促したりすることである。しかも，思い浮かぶイメージが一人ひとり異なる他者と協同的に行うことになる。そのため，対話が促進される結果，言葉に対してより幅広いイメージが結びつくのである。

④保育者のかかわり

　子どもは，現実のいかなる状況も見立てやふりを駆使して，思いのままに変えて捉えることができる。たとえ，目の前になくてもそこに在ると信じて，感じることもできる。劇的活動では，お互いのイメージを共有し，皆で行うことを大切にする。それは，他者とともに何かを行うことの煩わしさがあるとしても，その反面，喜びや充実感をともに分かち合うには他者が絶対に必要である。子どもの意欲を促すために見立てやすい積み木，机，椅子などの子どもの身近にあるものを象徴的に活用して，つくり事の想像世界と現実世界を融和させるような工夫を凝らす必要がある。それができるのは，保育者だけである。

　また，子どもが緊張し余裕のない状態では，想像世界を楽しもうという気持ちにはならない。その子にとっての生きた表現，生きた言葉が発せられるためには，日常的な雰囲気の中で劇的活動が行われる必要がある。皆があたたかく，失敗しても笑われたりしない，自分を安心して出せるような日常的なクラスの雰囲気が大切である。

　他方で「劇遊び」は，秩序や緊張感が保たれていなければ成立しない側面もある。個と集団，安心と緊張などのバランスを保つのも保育者に求められる役割である。

《劇遊びにおける保育者の役割》

「劇遊び」の世界へと誘う　　　　　進行役から敵対者に変身

主人公の行く手を阻む敵対者

　保育者は「劇遊び」の進行を担う。ただし，そのやり方は，ナレーターになるだけでなく，登場人物の立場で行う場合もある。たとえば，トロルなどの敵対者，母親とはぐれて泣いている子どもなどの困難者の役割である。それら多様な役割を場面に応じて切り替える。もう一つ，その始まりを担うのも保育者である。保育者が進行の際に果たすべき重要な役割は，子どもに対して劇的活動の中で解決を迫る問題を提供することである。これは先に述べたが，『三びきのやぎのがらがらどん』でいえば，橋を占拠するトロルという存在を子どもの想像世界を壊さない流れの中で登場させることをさす。恐ろしい怪物トロルという問題は子どもたちが率先しては起こりづらい。そして，子どもが劇遊びの問題解決のために行った表現行為，およびその選択過程を保育者は見守りながら，結果として解決してもよいか，子どもたちとやりとりしながら判断するのである。その際の判断要素は，たとえば子どもたちがトロルという課題を自分事として受け止めて解決のために全力を尽くしているか，1人の意見ではなくて皆で決めているか，空腹を満たしたいという山羊の願いを実感しているか，トロルとのやりとりが真摯な自己表現となっているかなどが挙げられる。もしも，子どもが真剣に受け止めていないと保育者が感じれば，やりとりの中で子どもたちに再考を促すのである。

　トロルとやりとりする際に，子どもの挑戦心を焚き付けたり，一方で，安心感を提供し，その心の支えになったりしながら，保育者は最愛のサポーター兼最大の妨害者になる。そのためには，子どもの世界の一員として場に入ることのできる同化的な想像力や，イメージを共有し楽しめる遊びごころを持ち続けることが求められる。一方で，場の状況を冷めた目で見つつ，子どもの世界を感じるために自らの情緒的安定が保たれていることも重要である。

　「劇遊び」は表現活動である。表現は本来，したいからするものである。それを活動として設定するのであれば，表すことありきではなく，まず，子どもの中にあるイメージを充実させることが先決であろう。語彙が豊かでない発達段階にある子どもが，ごっこ遊びや「劇遊び」を好むのは，「自身の内なるイメージを言語化するよりも先に全身体で表すことによって，体で言葉を奏でたいという欲求がある」[*1]からである。内なるイメージを豊かに活性化させ，全身体的表現を十分に体感することが，内なる言葉の力を育て，結果的に言葉への興味・関心を高め，言葉で表現する力を養うことにつながると考える。

＊1 太宰前掲書 p.211

【引用・参考文献】

改訂・保育士養成講座編纂委員会編『保育士養成講座 第10巻 保育実習』全国社会福祉協議会, 2009

文部科学省「幼稚園教育要領」2017

文部科学省「幼稚園教育要領解説」2018

厚生労働省「保育所保育指針」2017

ロジェ・カイヨワ, 多田道太郎・塚崎幹夫訳『遊びと人間』講談社学術文庫, 1990

早稲田大学演劇博物館編『演劇百科大事典　第1巻』平凡社, 1960

真宮美奈子『ビジュアル版・プロ保育者へのステップ2　つくって遊ぼう布おもちゃ−子どもとのコミュニケーションのために−』明治図書出版, 2000

小川清実編『演習児童文化：保育内容としての実践と展開』萌文書林, 2010

北詰裕子『コメニウスの世界観と教育思想―17世紀における事物・言葉・書物』勁草書房, 2015

OECD教育研究革新センター編著, 篠原康正他訳『アートの教育学』明石書店, 2016

菱沼太郎『劇あそびのすすめ方と指導の要領』日本児童福祉協会, 1987

アリストテレス, 松本仁助・岡道男訳『アリストテレース詩学・ホラーティウス詩論』岩波書店, 1997

ホイジンガ, 高橋英夫訳『ホモ・ルーデンス』中央公論新社, 1973

文部省『幼稚園教育指導書・一般編』フレーベル館, 1968

民秋言編『幼稚園教育要領・保育所保育指針の変遷と幼保連携型認定こども園教育・保育要領の成立』萌文書林, 2014

小林由利子「幼児教育における『劇遊び』とその援助について」『児童育成研究』第11巻, 1993

佐野正之『教室にドラマを！』晩成書房, 1981

柴田詠子「幼児教育における「劇つくり」に関する基礎的研究(1)」『札幌大学女子短期大学部紀要』65号, 2018

3　園や地域の文化的活動を楽しむ

　本章では，子どもたちの創造や表現について検討しているが，表現は必ずしも自由で即興的なものばかりではないことに注目しておきたい。また，体操やダンスなどのように表現活動は言葉を発しながら行われるものばかりではない。しかし，こうした表現にも言葉は重要な役割を果たしている。決まった型の中で表現する活動は，子どもの主体性といった観点からともすると否定的に捉えてしまうこともあるかもしれないが，必ずしもそうではない。

　たとえば，園や地域の文化として引き継がれてきた表現活動などは，子どもの生活と結びついたものであれば，意味あるものである。本節では，最初に園やその地域の特長や取り組みの保育の関係について考え，決まった型の中で表現する活動として，ある園での子どもたちによる「神楽」を手がかりにみていこう。

1）園や地域の特性を生かした保育

　子どもの自主性や主体性を大切にする保育という観点から考えると，決まった

形式で行われる活動について疑問を感じる人もいるかもしれない。確かに，幼稚園や保育所では，一人ひとりの子ども理解に基づき，それぞれの子どもの「良さ」に目を向け，個性を大切にする保育がめざされるようになってきている。一定の基準，一つの物差しで子どもを見るのではなく，それぞれの子どもの発達の違いに目を向け，子どもの内発的動機に支えられた遊びや活動を計画・実践していくことは，子どもの自信や自己肯定感を高めるためにも大切なことである。また，ここでいう「一人ひとりを大切にする保育」では，他者と切り離された「個」ではなく，仲間と結びつき，ともにかかわり育ちあおうとする協同する力を持った「個」を育てることが志向されている。

　しかし，こうした方向性は，子どもの主体性を育む「一つの保育のかたちをめざす」ものではない。むしろ，保育の基本的な方向は，子どもの個性を重視するだけでなく，それぞれの園の個性や特長を重視するものにつながる。たとえば，これまでも各園で行われているさまざまな行事も，それぞれの園の子どもたちの姿によって多様な内容や方法で進められる。特に，その結果よりも子どもにとっての経験のプロセスや質が重視される。各園には，その園のおかれている自然環境，歴史や文化的背景，地域との関係性などを含めて，保育内容を工夫する必要がある。たとえば，運動会を廃止する園も出てきているが，園の運動会が地域の方々を含む大切な行事として根づいている地域もあり，こうした地域にとっては子どもが暮らし，育つ環境として，運動会は欠かすことのできない重要な行事である。

　行事だけでなく，園のおかれている自然環境や社会的・文化的環境によっても保育には違いが生じる。たとえば，雪の多い地域もあれば，まったく降らない地域もある。子どもが30人の園もあれば，200人の園もある。さまざまな宗教を基盤とする園もある。このように，それぞれの園がおかれている自然や地域社会・文化的環境と子どもの姿に応じて，それぞれの保育が創造され，工夫されることが求められている。

2）特色ある取り組みを保育の中に位置づける

　前述したように，各園の置かれている自然や地域社会・文化的環境によって，特色ある取り組みが保育内容として展開することがあって良い。

　しかし，こうした取り組みは単発の行事として終わってしまうことが少なくないことに留意したい。問題なのは，このような特色ある取り組みが日常の子どもの生活や経験と結びつかないまま終わってしまうことである。こうした場合，その行事はその日だけの特別な活動になってしまったり，当日の出来映えにだけ目が向くようなものになってしまいがちである。保育者の意図が優先し，結果とし

て子どもに負担を強いるものになる。

　ここでいう「特色ある取り組み」というのは，その園がおかれている環境から創出されるその園にとって特別に意味のある取り組みである。そうであるなら，その取り組みは単発で終わるものではなく，その取り組みプロセスにおいて子どもに多様な経験や深い学びの機会を提供する質の高いものでなければならない。幼稚園教育要領には次のように記されている。

幼稚園教育要領　第1章　総則

第4　3 指導計画作成上の留意事項

(2) 幼児が様々な人やものとの関わりを通して多様な体験をし，心身の調和のとれた発達を促すようにしていくこと。その際，幼児の発達に即して主体的・対話的で深い学びが実現するようにするとともに心を動かされる体験が次の活動を生み出すことを考慮し，一つ一つの体験が相互に結び付き幼稚園生活が充実するようにすること。

(5) 行事の指導に当たっては幼稚園生活の自然の流れの中で生活に変化や潤いを与え，幼児が主体的に楽しく活動できるようにすること。なお，それぞれの行事についてはその教育的価値を十分検討し，適切なものを精選し，幼児の負担にならないようにすること。

　行事を含む保育の進め方が問題にされるのは，子どもにとっての主体的，対話的な学びになっていないからである。ここまで述べてきたような観点に立った保育内容の個性化は，今後の保育の大きな課題といえよう。

3) 神楽への取り組みと言葉の育ち

①園の紹介

　ここで紹介する園では，「沼楽（ぬまがく）」と呼ばれる五穀豊穣・悪疫退散を願った古くからこの地域（沼地区）に伝わる神楽に取り組んでいる[*1]。言上（ごんじょう），うちわ，太鼓，大鐘，鐘，笛の合計27名で構成され，年長の子どもたちが，春に沼八幡神社での奉納舞，秋に北九州空港にて北九州市の伝統文化紹介の一環として披露を行っている。年長児は，年に2回，沼学を舞う機会がある。

＊1 1958（昭和33）年に福岡県無形民俗文化財に指定されている。

《神社前での神楽の奉納》

②総合的な活動としての神楽

　神楽は，子どもたちが自由に振りを考えたりすることはできず，決まった舞や演奏を，集団で行うものである。前節でみた劇的活動（ごっこ遊び・劇遊び・劇）と比較して考えてみよう。

　前節でみてきた劇的活動は，子どもが興味や関心を持った役割やストーリーにもとづいて内容が改変されたり，工夫されたりする自由度の高い取り組みといえる。これらを詳細にみれば，ごっこ遊びや劇活動において，子どもは役割を受け入れたり（役割受容），役割にふさわしい振る舞い（役割行為）をしたり，他者との適切な役割関係を結んだりすることが求められる。

　こうした劇的活動に対して，神楽ではどうだろうか。神楽では，役割を選ぶことはできるが，その流れ（ストーリー），振りなどを変えることはできず，その決まった型の中で表現を洗練することが求められるなど，極めて自由度は低い。

　しかし，前節で子どもの「ごっこ」が「声と身体による総合的表現」であると述べられているのと同様に神楽もまた「曲と声，身体による総合的表現」ということができる。つまり，神楽は，子どもたちの特定の能力を育てることを目的とするのではなく，さまざまな力が総合的に育てられる経験として保育に位置づけることが求められる。子どもにとって無理がなく，必要感があり，他の経験と結びついて生活全体の流れの中に位置づけられるものにすることが肝要である。

《神社で遊ぶ，神社にお参りする》

③神楽を通して育つ力

　実際の神楽の取り組みを概観してみよう。子どもたちは，日頃から神社で遊んだり，神楽についての話を聞いたりする一方，年中時から年長児の演じる神楽の舞をみて，自分たちも徐々に全体の隊形や自分の立ち位置，神楽独特の足の運びを少しずつ覚えていく。年長になると，隊形や動きを確認しながら，徐々に鐘や太鼓をリズムにあわせて演奏しながら舞うようになる。

　ここでは，毎年春と秋に舞う特別な行事としての神楽ではなく，決して無理をさせることなく園生活の流れの中に位置づけられている。すなわち，神楽を奉納する神社は日頃の子どもたちの遊びの場であり，折に触れてお参りする場所でもある。子どもたちにとって神社は身近な環境であり，そこに奉納される神楽や衣装の意味について聞いたり，独特の振りや鐘や太鼓で奏でられるリズムを体験し，互いに見せ合ったりしながら，自分たちの舞を完成させていく。こうした取り組みのプロセスで，子どもたちは話し合ったり，気づいたことを伝え合うことで自分の動きを修正したりしながら，協働し，表現を洗練させていく。園のホームページ[*1]には神楽を通して次のような力が育てられると示されている。

＊1 資料・写真提供：学校法人川江学園お宮の里幼稚園 http://www.omiyanosato.ed.jp/

①演奏と舞いによるリズム感
②様々な動きによる身体の運動能力
③全体に合わせて場所を動くことで共感性，思考力
④仲間と一緒になって活動する楽しさ,達成感　　といった力を培います。
また，伝統的な地域文化にふれ，大勢の観客の前で舞うことで誇りと自信が持てるようになるとも考えています。

　神楽では演じている間，言葉が発せられることはない。決まった型の中での表現を豊かにするものはなんだろうか。それは，笛に合わせて頭から両手の指先，つま先の動きまで自分の身体を意識して振る舞う美しさやいっしょに舞う仲間との呼吸，一体感の喜びであろう。

《神楽の練習風景》

　こうした身体全体を意識した動きは，子ども自身の自分に向けられた内なる言葉（内言[*1]）によって支えられている。最初は神楽の足の運びなどを練習する際に保育者がかける言葉に合わせて身体の動きを合わせるが，そのかけ声が，子どもの中に取り込まれて自分で行動調整できようになる（次ページ図9－1）。この場面では，子どもにわかりやすいように，右足だけ靴を脱ぎ，左足は靴，右足は靴下で，「よこよこ，まわる」「くつ，トン，くつした，トン」など動かす足や行動を保育者のかけ声にあわせて舞の稽古をする。

＊1 第1章p.3参照。

《足の動きの練習》

　同様に，どうしたら一挙手一投足がきれいに見えるか，指先やつま先はどうかなど，お互いに見せ合ったり，保育者の言葉や話し合いで発せられた言葉（外言）を，それぞれの子どもが自分に向けた言葉として（内言化して）自分の振る舞いを改善していく。こうした内言の育ちが行動調整を促し，子どもの表現を洗練させていく。こうした言葉の育ちは，体操やダンス，盆踊りなど，保育の中で行われるさまざまな活動にも通じるものである。しかし，保育者自身が言葉や身体の動きを意識しなければ，子ども自身の力につなげることはできない。

　また，前述したことだけでなく，子どもたちが園生活を通して身につけた自分の意見や感じたことを話したり，聞いたり，伝え合い，話し合う力が，神楽への取り組みの過程でも発揮されるというように結びついており，神楽だけが切り離された活動ではないということに注目したい。日々の生活の中での遊びや活動で繰り返される体験が結びつくことによって，子どもの力は充実し，主体的で，対話的な学びが展開できるようになり，達成感を感じ，園生活も充実したものになることを心に留めておきたい。

④保育者の役割

　最後に，園や地域の特性を生かした活動における保育者の役割について整理しておこう。

a．活動の連続性や広がりについての展望と計画

　園における特色ある活動は，自然環境や歴史的・社会的環境などから当該の園にとって特別な意味がある活動である。このことから，特色ある活動につながる

図9-1　内言化による行動調整

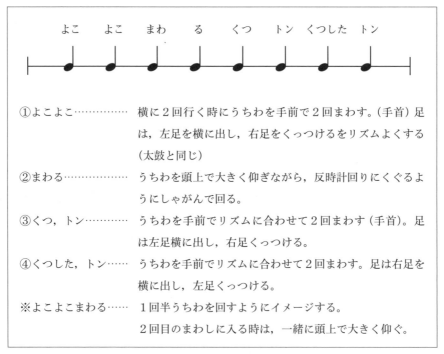

| よこ | よこ | まわ | る | くつ | トン | くつした | トン |

①よこよこ……………　横に2回行く時にうちわを手前で2回まわす。（手首）足は，左足を横に出し，右足をくっつけるをリズムよくする（太鼓と同じ）

②まわる………………　うちわを頭上で大きく仰ぎながら，反時計回りにくぐるようにしゃがんで回る。

③くつ，トン…………　うちわを手前でリズムに合わせて2回まわす（手首）。足は左足横に出し，右足くっつける。

④くつした，トン……　うちわを手前でリズムに合わせて2回まわす。足は右足を横に出し，左足くっつける。

※よこよこまわる……　1回半うちわを回すようにイメージする。
　　　　　　　　　　　2回目のまわしに入る時は，一緒に頭上で大きく仰ぐ。

図9-2　保育者による指導メモ

活動や広がる活動などを想定し，子どもの多様な体験と深い学び，そして達成感につながるように保育を構想し計画・実践していくことが求められる。その際に，子どもの経験や学びのプロセスを大切にしながら，地域社会の人びととの共有を図り，協同することを視野に入れておくことが必要である。

b．子どもの発達，子ども集団の育ちの見きわめ

　子どもの発達や，子ども集団の育ちを見きわめ，それぞれの子ども，子ども集団にふさわしい適度な期待を持って保育を計画・実践することを大切にしたい。特に，子どもたちとの話し合いなどでは，全体の意見を聞かず，一部の子どもの意見や姿に引っ張られてしまい，発言しない子どもの姿を看過してしまうこともあるので気をつけたい。子どもたちに対する適度な期待を持つことは，子どもたちにとって楽しく，達成感を感じられる取り組みにするためにも重要である。

c．意識的な言語化

　子どもにかける保育者の言葉は，子どもの行動を支えるだけでなく，子どもの感じ方（感性）や考え方（思考）の土台となるものであることから，意識して言葉を選び，子どもにわかりやすい言葉で表現したり，話したり，説明したりすることがとても大切である。保育者の言葉が，そのまま子どもの頭の中に入り，心や思考をかたちづくっていくものであると考えて言葉を使いたいものである。

　また，子どもに対する「支援」や「援助」については，「どのような支援（援助）なのか」具体的に考え，より適切な言葉で表現するようにしたい。援助や支援をより具体的に示した表現を表9-3に示したので参考にしてほしい。

表9-3　子どもへの支援や援助

「支援」や「援助」は具体的にどんなものがあるだろう		
□見守る	□一緒にみる	□提示する
□気づかせる	□やってみる	□問いかける
□話題にする	□きっかけを作る	□誘う
□促す	□はげます	□手伝う
□話を聞く	□確かめる	□気をつける
□目を配る	□様子をみる	□一緒に調べる
□一緒に楽しむ	□仲立ちする	□見ないふりをする
□変化を加える	□引き出す	□モデルを示す
□ヒントを示す	□気持ちを受け止める	□話す
□伝える	□相談する	□関心を広げる
□選ばせる	□代弁する	□驚いてみせる
□喜ぶ	□関心を示す	など

d. 子どもたちの対話促進

　子どもの言葉は，その発達とともに多くの人の影響を受けるようになる。そのため，次第に子どもたち同士の会話が増え，それも保育者がいない場での会話が増えていく。したがって，そうした子どもたちの成長を見通して，それ以前の保育者を含めた子ども同士での話し合いや対話の共通経験の蓄積が大切である。日常的な保育における子ども同士の対話を積み重ねていくことで，クラスや仲間同士での共通の価値が生まれ，それぞれが過ごしやすく，また自分の感情や考えを表現できる環境をつくっていくことができる。その意味で，言葉を通して理解し合い育ちあうクラスづくりや仲間づくりにつながる子どもたち同士のかかわりの要となる保育者の役割は重要である。

4　指導計画の立案（例）と模擬保育

　本節では，ロシアの昔話『おおきなかぶ』の絵本をもとに，劇遊びによる指導計画の立案と実践例を紹介する。劇遊びは絵本に描かれていない，いわば行間（各ページの間）を想像し，即興的にそれを共有し，演じるものである。子どもの内なるイメージを豊かに活性させ，全身体表現を楽しむと同時に，参加者一人ひとりのイメージや発想の言語化へつながる劇遊びとして計画・実践した。

1）『おおきなかぶ』を活用した劇遊び　指導計画と概要

【概要】
①題材について

　『おおきなかぶ』は幼稚園・保育所等でも読みきかせや劇遊び，発表会の教材としても親しまれている。物語にはおじいさん，おばあさん，孫の人物に加え，犬，猫，ネズミといった動物達が登場する。多種多様な登場人物を増やすことが可能である。また，かぶを抜くという明確な目的，繰り返しの動きと言葉があり，子どもにも親しみやすく劇化しやすい絵本といえる。

おおきなかぶ

A・トルストイ再話，内田莉莎子訳，佐藤忠良画　福音館書店（1962）

②劇遊びの構成

　絵本『おおきなかぶ』の読みきかせによる導入。登場人物全員でかぶを抜くがどうしても抜けない，子ども達へ手伝ってくれないかという問いかけから物語への参加を促す展開。その中に設けられた障壁や挑戦する要素を，一人ひとりのア

イディアや全員の知恵を合わせて乗り越えるという流れである。

③指導上留意すること

- 子ども達が絵本や物語の内容に興味をもって見たり聞いたり，読みきかせに唱和したり，楽しい雰囲気で参加できるように配慮する。
- 保育者自身が積極的に劇遊びの一員となり，表現活動の楽しさを導き，子どもの意欲や表現したい気持ちを高める。
- 子どもの表現した言葉や動作を大切にし，それを受けとめ，そのことを友だちに知らせるようにする。
- 保育者は順序や手だてを十分に検討するが，子ども達に押しつけたり教えこんだりしない。その時々の子ども達の中に生まれたイメージやアイディアを捉え，発展させるよう留意する。

④実践経過（劇遊び『おおきなかぶ』の例）

　今回の模擬保育では，園児とそのきょうだい児，母親の数組が参加した。子どもの参加者の年齢は3〜9歳である。その指導は筆者が担当した。母親の1人が補助保育者となり，かぶ役を担当した。異年齢による劇遊び活動となったが，「おおきなかぶ」の単純明快な内容と動き，みんなで一緒にアイディアを出し合う展開で，どの年齢の子どもも十分に楽しめている様子だった。年齢が下の子は，アイディアや表現に対する刺激を上の子から受けるが，上の子も下の子からその刺激を受けていたようであった。

指導計画の例〈3歳児〜5歳児　劇遊び「おおきなかぶ」〉

○月　○日（　）		○歳児　○○組　10名（男児5人／女児5人）	
実習生氏名	○○　○○○	指導担当者名	○○　○○○
主な活動			
ねらい	・保育者や友だちの話をよく聞き，正しく伝える遊びを楽しむ中で，人の話を注意して聞く気持ちをもつようになる。 ・人の言葉や話などをよく聞き，自分の経験したことや考えたことを話す。 ・一人ひとりが表現する楽しさを知り，みんなで一緒に表現する喜び，楽しさを味わう		
内容	・お互いに思ったことや考えたことを言ったり，相手の話を聞いたりしながら友だちとの遊びを楽しむ。 ・保育者や友だちの話を注意して聞き，内容を理解する。 ・絵本や物語の内容に興味をもって見たり聞いたりし，想像する楽しさや言葉を豊かにする。		
準備物	・絵本『おおきなかぶ』 ・バンダナ（1人あたり1〜2枚） ・白の大判布（かぶに扮するために使用）		

時間	活動内容	教師の指導・援助ポイント	指導上の留意点
導入	①指導者の椅子の周りに参加者を座らせる ②絵本『おおきなかぶ』の読み聞かせを行う。登場人物全員でかぶをひっぱるところまでを読む。 ③物語への参加を促す〈抜けないので他の村人や動物達を呼ぶことにしました。一緒に手伝ってくれる？〉	●物語への導入。語りや絵本・紙芝居の読み聞かせや保育者による上演等などで物語の世界へ誘う。 ●この時点では保育者が主体的、子どもは受動的。	●声の参加から始め、自然に楽しく参加できるように促す（一緒にうんとこしょ、どっこいしょを言う等） ●問いかけたりしながら、参加したい気持ちを高める。 ●「動機や目的」（なぜ、何をするのか）をしっかり根付かせる。
展開	「参加」 ①村にいる人や生き物を想像しアイディアを出し合う。 ②なりたい役を決める。バンダナで変身。参加者同士の会話や動きのある交流の時間を設ける。また、かぶを抜くという一体感のある動き、安心して参加してもらう。	●即興的な表現あそびから始め、徐々にその世界に生きる人物としての気持ちや表現を深めていく。 ●保育者／自らが率先し表現を行うと同時に子どもの表現を引き出していく子ども／受動から発信へ。	●正解や不正解のない、一人ひとりが自由な表現を楽しむことで、安心して表現できる環境をつくる。場合によっては、先頭になり、掛け声や動きを率先して行う。 ●子ども達の動きは最初は周りを見ながらマネをしていてもよい。徐々に自分なりの表現に挑戦する様子が見られるか。
展開	③全員で並んで抜く動きを行うが、抜けない。参加者のアイディア・発想を生かした劇遊びへ展開する。 ④かぶ（おとな）を登場させることで、参加者の意欲を高める。かぶとのコミュニケーションを楽しむ。	●動きだけでは抜けないという「挑戦」が起こる。どうするか問いかけ、子どものアイディアを引き出すと同時に広げていく援助を行う。子ども達が物語の世界を主体的に捉え、全身体的に表現できるように働きかける。 ●保育者／状況に応じて調整を図る子ども／主体的	●子ども達からアイディアを引き出す。励ましたり、喜んだり、怖がったり、感情豊かに共有することで、子どもの想像力と意欲を高める。 ●一人ひとりが集中して取り組んでいるか。ハラハラ・どきどき・わくわくといった感情による緊張感が高まっているか。
まとめ	「達成」 ●全員で知恵や力を合わせることで、かぶを抜くことができる	●一人ひとりの表現、また全員の力を合わせることで物語が完結する。達成感、仲間との一体感	●最後の動きまで、力を合わせるように働きかける。かぶが抜けた喜びを高める言葉かけを行う。

2）「おおきなかぶ」を活用した劇遊び　【導入】【展開】【まとめ】

【導入】

①趣旨説明および参加同意

　保育者「これから絵本を読みます。ただ途中からはみんなと一緒に絵本の世界を動いて遊んでみたいと思います。"もしも"の力で，お話はみんながつくることができます。絵本と違ってもよいですよ。では『おおきなかぶ』のお話をはじめます。」

②絵本の読みきかせ。登場人物全員でかぶをひいている場面で止める。

　保育者「それでもかぶは抜けません。そこでおばあさんが他の村の人や動物達に手伝ってもらおうとお願いしに行くことにしたんですって。みんな村の人や生き物になって手伝ってくれますか？」

　子ども達「いいよ」「うん」などのそれぞれの反応。

　保育者「村にはどんな人や，どんな動物，生き物がいるでしょう？みんなで考えてみましょう。」

　子どものアイディアを聞く。小さい声やつぶやきにも耳を傾け，保育者が復唱するなどして周りにも伝える。

　保育者「ではなりたい人や生き物を決めて，バンダナを1〜2枚選んで変身しましょう。」

　（子ども達が役のイメージをふくらませる助けとしてバンダナを活用した。子ども同士でアイディアを出したり，バンダナを結んだり，互いに刺激しあいながら変身していく）

【展開】

　保育者「人も生き物も言葉が通じて仲良く暮らす村の仲間達が集まりました。では今から太鼓の音に合わせてこの村の中を歩きます。動物も2本足で歩いてください。太鼓の音をよく聞いてください。太鼓が止まったら，その場でピタッと止まってください。ちゃんと止まれるかどうかが大事ですよ。そして，ちゃんと止まれたら，近くにいる仲間に挨拶と自己紹介をしましょう。『こんにちは，私はおばあさんです』『こんにちは，いぬです』という風に。何度か繰り返してみんなと話してみましょう。数人で話してもいいですよ。」

※参加者が歩き，指導者の合図で止まるという活動は，「スペーシング」と呼ばれる[1]。遊びながら指導者の指示に従うという意味合いもあり，ドラマ的活動の最初の段階においてとても重要な活動である。

＊1　太宰久夫他著『子どもたちの輝く時を求めて　ある表現教育実践－ドラマスクール＆ミュージカル「子どもの時間」』エイデル研究所，1998，p.204

（指導者の叩く太鼓の音に合わせ，参加者はその空間を歩く。音が止まったら，その場で止まる。注意深く聴くこと，集中すること，そして身体を制御するという，集中や感覚・身体コントロールを目的として行う。また，空間の中での他者との距離感を意識する。これらは劇遊びにおいて，自分自身の身体を自分以外のものに変化させたり，イメージの状況の中でその空間を移動する際に必要な準備活動の意味を持つ。）

保育者「次は村の中を探検してみましょう。ここは村にある原っぱ。気持ちがいいのでスキップしましょう。可愛い，綺麗なお花を見つけました。においを嗅いだり摘んだりして遊んでみましょう。次は水たまりばかりの道。エイっとジャンプしながら進みましょう。やっと渡り終えると，目の前に綺麗な川が流れています。のどが乾いたので冷たいお水をすくって飲むことにしました。今度はバシャバシャと水かけっこ！」

（子ども達がそれぞれ考えた役として，「おおきなかぶ」のごっこの世界を楽しむ第一歩の遊びである。子ども達がごっこの世界ではあっても，本当にその状況であったらということを想像させ，本気で行動をし，心が動く状態に展開しないと意味が薄れてしまう。単に何かになっただけで終わらせず，よりリアリティを感じさせるような指導者の働きかけが重要である。）

保育者「そこにおばあさんがやってきました。」

（保育者がおばあさん役になりやってくる。）

おばあさん「あぁ，こんなにいてくれてよかった！畑にこんなに大きなかぶが出来てね。でもどうしても抜けないから手伝ってくれない？抜けたらみんなにも分けてあげるよ。今まで食べたことないくらい甘くて美味しいかぶにちがいないよ！」

（子どもの反応を待つ。口々に「手伝う」「いいよ」など言う。おばあさんは移動してかぶの位置まで案内する。）

おばあさん「あれがかぶだよ。ここに見えない長～い頑丈なカブの葉があるから（列になってほしい位置を示す），かぶに向かって自己紹介をしてから並んでね。」

（かぶとの対面で期待や緊張の面持ちになる子ども達。そこで役の再認識とかぶとの交流として，自己紹介を取り入れた。）

おばあさん「では動きの練習をしよう。見えないかぶの葉を持って『うんとこしょどっこいしょ（見本の動き）』でひっぱろう。まずは軽くひっぱってみよう。よし，次は力いっぱい！」

（最初はゆっくり始め，次第に大きくダイナミックに行う。リズミカルに動くことで，子ども達も楽しみながら，一体感や安心感を得ることができる。）

※第9章2節〈保育者のかかわり〉の中でも述べたように，おばあさんやかぶの
ように，物語の中にある役としておとなが登場することは，劇遊びをより発展
的に展開させ，子ども達を物語の世界へ引き込む有効な手だてである。また見
えないかぶの葉としたことについて，岡田陽は劇遊びとは想像の遊びであると
述べる。「子どもは身体動作を使って，ごく自然にイメージの外化を行うもの
である。（中略）想像力を触発するために，ちょっとした布切れ一枚をまとった
りすることはあるが，劇遊びには見せるための説明の補助手段は無用である。
基本的に劇遊びは見せるためにやるのではなく，やって楽しむためのものだか
らである。」*1

*1 岡田陽『子どもの表現活動』玉川大学出版部，1994, p.113-116

　おばあさん「抜けないね！おっと，かぶが何か言ってるよ。（おばあさんだけか
ぶに近づき，話を聞くそぶり）痛い！って。あまり痛いことしたら甘くなくなるよっ
て！それは困るね，どうしよう。」
　（子どものアイディアを聞く。「周りを掘る」「優しくする」などの口々に意見が出て
くる。）
　子ども「水をあげる！」
　おばあさん「かぶに聞いてみよう。ちょうどお腹がすいたって言ってるから，
さっき遊んだ川で水を汲んできてくれる？」
　（子どもたち，何度も水を汲みかぶに与える動きをする。子どもの中から「美味し
い土をあげたら」という意見が出たので，今度はやわらかくて美味しい土を探してく
るように伝える。）

　おばあさん「おお，かぶが喜んどる！と思ったら，今度は悲しくなっとる。（話
を聞くそぶり）こんなに立派に育ったのに名前がなくて悲しい。みんなにつけて
ほしい。いい名前だともっと甘くなりますって。」
　（口々に名前のアイディアを言う子もいれば，考えている子もいる。保育者を
囲むように座らせて，話を聞く。近くの友だちと話し合うよう声かけも行う。

　考えた名前を1人ずつかぶに伝えにいく。かぶ役の補助保育者は表情やうなづ
きなどで反応する。全員伝え終え，おばあさんがかぶに話を聞きに行く。）

おばあさん「たくさんいい名前をありがとう。どの名前も素敵だったので全部もらいます。嬉しくてとっても甘くなったので，抜いてほしいって言ってるよ。よし，もう一度全員でひっぱってみよう！」

【まとめ】

（全員でかぶを抜く動きとかけ声を行う。）

全員「うんとこしょ，どっこいしょ！（もっと大きく）うんとこしょ，どっこいしょ！」

保育者「すぽーん！（かぶが立ち上がり大きく手を振る）とうとうかぶは抜けました！

みんなでちからを合わせて抜いたかぶ。みんなその夜は美味しいかぶのごちそうをつくっていただきましたとさ。おしまい。」

3）劇遊びのポイントと評価について

劇遊びの構成を考え，実際に展開する際に最も重要なのは，参加者がごっこの世界の中でどのような課題に直面するか，どのような過程を経てその課題に直面させるかということであろう。直面する障壁や課題はいろいろと考えられる。

上述の劇遊びは，困っている存在と出会うということだったが，あまりに複雑で，子どもにとってわかりづらいものは適さない。幼児との活動の場合，まずは"嬉しい，楽しい，怖い，悲しい"などの基本的な感情へ働きかけることから考え，子どもが自分なりに考えたり気持ちに共感できるような動機や欲求（お腹がすいたから食べたい，お母さんに会いたい，困っている人を助けたい等）を子どもの興味や理解力などを十分考慮し，劇遊びを豊かに発展させるような設定が重要であろう。

①劇遊びを考えるときに押さえておくべきポイント

• 子どもが理解できる内容，乗り越えられる課題であること。

• 保育者自身が楽しめる課題であること。

大切なのは"参加者に物語のこの部分を一番楽しんでもらいたい"という気持ちとイメージである。実際に行うにあたっては，さまざまな仕掛けや言葉かけも必要になってくるが，まずは指導する保育者自身が物語を「おもしろい」と思えなければ，魅力的な劇遊びにならないだろう。逆を言えば，保育者自身が想像力豊かに楽しみながら行うことで，参加者を魅力的な劇遊びに誘うことができるといえよう。

②評価について

- 劇遊びは子どもが喜ぶ内容であり，テーマや目標は適したものであったか。
- 劇遊びの内容・構成は，自ら設定した目標・目的を達するものであったか。
- 活動の概要説明と依頼は的確，適切なものであったか。
- 参加の促しや励ましの言葉かけや行動は的確，適切なものであったか。
- 保育者自らも楽しみながら子どもたちとともに創造活動を行うことができたか。

【引用・参考文献】

ジェラルディン・B・シックス（岡田陽・北原亮子訳）『子供のための劇教育』玉川大学出版部，1978

高杉自子『新しい劇遊びの指導』ひかりのくに，1973

小林由利子ほか「学校におけるドラマ教育」『ドラマ教育入門』図書文化社，2010

山本直樹，下川涼子，麓　洋介「保育者養成校における演劇を専門としない教員のための教材開発に関する研究−赤ちゃん絵本『ひよこ』の劇遊び実践の検討を通じて−」『保育文化研究』第4号，2017

山本直樹，下川涼子，麓　洋介「演劇を専門としない教員のためのウソとホントの狭間の教育的活用法」平成27年度科学研究費助成事業作成教材，2019

第10章 領域「言葉」における教材研究と指導法3
イメージや想像を楽しむ

学びのポイント
- ●言葉の発達における児童文学の特質と種類を理解する。
- ●素話やストーリーテリングなど，子どもが物語を楽しむ方法を学ぶ。
- ●子どもの絵本体験について理解を深め，各年齢でどのような絵本が適切かを知る。
- ●実践例を通して指導計画の立案について学び，模擬保育を行う。

1 聞いてイメージして楽しむ 児童文学,幼年童話,ストーリーテリング

1）子どもの言葉の体験における文学

　子どもは，周囲の人と体験をともにしながら，さまざまなコミュニケーションを通じて言葉を獲得していく。日常の生活において保育者や友だちと生き生きとした言葉のやり取りを重ねる行為は，互いに信頼関係を築くことにもつながっていく。一方，日常的に交わされる言葉は，正確な言葉づかいではなかったり，省略されていたり，単調なものであったりすることも多い。言葉そのものの美しさやおもしろさを感じ，言葉が開く世界を知るためには，言葉で表現された芸術である文学などと出会う体験も必要となる。

　文学作品の多くは現在，文字で表現され，出版されている。乳幼児期の子どもたちは，まだ文字に習熟しているわけではなく，自ら文学作品を読むことは難しい。しかし，文学作品を誰かに読んでもらい，耳で聞いて体験することは可能である。乳幼児期は，耳から聞く声だけで言葉を体験する貴重な時期である。言葉はそもそも音声で表現されてきたものであり，文字を習得する前こそ，本来の言葉の美しさやおもしろさを感じることができるともいえる。また，優れた文学作品は子どもたちが想像をふくらませ，言葉に基づいたイメージを築き，物語を自分で追っていく楽しみをもたらす。

　保育者は，日常生活における会話を中心とした言葉のやりとりに加え，子どもたちが多様な言葉の体験を得られるように，言葉の体験を組み立てていくことが大切である。

2）子どもが楽しむ児童文学の特質

　文学は，言葉によって表現される芸術であり，そのなかで子どもを読者対象としたものが児童文学と呼ばれる。創作物語だけでなく，昔話や詩や絵本も児童文学の一つのジャンルと位置付けられてきた。対象となる子どもは，主に幼児期から中学生までであると考えられている[*1]。成長していく子どもを読者対象とする児童文学には，他の優れた文学が持つ特質に加えて，子どもの発達過程に沿った特質が備わっていることが求められる。

　児童文学は，文学全般と同様に，表現（言葉），構成，考え（テーマ）の3点から評価される[*2]。

①表現（言葉）

　児童文学で用いられる言葉は，簡潔で直接的であり，特に乳幼児期の子どもには，耳で聞いてわかりやすいものである必要がある。子どもたちは，言葉を聞いて，登場人物の行動をイメージし，物語の展開を追っていく。子どもが言葉に基づいて物語の世界を想像し，その展開をまっすぐに追っていくためには，情緒的な言葉やむだな描写，日常会話にみられるような曖昧さがない表現が必要となる。また，歌やおまじないなどが出てきたり，同じ言葉が繰り返される物語は，言葉のリズムや響きそのものがおもしろく，子どもたちも聞いて楽しむことができる。

②構成

　子どもたちが楽しむ児童文学は，物語の「始まり」と「展開」と「結末」の構成が明確な作品が多い。「始まり」において，主人公や背景，主人公が果たすべき役割などが明示されると，子どもたちは落ち着いて登場人物やその行動，背景などを想像し，物語の展開を追っていくことができる。また，「展開」によくみられる繰り返しは，耳から聞く言葉でのみ物語を追っていく子どもたちにとって，物語の内容や展開を再度確認できる過程にもなっている。たとえば「三びきの子ブタ[*3]」では，1匹目の子ブタが家をつくるが，オオカミに家を吹き飛ばされて食べられてしまう。2匹目の子ブタの場合も同じことが起こる。3匹目の子ブタは，オオカミに食べられず，物語は新たな展開を迎える。2匹目の子ブタに起こる繰り返しによって，物語の展開を再度確認し，次に起こるであろう変化に備えることができるのである。

　また，幼児期の子どもがもっとも喜ぶ文学の構造として，瀬田貞二は「行って帰る」という物語のパターンがあることを指摘している[*4]。主人公がそれぞれの冒険にでかけ，何らかの危機に直面し，危険が去ったのちに自分の安心できる場所へ帰るという文学の構造は，子どもが楽しむ文学作品の中に多くみられる。その構造を踏まえて物語の枠組みとなる構成が緻密に組み立てられていると，子ど

*1 近年では，YA（ヤングアダルト13〜19歳くらい）を対象とした，児童文学からおとな向けの文学への橋渡しと位置付けられる文学も書かれている。

*2 リリアン・H・スミス『児童文学論』石井桃子他訳，岩波書店，1964

*3 石井桃子編訳『イギリスとアイルランドの昔話』福音館書店，1981

*4 瀬田貞二『幼い子の文学』中央公論新社，1980，p.6

もは，言葉に基づき，始まり，展開，結末を追い，自分の中でイメージをつくり，物語の世界を想像していくことができる。

③考え（テーマ）

　文学作品にはテーマ（主題）があり，その作品の根底をなす作者が言おうとするもの，すなわち作者の考えがある。児童文学の場合，成長過程にある子どもが「喜びとおどろきと楽しみ」を感じることが重要であるとされる[*1]。児童文学のテーマ（主題）としては，具体的には，「わたしたちの心をたのしませ，人間についてのわたしたちの理解を助けてくれる」ものをあげることができるだろう[*2]。人生経験を重ねてきたおとなにとっても，これから人生を生きていく子どもにとっても楽しいと感じられるもの，人間や人間を取り巻く世界について喜びを持って捉えることができるものが，子どもが楽しむ文学には重要であると考えられてきた。人権や環境に関することなど，社会的な問題を含むテーマ（主題）を取り上げた作品も多いが，その際にも子どもが楽しみを感じられる普遍性を持ちうるかどうかは，特に乳幼児期の子どもたちが出会う物語の特質として重要であろう。

*1 リリアン・H・スミス，石井桃子ほか約『児童文学論』岩波書店，1964，p.50

*2 松岡享子『たのしいお話　お話を子どもに』日本エディタースクール出版部，1994，p.17

3）幼年童話

　幼年童話は，児童文学の中でも，特に幼児期の子どもに向けて創作された文学作品や物語をさす。幼年文学，童話，幼年物語と呼ばれることもあるが，4，5歳の頃から小学校にかけて，おとなに読んでもらったり，自分で読んだりして楽しむ。明快な言葉で描写され，構成も簡潔であり，子どもが主人公とともにその体験を楽しめる物語が多い。同じ主人公の物語をいくつか集めた短編集や，主人公が冒険を重ねていく物語など，さまざまなものが出版されている。絵のない物語の本もあるが，挿絵が描かれている本も多く，子どもは絵を通して物語の背景や登場人物などをイメージすることもできる。

いやいやえん
中川李枝子作，大村百合子絵　福音館書店（1962）

ちゅーりっぷほいくえんで起こる出来事や，そこに通うしげるをはじめとする子どもたちの日々の冒険が7つの物語で描かれる。保育園にこぐまがやってきたり，山登りの途中で小鬼が現れるなど，空想上の出来事も日常生活の中で起こり，子どもたちは物語に入り込んで楽しむことができる。のびのびとした子どもたちの様子が描かれる絵は，温かみにあふれ，おもしろい。1話ずつ読んでもらって楽しめる。

エルマーのぼうけん　ルース・スタイルス・ガネット作，ルース・クリスマン・ガネット絵，渡辺茂男訳　福音館書店 (1963)

エルマーという男の子がどうぶつ島にとらわれた「りゅう」を助けにいく物語。「りゅう」やおそろしい動物たちが登場するファンタジーで，『エルマーとりゅう』『エルマーと16ぴきのりゅう』へと続く。子どもたちは，エルマーに一体化して物語を体験し，エルマーの冒険を楽しむ。挿絵を通して，エルマーや空想上の生き物たちを生き生きと感じられる。長い物語であるが，子どもは集中して聞き，毎日の読み聞かせを楽しむことができる。

4）昔話

　昔話は世界の各地域，各民族のなかで語り継がれてきた口承文芸である。天地創造など神々の物語である神話や，各地域の特定の場所やゆかりのある人物の伝説などと同様に，語り手が聞き手に語り伝えてきた。昔話はそもそも子どもを対象としたものではなかったが，音声で表現，伝承されてきた素朴な文学であり，子どもたちにとっても大きな楽しみとなりうる。現代では昔話は再話され，文字化して出版されており，子どもたちは本を通して出会うことが多くなっている。日本の昔話に加えて，数々の民族の昔話が手に取れるため，文化や風土の違いを超えて，さまざまな人びとが築き上げてきた物語を楽しむことができる。

　昔話は，言葉の表現が簡潔で，構成も単純化されており，普遍的，根元的なテーマ（主題）を持つものが多い。本来，語り伝えられてきたものであるため，子どもたちが，耳から聞いた言葉に基づいて想像するのにふさわしい特質を備えた文学となっている。ただし，昔話は再話，出版の過程で書き直されることもあり，その物語の本質が楽しめないものもある。また，絵本化された昔話も多く，絵を通してその昔話を語り継いできた人々の感性を味わえるものもある一方で，昔話を体験するためにふさわしい絵ではない絵本もある。子どもが昔話を聞くことを

イギリスとアイルランドの昔話
石井桃子編訳，ジョン・D・バトン画
福音館書店 (1981)

「三びきの子ブタ」「ジャックとマメの木」など，子どもたちも良く知っている昔話を数多く収録。言葉も簡潔で，子どもが夢中になって聞き，楽しめるお話が多い。

子どもに語る日本の昔話1〜3
稲田和子ほか再話　こぐま社 (1995・1996)

「笠地蔵」などよく知られた昔話とともに，「鳥のみじい」など耳から聞いて楽しい響きのある昔話が集められている。3，4歳の子どもたちが聞いて楽しめる昔話もある。

通して，言葉による新たな体験を得られ，言葉が開く物語の世界を知ることができるかどうか，保育者が評価して選択する必要がある。

5）詩

　子どもたちが，優れた詩を楽しむ機会は多くない。詩は，言葉で表現される芸術のなかでも，特に言葉の響きやリズムを味わえる文学作品と言える。瀬田貞二は，詩を「われわれ当たり前の人間には見えない，ある深いものを詩人が発見し，それを言葉の業を通して指し示してくれるもの」だとしている[1]。子どもにとって，詩は，言葉の美しさを直接味わえるものであると同時に，詩人が日常の中から取り出すさまざまな事柄を感覚的に捉え，想像して楽しむことができるものである。詩によっては，内容や意味を汲み取ることが難しいものもあるが，子どもたちは，意味を理解するよりも，そのまま言葉の響きを楽しみ，詩人の感性を感じとる。機会を捉えて保育者に読んでもらうなど短い詩を耳から聞くことを通して，子どもたちは言葉の響き，言葉の美しさや詩人の繊細な感性など，物語とは異なる言葉の体験を得ることができる。

＊1　瀬田貞二『幼い子の文学』中央公論新社，1980，p.104

幼い子の詩集　パタポン①②
田中和雄編　童話屋（2002）

まど・みちおや阪田寛夫など日本の詩人に加えて，A・A・ミルンやクリスティナ・ロセッティなど他の国々の詩人の詩も集めたアンソロジーである。瀬田貞二が『幼い子の文学』において，子どものための詩として取り上げた詩の紹介も多い。

詩集　孔雀のパイ
ウォルター・デ・ラ・メア作，間崎ルリ子訳　瑞雲舎（1997）

イギリスの詩人・作家であるデ・ラ・メアによる子どものための詩集。子どもが日々の生活の中で出会うことの少ない言葉も用いられているが，作者独自の不思議な感覚の表現や，豊かな想像性を感じられる詩が多い。詩「だれか」では「静寂（しじま）」という言葉が用いられている。子どもたちが意味を理解する単語ではないが，「しじまの詩をして」と繰り返し望んだ4歳児もおり，言葉のもたらす意味より，その響きと想像性が体験されるような詩と出会うことができる。

6) 子どもが物語を楽しむ方法

　まだ文字に習熟していない子どもは, 音声で聞いた言葉からイメージを得たり, 想像したりする。文学としての言葉の体験も, 耳から言葉を聞く行為を通して行うことができる。出版されている文学作品を保育者が読んだり語ったりすることによって, 文字で書かれた言葉は音声化され, 子どもたちは, その声によって, 物語の体験をすることが可能となるのである。

　保育者による物語を語る活動は, 昔から保育内容として注目されてきた。フレーベルは,『人間の教育』において,「お話」という物語を語る活動をとりあげ,「歴史や伝説や寓話や童話などを, 日々の出来事, 季節季節の出来事, 生活上の出来事に結びつけて話してやること[*1]」と定義している。日本の保育においても,「幼稚園保育及設備規程」(1899〈明治32〉年)では「談話」として,「保育要領」(1948〈昭和23〉年)では「お話し」として, 保育者が物語を語る活動がそれぞれ取り上げられていた。

　現在, 保育所保育指針, 幼稚園教育要領, 幼保連携型認定こども園教育・保育要領においては,「物語」の体験が絵本と並べて取り上げられている[*2]。保育現場における物語を語る活動は, 名称, 活動内容ともに多様である。

①素話

　保育現場で長年行われてきた, 物語を語る活動の総称である。語り手である保育者は絵や道具を用いず, 物語を語る。文学作品だけではなく, 保育者自身のその日の体験などが語られることもある。保育者自身が語る体験談は, 子どもと保育者との信頼関係に基づき, 子どもたちとの生き生きとした会話の発展したものと捉えることができるだろう。一つ一つの言葉が吟味されて築き上げられている文学の体験とは異なるものであるが, 子どもたちは大いに興味を持って耳を傾ける。

②ストーリーテリング（お話）

　ストーリーテリングは, 欧米の図書館で行われてきた児童サービス活動の一つである。日本には明治期に紹介されたが, 1960(昭和35)年前後から, 図書館や家庭文庫活動などで広く実践されるようになった。ストーリーテリングという呼称ではなく,「お話」と呼ばれることも多い。

　ストーリーテリングは, 読書への導入を目的としているため, 取り上げられる物語の文学性が重視され, 語られる物語は文学作品の中から選択されてきた。また, 言葉は本に記載された通りに語り, 声色を用いたり, 身振り・手振りを伴ったりするような演技や大げさな語り方は極力なされない。子どもにとっては, 作家が吟味した言葉の響きやリズムを保育者の声を通して楽しむとともに, 耳から

*1 フレーベル『人間の教育(下)』荒井武訳, 岩波書店, 1964, p.160～170。原著は1826年刊。

*2 幼児期の終わりまでに育ってほしい姿「言葉による伝え合い」(第3章 p.47)などを参照。

聞く言葉に基づいてイメージし，想像を重ねていく体験ができる活動となる。文学としての言葉の体験を重視する活動であるといえる。

7）子どもがストーリーテリング（お話）を聞く際に体験していること

　子どもは，ストーリーテリング（お話）を聞くことを楽しむ。絵本の絵や映像，演技を伴わず，保育者が言葉だけで物語を伝えるため，子どもにとって他の言葉の体験とは異なるものとなる。

①言葉そのものを楽しむ

　ストーリーテリング（お話）では，子どもは作家あるいは再話者や翻訳者が厳選した言葉を聞く。子どもにとって身近な存在である保育者の声を通すので，安心して，日常生活の中ではあまり出会わない言葉を楽しむ。その言葉は，日本語として正しく，美しく表現されており，日常の会話の中では体験されにくい，まとまった言葉，正確な文章を耳にする体験となる。同様に，響きやリズムに配慮された言葉は声で聞くとおもしろく，繰り返されるたびに，子どもたちが快さそうにくすくすと笑ったり，ストーリーテリング（お話）が終わると，自分たちで同じフレーズを繰り返す姿も見ることができる。文字に習熟していない乳幼児期こそ，言葉の音としての豊かさを味わうことができる。

②想像することを楽しむ

　ストーリーテリング（お話）は，絵のような視覚的情報が少ないため，子どもは耳から聞いた言葉を手がかりに，登場人物や出来事をイメージし，自分で物語を展開させていかなければならない。ストーリーテリング（お話）を楽しむためには，主体的に想像していくことが求められるのである。子どもは，自らの経験を基盤として想像し，日常生活では出会えないような登場人物と出会い，現実には起こりえないような出来事を物語の中で体験する。映像等で表現される残酷な描写や恐ろしい存在を怖がる子どもたちも，言葉から自分の経験に基づいて想像を行う際には，自分の楽しめる範囲で想像していくことができる。

　また，身近な保育者が語る言葉は，言葉の意味に加えて，保育者の感情も伝えるものとなる。子どもは，語り手の声のもたらす印象や表情，雰囲気を通して，保育者の描くイメージや受け止め方についての情報も得る。そのため信頼できる保育者のもと，安心して想像し，物語を体験することができるのである。

③主人公と一体化する

　子どもは，ストーリーテリング（お話）を聞くとき，主人公と一体化して，その人生をともに体験する。子どもは我を忘れて物語に聞き入り，主人公になりきり，主人公の経験していくことを自分のことのように受け取っていく。主人公が

動物であっても，乗り物であっても，家であっても，子どもはその主人公に自らを重ね（同化し），その冒険や行動を主人公の感情とともに体験する。子どもの実際の経験の範囲は限られているが，優れた文学作品の中で主人公になって体験を重ねた子どもは，今度は物語の中の体験を自らの経験として知識や情緒を豊かにしていく。我を忘れて体験することは，客観的な視点を抱く前の子どもこそ行いやすい。乳幼児期にこそ十分に味わえる物語の体験であると言えよう。

④物語の体験を重ねる

先述の通り，子どもが楽しむ文学の構造には一定のパターンがある。そのような物語の構成に慣れていくことは，さらに他のたくさんの物語を楽しむことにつながっていく。耳から聞くことを通して，文学に親しんだ子どもたちは，文字を習得したのち児童文学を自分で読んで楽しむ読書へと入っていきやすい。保育におけるストーリーテリング（お話）の体験を通して，子どもたちは言葉が開く魅力ある物語の世界，文学の楽しさを感じる体験をすることができる。

⑤語り手と聞き手とのかかわりを楽しむ

ストーリーテリング（お話）においては，語り手と聞き手が存在し，一つの物語を共有するという素朴なコミュニケーションが成立する。子どもたちにとっては，遠い出来事であった物語が，身近な保育者の言葉を通してありありと感じられ，心の中で体験されるものとなる。恐ろしいことも楽しいことも，他の子どもたちとともに体験する。その子どもたちが自分とは異なるところを楽しんだりおもしろがったりすると，自らの捉え方や感じ方も広がり，さらに豊かに楽しめるようになる。保育者と子どもたちみんなで一つの体験を共有した経験となっていくのである。そのため，ごっこ遊びに発展したり，製作遊びにつながっていくこともある。

2 見てイメージして楽しむ　絵本

1) 絵本とは

絵本は，絵と言葉によって物語が展開していく文化財である。児童文学の一つの分野として位置づけられているように，絵本は幼い頃からの物語体験の一つとして，言葉の育ちのなかでとても重要なものである。絵本は毎年たくさん出版されており，家庭も含め生活の中で出会う機会も多い。子どもにとって非常に身近な存在であり，保育においても不可欠のものとなっている。

子どもは，耳から言葉を聞き，目で絵を見て，めくられていくページを追いながら，物語を体験していく。子どもが絵本を楽しむためには，読んでくれる人が

必要となる。絵本を開き，ページをめくり，言葉を声にして読んでくれる人とともに，子どもは物語を体験する。聴覚・視覚など自分の感覚を通して子どもは物語の体験を進めていく。

2）絵本の絵の意味

　絵本には，言葉による情報に加えて，絵という視覚的情報が備わっている。子どもは，絵本を読んでもらうとき，耳から言葉を聞くと同時に目で絵を見ることになる。ストーリーテリング（お話）の体験のように，耳から聞く言葉に基づいて登場人物やその行動，背景をイメージし，一人ひとりが物語の世界を想像していくことに加えて，絵も子どもたちの想像に大きな影響を与えることになる。

　絵本の絵は，画家によって描かれている。作者が書いた物語に合わせて画家が絵を描いた絵本，物語も絵も同じ作家が書いている絵本があるが，どちらにしても，絵そのものが物語を体験できるものとなっているかどうかが重要である。物語が体験できる絵本の絵は，物語のところどころに添えられる挿絵とは異なり，絵だけでも物語を追っていくことができる。子どもは絵を通して想像を広げ，物語を体験し，その絵を描いた画家の感性をも感じ取っていく。

三びきのやぎのがらがらどん　ノルウェーの昔話
マーシャ・ブラウン絵，瀬田貞二訳　福音館書店（1965）

ノルウェーの昔話である『三びきのやぎのがらがらどん』には，主人公であるやぎたちを食べようとする北欧の架空の生き物「トロル」が登場する。このトロルを，絵本作家マーシャ・ブラウンは，土や岩，木と同じように描いた。北欧の風土になじみのない日本の子どもたちにとって，この絵は，北欧の自然と近しい存在としてのトロルのイメージを描くことができるものとなっている。

　子どもたちは，自らの経験に基づいて物語の世界を想像していく。経験が限られている子どもたちにとって，絵本の絵は，自ら想像していくことが難しいものについてのイメージを得る重要な手がかりとなる。画家が描き出すさまざまな事物は，子どもに新たなイメージを与え，想像を広げていく。絵本の絵を通して体験された想像もまた経験として蓄積され，子どもの経験を拡充していくものとなる。

てぶくろ　ウクライナ民話

エウゲーニー・M・ラチョフ絵，内田莉莎子訳　福音館書店 (1965)

ウクライナ民話である『てぶくろ』では，雪が積もるロシアの森の中で，民族的な衣装をまとった動物たちが次々とてぶくろに入りたいとやってくる姿が描かれている。背景に描かれる雪深い自然の様子や登場人物の身に付ける色鮮やかな服装は，子どもにとって異なる風土や文化を感じ取ることができる体験となる。

　子どもたちは，登場人物の姿や背景に描かれたものを通して，自らが日常生活で体験している環境にはないようなものが世界に存在していることを感じる。さまざまな文化や自然があることを，絵本の絵を通して感じ取っていくのである。現代の日本では，さまざまなメディアを通して多様な情報を得たり，実際の様子を映像で見ることもできるが，絵本では，一人の画家の感性に基づいて描きだされており，子どもはその画家の感性を通して新たなイメージを得ることとなる。

ちいさいおうち

バージニア・リー・バートン文・絵，石井桃子訳　岩波書店 (1954) ※書影は新版 (1981) より

バージニア・リー・バートンは，主人公であるちいさいおうちを中心に，その周囲の様子が季節によって，また時間によって変化していく様子を大変美しく描いている。絵だけではなく，文字の位置も配慮され，見開きの画面全体が美しく配置されている。また，表紙から裏まで，見返しや扉ページも含めて緻密に構成され，一冊の絵本として工夫をこらしたデザインとなっている。

　子どもたちは，絵本の絵を通して，絵画がもたらす芸術としての美しさを体験することができる。子どもは言葉を聞いて物語の展開を追っていくが，言葉によって，描かれている絵のどの部分に焦点化するとよいのかも把握していく。絵を細部まで見て，描きだされているものを汲み取り，想像を広げていく。同時に，画家の感性がもたらす色彩や造形の美しさも意識しないうちに体験されていくことになる。

　絵本を読んでもらう際に，子どもは絵をもとに物語の世界のイメージを築いていくが，絵は視覚的情報として，物語の内容を理解する手がかりとなるだけではない。画家が描く絵は，子どもが自分自身では想像できない架空の存在や，子どもの限られた経験の範囲にはない，他の民族の暮らしや風土を感じ取らせてくれるものとなる。絵本の絵は，芸術的な体験だけでなく子どもの経験を広げ，新たな想像を喚起するものとなっている，

3）絵本の種類

　絵本は，絵と言葉によって物語が展開していくものであり，その種類も多様である。絵本の形態や対象によって分類されることもあるが，ここでは内容にそって紹介する。

①昔話絵本

　日本だけでなく，世界の国々で語り伝えられてきた昔話や伝説などを再話し文章化した物語に絵をつけ，絵本として楽しめるようにしたものである。

> （例）
> ・**だいくとおにろく**　松居直再話，赤羽末吉画　福音館書店（1962）
> ・**おおかみと七ひきのこやぎ**
> 　グリム作，フェリクス・ホフマン絵，瀬田貞二訳　福音館書店（1967）

　昔話には，お腹を切られて縫われるといった残酷な場面もあり，それを避けるために口承されてきた物語から内容や結末が改変されることもある。しかし，昔話においては本来，そのような場面の描写は様式化されており，残酷さが生々しいものと感じられないようになっている。絵本においても，そのような場面が工夫して描かれ，子どもが本来語られてきた昔話を楽しめるものとなっているものが出版されている。

②創作絵本

　絵本作家が自分の発想に基づき物語と絵を構成し，絵本として出版されたものである。

《動物の絵本》

　動物が主人公となって物語が進められていく絵本は多い。動物の単純化された動きや感情は，子どもにとっても身近で非常にわかりやすく，物語の展開についていきやすい。

> （例）
> ・**ちいさなねこ**　石井桃子作，横内襄絵　福音館書店（1967）
> ・**どろんこハリー**
> 　ジーン・ジオン文，マーガレット・ブロイ・グレアム絵，渡辺茂男訳　福音館書店（1964）

《乗り物絵本》

　乗り物が主人公として描かれる絵本も，子どもたちはとても楽しむ。乗り物は，

自らのなかでエネルギーを燃焼させ前進していくものであり，成長していく子どもにとって共感しやすい存在となっている。

（例）

- **しょうぼうじどうしゃじぷた**　渡辺茂男作，山本忠敬絵　福音館書店（1966）
- **いたずらきかんしゃちゅうちゅう**
　バージニア・リー・バートン文・絵，村岡花子訳　福音館書店（1961）

《ファンタジーの絵本》

　絵本作家の独創的な想像力から生み出される，現実には起こりえないようなことが起こる絵本である。画家は，空想上の出来事や登場人物を生き生きと描き出し，子どもは現実に起こる出来事の絵本と同様，物語を体験して楽しむ。

（例）

- **だるまちゃんとてんぐちゃん**　加古里子作・絵　福音館書店（1967）
- **かいじゅうたちのいるところ**
　モーリス・センダック作，神宮輝夫訳　冨山房（1975）

《生活や出来事の絵本》

　ファンタジーの絵本とは対照的に，現実的な生活や出来事が描かれた絵本である。子どもにとっては身近な事柄を題材にしている物語や，大変な冒険が行われる物語など，多様なテーマが取り上げられている。日本だけでなく，さまざまな国の風土や文化も描きだされているため，さまざまな国々で，さまざまな暮らしをしている人々が，自分と同じような感情を抱き，自分と同じように生きていることを感じられる。

（例）

- **ペレのあたらしいふく**
　エルサ・ベスコフ作・絵，小野寺百合子訳　福音館書店（1976）
- **ゆきのひ**　エズラ・ジャック・キーツ作・絵，木島始訳　偕成社（1969）

　創作絵本は，多種多様なものが出版されている。中には，絵ではなく写真で表現されている絵本や，絵本のページの大きさが変化したり穴が開いていたりするしかけ絵本などもある。しかけ絵本は，子どもが実際に触れて動かして楽しむことも多いが，しかけが物語の展開と密接につながっていない場合は玩具として楽

しまれ，物語の展開をたどる絵本の体験とは異なる体験となることもある。

（例）
- **二ひきのこぐま**　イーラ作，松岡享子訳　こぐま社 (1990)
- **はらぺこあおむし**　エリック・カール作，もりひさし訳　偕成社 (1976)

---

③知識の絵本・科学絵本

　子どもが興味や関心を抱く，生活の中での出来事や自然にかかわる事物などについて，科学的な視点から描いた絵本である。創作絵本（フィクション）に対してノンフィクションとも言われ，動物や植物，食べ物，乗り物や昆虫など対象となるテーマは幅広い。知識が正確に記述されている絵本は，子どもの好奇心を満たし，新たな興味をかきたてるきっかけとなる。

（例）
- **せいめいのれきし**
  バージニア・リー・バートン文・絵，石井桃子訳　岩波書店 (1964)
- **ぼく、だんごむし**　得田之久文，たかはしきよし絵　福音館書店 (2005)

　他にも，障がいのある子どもも楽しめるように工夫されたバリアフリー絵本などもあり，絵本はますます多様化してきている。

4）子どもの絵本体験

　乳幼児期の子どもにとって絵本は誰かに読んでもらうことで楽しめるものとなる。身近なおとなの声で言葉が伝えられ，一緒に絵を見ることを通して，絵本のなかで展開される物語が子どもの体験となる。言葉を獲得していく子どもたちは，それぞれの発達の過程の中でさまざまな絵本の楽しみを体験していく。

①乳児期に楽しむ絵本

　2歳ごろまでの言葉の獲得は，おとなとの1対1でのかかわりが重要となる。絵本を楽しむときも，1対1で読み聞かせる活動が中心となる。身近なおとなの膝の上で一緒に絵本をのぞき込み，絵を指さしてうなずいたり，話したりしながら楽しむ姿も見られる。

　2歳ごろまでの絵本は，赤ちゃん絵本と呼ばれることもあり，子どもが最初に出会う絵本として，自分でも持てるように形状や大きさ，紙の質なども配慮され

ている。ねこなど身近な動物の絵本，食べ物や乗り物など身近なものの絵本，暮らしのなかの出来事の絵本など，赤ちゃん絵本は色や形がはっきり描かれていて，言葉の響きも快いものが多く，おとなとやりとりもしながら一緒に楽しむ。

《0歳児からの絵本》

　0歳児にとって，絵本に描かれている絵を実際の物と関連付けて理解することは大変難しいことである。子どもは，まず，もっとも身近なおとなが絵本を読む声に耳を傾け，そのおとなとのかかわりを楽しむ。その体験の中で，絵本を見ながら，自分の体験に基づき，絵と実物を結びつけていく。自ら直接経験しているものが描かれる「ものの絵本」に興味を示すことも多く，実物そっくりに描かれている絵本も多い。果物や動物など身近にあるものがはっきりと描かれ，言葉も音として聞いて快いものが楽しまれる。保育者は絵本とともに子どもとかかわっていく。

(例)
- **りんご**　松野正子文，鎌田暢子絵　童心社 (1984)
- **ねこがいっぱい**　グレース・スカール作，やぶきみちこ 訳　福音館書店 (1986)

《1，2歳児から楽しむ絵本》

　1歳を過ぎ，言葉を話しはじめるようになると，子どもは絵本を読んでもらうことそのものも楽しむようになる。簡単な物語があり，自分の生活のなかで体験される出来事や習慣が描かれている絵本を集中して聞くようになる。おとなが読む声を通して言葉の音の響きやリズムを楽しみ，身体をゆすったり，動いたり，身体全体で言葉のおもしろさを感じ，繰り返して自分でも言ってみる姿が見られる。擬音語や擬態語など音の繰り返しが楽しめる言葉で書かれている絵本も多い。

(例)
- **おおきなかぶ**　A・トルストイ再話，内田莉莎子訳，佐藤忠良絵　福音館書店 (1962)
- **おやすみ**　中川李枝子作，山脇百合子絵　グランまま社 (1986)

②幼児期に楽しむ絵本

　3，4歳になると，言葉を通してコミュニケーションがとれるようになり，集団での体験や子ども同士でのやりとりもできるようになる。また，4，5歳ごろ

には，言葉によって考えることや想像することもできるようになってくる。絵本の体験はさらに広がり，物語の世界を想像し，主人公の経験を自分のことのように体験していく。一人ひとりの子どもの興味や関心は多様であり，いろいろな絵本を読んでもらえる機会があると良い。クラスの友だちと一緒に絵本を読んでもらうことも楽しむようになり，同じ絵本を聞いた他の子どもたちの受け止め方から，自分では感じていなかった新たな驚きやおもしろさを感じることもあり，子どもの絵本の楽しみ方は広がっていく。同じ絵本を読んでもらった体験から集団でのごっこ遊びに発展していくなど，絵本の体験を共有したことにより，子どもの遊びがさらに豊かなものとなることもある。

《3，4歳児から楽しむ絵本》

　3歳ごろになると絵本の楽しみはさらに広がり，感覚を通した楽しみを十分に味わうようになる。耳から聞く言葉の響きやリズムを楽しみ，目で見る絵の色彩や造形，美しさを感じ取る。4歳ごろになると，言葉を通して想像していくことも広がり，ストーリー性のあるさまざまな物語を楽しむようになる。子どもは，絵本の中の主人公と一体化して，その物語の世界を体験していく。それは，実際に自分で経験したことのように，子どもの心に残る。また，主人公とともに，満足感や安心感をも得ていく。

（例）

・**ひとまねこざる**
　　Ｈ・Ａ・レイ文・絵，光吉夏弥訳　岩波書店 (1954)
・**ぐりとぐら**　中川李枝子 作，大村百合子絵　福音館書店 (1967)

《5，6歳児と楽しむ絵本》

　5歳ごろには文字に興味を示し，自分で読み進めようとする子どもも増えてくる。しかし，誰かに読んでもらって，耳から言葉を聞き，同時に目で絵を見ることが絵本をもっとも楽しむことができる方法であり，自分で文字が読めるようになってもたくさん読んでもらうことが重要である。絵本を聞いて楽しみ，物語の体験を重ねていくことは，小学校入学後に文字を学ぶことで，読書へとつながっていくことにもなる。絵本を通した物語の体験が，言葉が築く芸術としての文学の体験になじむことでもあるからである。

　また，この時期には言葉によって思考することも深められていくため，楽しむ絵本もいっそう幅広くなる。知識の絵本・科学絵本にも，自分の興味関心に基づいて手をのばすようになる。

- **かさじぞう**　瀬田貞二再話，赤羽末吉絵　福音館書店（1966）
- **チムとゆうかんなせんちょうさん**　エドワード・アーディゾーニ作・絵，瀬田貞二訳　福音館書店（1963）

5）絵本の読み聞かせを通した子どもの体験の意義

　絵本は，子どもにとって，まず何よりも楽しみの体験である。子どもは絵本を楽しむことを通して，さらにさまざまな体験を得ている。

①言葉の体験

　絵本は，作家が吟味した言葉によって文章が構成されている。日常生活の会話の中ではなかなか体験できない日本語の音の響きの美しさやリズムの楽しさを味わうことができる。

②絵の体験

　絵本の絵は，子どもにとって芸術体験一つである。絵を通して，色彩や造形など絵画がもたらす美しさを体験することができる。他の国々におけるさまざまな文化や風土，自然など自らが見たことのないものに絵を通して出会うこともできる。

③物語の体験

　絵本における物語は，非常に多様である。物語の体験は子どもの想像を促し，さらに豊かなものとしていく。子どもは主人公と一体化し，さまざまな主人公の冒険を自分のことのように体験し，自らの経験を拡充していく。物語の展開を追っていくことを通して，一つのことを追求していく考える力が育まれたり，テーマ（主題）によっては，新たな興味や関心を抱くようになったり，知識を得たりすることもある。

④読み聞かせの体験

　絵本の読み聞かせは，子ども一人ではできない。読んでくれる人が必要である。聞き手は，一人であることも，クラスの友だちみんなであることもあるが，絵本を通して保育者や他の子どもとのかかわりが生じる。読み聞かせを通したコミュニケーションにより，人間関係も形成されていくのである。

6）絵本の選択

　保育活動のなかで，保育者が子どもたちに絵本を読む機会は多い。毎日，朝の集まりの際や午睡の前，おやつの前といった決まった時間に絵本を読んだり，製

作遊びや劇遊びなどさまざまな遊びへの導入として絵本を読んだりすることもある。クラス全員に読むこともあれば，「これ，読んで」と持ってくる絵本を，膝の上に子どもを抱えて読むこともある。絵本の読み聞かせを通して，子どもたちはさまざまな体験を行うが，現在出版されている多くの絵本の全てが豊かな体験を与えてくれるわけではない。どのような絵本が子どもの言葉の体験を豊かなものにできるのか，保育者は自ら評価の基準を持ち，1冊ずつ選択していくことが必要となる。

　おとなは，絵本を読む際，物語の展開が気になり，文字ばかり追ってしまうことも多い。また評価をする際に物語の内容を重視してしまうこともある。一方，子どもはまず，絵から物語を想像していく。絵本を評価する際には，子どもの視点と同様に，絵の評価も行うことが重要である。

　また，保育者自身が絵本を楽しむことも大切である。子どもにとって信頼できる保育者が楽しんでいるものを一緒に楽しめることは大きな喜びとなる。保育者が，そのクラスの子どもたちと一緒に楽しみたいと考える絵本を選び，みんなで楽しむことが重要となる。

　子どもの体験は，一人ひとり異なり，興味や関心も多様であり，好む絵本もさまざまである。子ども一人ひとりの絵本の体験が豊かなものとなるように，保育者自身の好みに偏ったり，一方的に読み聞かせを行うのではなく，いろいろな絵本を子どもとともに分かち合えるように配慮することが重要である。

絵本リスト（※一部絶版も含まれています）

《昔話の絵本》
三びきのやぎのがらがらどん　ノルウェーの昔話　瀬田貞二 訳，マーシャ・ブラウン 絵　福音館書店
いっすんぼうし　石井桃子 文，秋野不矩 絵　福音館書店
ふしぎなたいこ　石井桃子 文，清水崑 絵　岩波書店
おおきなかぶ　A・トルストイ再話，内田莉莎子 訳，佐藤忠良 画　福音館書店
てぶくろ　ウクライナ民話　内田莉莎子 訳，エウゲーニー・M・ラチョフ 絵　福音館書店
がまどんさるどん　大江和子 文，太田大八 絵　童話館出版
スーホの白い馬 モンゴル民話　大塚勇三再話，赤羽末吉 画　福音館書店
かにむかし　木下順二 文，清水崑 絵　岩波書店
おおかみと七ひきのこやぎ　グリム 作，瀬田貞二 訳，フェリックス・ホフマン 絵　福音館書店
ねむりひめ　グリム 作，瀬田貞二 訳，フェリックス・ホフマン 絵　福音館書店
かさじぞう　瀬田貞二再話，赤羽末吉 画　福音館書店
ジョニーのかたやきパン　ルース・ソーヤー 作，小宮由 訳，ロバート・マックロスキー 絵　岩波書店
やまなしもぎ　平野直再話，太田大八 画　福音館書店
マーシャとくま　M・ブラートフ 再話，内田莉莎子 訳，エウゲーニー・M・ラチョフ 絵　福音館書店
だいくとおにろく　松居直再話，赤羽末吉 画　福音館書店

ももたろう　松居直 文，赤羽末吉 画　福音館書店

《動物の絵本》
くいしんぼうのはなこさん　石井桃子 文，中谷千代子 絵　福音館書店
ちいさなねこ　石井桃子 作，横内襄 絵　福音館書店
二ひきのこぐま　イーラ 作，松岡享子 訳　こぐま社
きつねのホイティ　シビル・ウェッタシンハ 作，松岡享子 訳　福音館書店
せきたんやのくまさん　フィービとセルビ・ウォージントン 作・絵，石井桃子 訳　福音館書店
パンやのくまさん　フィービとセルビ・ウォージントン 作・絵，間崎ルリ子 訳　福音館書店
かばくん　岸田衿子 作，中谷千代子 絵　福音館書店
こぐまのたろ　北村恵理 作・絵　福音館書店
いたずらこねこ　バーナディン・クック 文，間崎ルリ子 訳，レミイ・シャーリップ 絵　福音館書店
どうぶつのおかあさん　小森厚 文，藪内正幸 絵　福音館書店
どろんこハリー　ジーン・ジオン 文，渡辺茂男 訳，マーガレット・ブロイ・グレアム 絵　福音館書店
うさぎ小学校　アルベルト・ジクストゥス 文，畑澤裕子 訳，フリッツ・コッホ＝ゴータ 絵　徳間書店
ねむれないふくろうオルガ　ルイス・スロボドキン 作，三原泉 訳　偕成社
八方にらみねこ　武田英子 文，清水耕蔵 絵　講談社
ぞうくんのさんぽ　なかのひろたか 作・絵　福音館書店
かあさんふくろう　イーディス・サッチャー・ハード 作，おびかゆうこ 訳，クレメント・ハード 絵　偕成社
こねこのぴっち　ハンス・フィッシャー 文・絵，石井桃子 訳　岩波書店
たんじょうび　ハンス・フィッシャー 文・絵，大塚勇三 訳　福音館書店
ちいさなヒッポ　マーシャ・ブラウン 作，内田莉莎子 訳　偕成社
あひるのピンのぼうけん　マージョリー・フラック 文，間崎ルリ子 訳，クルト・ヴィーゼ 絵　瑞雲舎
アンガスとあひる　マージョリー・フラック 作・絵，瀬田貞二 訳　福音館書店
くまのコールテンくん　ドン＝フリーマン 作，松岡享子 訳　偕成社
ぞうのババール　ジャン・ド・ブリュノフ 作・絵，矢川澄子 訳　評論社
ちいさなうさこちゃん　ディック・ブルーナ 文・絵，石井桃子 訳　福音館書店
ピーターラビットのおはなし　ビアトリクス・ポター 作・絵，石井桃子 訳　福音館書店
かもさんおとおり　ロバート・マックロスキー 文・絵，渡辺茂男 訳　福音館書店
こうさぎけんたのへんそう　松野正子 文，かまたのぶこ 絵　童心社
くんちゃんのだいりょこう　ドロシー・マリノ 文・絵，石井桃子 訳　岩波書店
くんちゃんのはじめてのがっこう　ドロシー・マリノ 作・絵，間崎ルリ子 訳　ペンギン社
こぐまのくまくん　E.H.ミナリック 文，松岡享子 訳，モーリス・センダック 絵　福音館書店
どうぶつのおやこ　藪内正幸 絵　福音館書店
はなのすきなうし　マンロー・リーフ 文，光吉夏弥 訳，ロバート・ローソン 絵　岩波書店
じてんしゃにのるひとまねこざる　H.A.レイ 文・絵，光吉夏弥 訳　岩波書店
ひとまねこざるびょういんへいく　マーガレット・レイ 文，光吉夏弥 訳，H.A.レイ 絵　岩波書店
スイミー　レオ＝レオニ 作，谷川俊太郎 訳　好学社
フレデリック　レオ＝レオニ 作，谷川俊太郎 訳　好学社
おおきくなりすぎたくま　リンド・ワード 文・画，渡辺茂男 訳　ほるぷ出版

《乗り物の絵本》
きかんしゃやえもん　阿川弘之 文，岡部冬彦 絵　岩波書店
がたんごとん　がたんごとん　安西水丸 作　福音館書店

ちいさなふるいじどうしゃ　マリー・ホール・エッツ 作，田辺五十鈴 訳　冨山房
ちびっこタグボート　ハーディ・グラマトキー 作・絵，渡辺茂男 訳　学習研究社
のろまなローラー　小出正吾 作，山本忠敬 絵　福音館書店
いたずらきかんしゃちゅうちゅう　バージニア・リー・バートン 文・絵，村岡花子 訳　福音館書店
マイク・マリガンとスチーム・ショベル　バージニア・リー・バートン 文・絵，石井桃子 訳　童話館出版
ちいさいしょうぼうじどうしゃ　ロイス・レンスキー 文・絵，渡辺茂男 訳　福音館書店
しょうぼうじどうしゃじぷた　渡辺茂男 作，山本忠敬 絵　福音館書店

《ファンタジーの絵本》
あかてぬぐいのおくさんと 7 にんのなかま　イ，ヨンギョン 文・絵，神谷丹路 訳　福音館書店
もりのなか　マリー・ホール・エッツ 文・絵，間崎ルリ子 訳　福音館書店
100 まんびきのねこ　ワンダ・ガアグ 文・絵，石井桃子 訳　福音館書店
だるまちゃんとてんぐちゃん　加古里子 作・絵　福音館書店
ぞうのホートンたまごをかえす　ドクター・スース 作・絵，白木茂 訳　偕成社
ロバのシルベスターとまほうの小石　ウィリアム・スタイグ 作，瀬田貞二 訳　評論社
おさるとぼうしうり　エズフィール・スロボドキーナ 作・絵，松岡享子 訳　福音館書店
かいじゅうたちのいるところ　モーリス・センダック 作，神宮輝夫 訳　冨山房
わにがまちにやってきた　チュコフスキー 作，内田莉莎子 訳，瀬川康男 絵　岩波書店
ぐりとぐら　中川李枝子 作，大村百合子 絵　　福音館書店
そらいろのたね　中川李枝子 文，大村百合子 絵　福音館書店
わたしのワンピース　西巻茅子 作　こぐま社
根っこのこどもたち目をさます　ヘレン・ディーン・フィッシュ 文，石井桃子 訳編，ジビレ・フォン・オルファー
　　ス 絵　童話館出版
ラチとらいおん　マレーク・ベロニカ 文・絵，徳永康元 訳　福音館書店
こぎつねコンとこだぬきポン　松野正子 作，二俣英五郎 画　童心社
ふしぎなたけのこ　松野正子 作，瀬川康男 絵　福音館書店
いちごばたけのちいさなおばあさん　わたりむつこ 作，中谷千代子 絵　福音館書店

《現実的な生活や出来事の絵本》
チムとゆうかんなせんちょうさん　エドワード・アーディゾーニ 作，瀬田貞二 訳　福音館書店
チムのいぬタウザー　エドワード・アーディゾーニ 作，中川千尋 訳　福音館書店
ソリちゃんのチュソク　イ，オクベ 文・絵，みせけい 訳　らんか社
あるあさ，ぼくは…　マリー・ホール・エッツ 文・絵，間崎ルリ子 訳　ペンギン社
あくたれラルフ　ジャック・ガントス 作，石井桃子 訳，ニコール・ルーベル 絵　童話館出版
ゆきのひ　エズラ・ジャック・キーツ 作・絵，木島始 訳　偕成社
ほら　なにもかもおちてくる　ジーン・ジオン 文，間崎ルリ子 訳，マーガレット・ブロイ・グレアム 絵　瑞雲舎
はちうえはぼくにまかせて　ジーン・ジオン 作，もりひさし 訳，マーガレット・ブロイ・グレアム 絵　ペンギン社
てぶくろがいっぱい　フローレンス・スロボドキン 文，三原泉 訳，ルイス・スロボドキン 絵　偕成社
スーザンのかくれんぼ　ルイス・スロボドキン 作，山主敏子 訳　偕成社
おやすみ　中川梨枝子 作，山脇百合子 絵　グランまま社
おまたせクッキー　パット・ハッチンス 作，乾侑美子 訳　偕成社
ティッチ　パット・ハッチンス 作・絵，石井桃子 訳　福音館書店
せいめいのれきし　バージニア・リー・バートン 文・絵，石井桃子 訳　岩波書店
ちいさいおうち　バージニア・リー・バートン 文・絵，石井桃子 訳　岩波書店

ぼく、だんごむし　得田之久 文，たかはしきよし 絵　福音館書店

ぼくのワンちゃん　シャーリー・ヒューズ 作，新井有子 訳　偕成社

ベンジーのもうふ　マイラ・ベリー・ブラウン 作，間崎ルリ子 訳，ドロシー・マリノ 絵　あすなろ書房

ウイリアムのこねこ　マージョリー・フラック 文・絵，間崎ルリ子 訳　新風舎

まりーちゃんとひつじ　フランソワーズ 文・絵，与田凖一 訳　岩波書店

ペレのあたらしいふく　エルサ・ベスコフ 作・絵，小野寺百合子 訳　福音館書店

げんきなマドレーヌ　ルドウィッヒ・ベーメルマンス 作・画，瀬田貞二 訳　福音館書店

海べのあさ　ロバート・マックロスキー 文・絵，石井桃子 訳　岩波書店

すばらしいとき　ロバート・マックロスキー 文・絵，渡辺茂男 訳　福音館書店

りんご　松野正子 文，鎌田暢子 絵　童心社

あまがさ　八島太郎 作　福音館書店

からすたろう　八島太郎 作　偕成社

ふたごのもうふ　ユン、ヘウォン 作，せなあいこ 訳　トランスビュー

スモールさんはおとうさん　ロイス・レンスキー 作・絵，渡辺茂男 訳　童話館出版

3　保育計画について　（指導法についての演習）

1）文学に出会う体験

　子どもが言葉の芸術としての文学に出会う体験は，乳児期から始まっている。日常的な会話に加えて，豊かな言葉の体験を子どもたちは耳にしていく。

①2歳くらいまで

　0歳のころから，子どもは周囲で交わされるたくさんの言葉や，おとなから自分にかけられる言葉を聞く体験を重ねている。特にこの時期に子どもに向けて歌いかけられる「子守唄」や「あやしうた」は，子どもにとって，メロディーのある言葉を聞く体験ともなっている。瀬田貞二は「児童文学の第一歩」として，母親の歌うわらべうたや子守唄をあげている[1]。

　また，信頼関係を築いた保育者と1対1で絵本を見ることも始まる。子どもは，絵本をもとに保育者とやり取りをしたり，保育者が読む声を真剣に聞いて自分でも繰り返して言ってみたりして，言葉を体験する。『**おおきなかぶ**[2]』や『**てぶくろ**[3]』など繰り返しのある物語の絵本を読んでもらうと，「うんとこしょ　どっこいしょ」など絵本の言葉を自分で言ってみることに加え，ごっこ遊びへと発展し，楽しむ様子も見られる。

②3歳くらいから

　3歳のころには，他の子どもたちと一緒に遊ぶわらべうた遊びを楽しむようになる。友だちと2人組になって身体の動きを合わせ，一緒に歌い，言葉の意味は理解できなくても，言葉の響きやリズムを声にして体験する。

*1 瀬田貞二『幼い子の文学』中央公論新社，1980　p58-59

*2 第9章p.160参照。

*3 本章p.178参照。

　また，楽しめる絵本も増える。クラスの子どもたちと一緒に絵本を聞くことも
できるようになり，物語を体験できるようになっていく。もちろん，一人ひとり
で絵本を読んでもらうことも楽しみ，さまざまな絵本に自分から手をのばしてい
く。3歳後半くらいからは，クラスの友だちと一緒に短いストーリーテリング（お
話）も楽しめるようになる。言葉だけでイメージすることが難しい子どもたちに
とって，絵があることは想像する際の助けともなるため，折に触れて絵本の読み
聞かせの経験を重ねていくことがストーリーテリング（お話）を楽しむことにも
つながっていく。

　クラスで楽しんだ絵本や物語をもとに，ごっこ遊びや簡単な劇遊びも始まり，
想像上の世界を自分でイメージし，遊ぶようになる。『**三びきのやぎのがらがら
どん**[*1]』や「**三びきの子ブタ**[*2]」など，トロルやオオカミなど脅威の存在が出てく
る物語も，ごっこ遊びで楽しみ，役割を認識するようになると，劇遊び[*3]へと発
展していく。

[*1] 本章p.177参照。

[*2] 本章p.170参照。

[*3] 第9章p.146参照。

③4，5歳くらいから

　クラスの子どもたちと一緒になって，わらべうたで遊び，絵本を聞き，長いス
トーリーテリング（お話）を楽しむようになる。詩にも興味を示し，メロディー
のない響きやリズムを楽しめる言葉の体験を広げていく。こうした経験をつみ重
ねていくことを通して，20分程度のストーリーテリング（お話）を集中して聞く
ことができる子どもも増え，物語の展開を追う中で因果関係などを理解するよう
になるとともに，主人公の感情やテーマ（主題）も感じ取っている姿がみられる
ようになる。さらに長い物語にも興味を示すようになり，『**エルマーのぼうけん**[*4]』
など，毎日続けて幼年童話を読んでもらうことも楽しむ姿が見られる。

[*4] 本章p.172参照。

　文字への関心も高まり，自分で読んだり書いたりすることができる子どもも増
えてくる。しかし，文字を自分で読みながら物語を体験したり，絵本を楽しんだ
りすることは幼児期の子どもにはとても難しい。文字が自分で読めても，保育者
にクラスの子どもたちと一緒に読んでもらうことは，新たな物語の体験として重
要である。また，集団でイメージを共有して遊ぶ劇遊びも楽しむようになり，言
葉で他の子どもたちとイメージを共有していく姿も見られる。劇遊びは劇づくり
へと発展し，観せることを意識して物語の内容について自分たちで話し合う姿も
見られるようになる。

2）絵本の読み聞かせ

　保育の中では，帰りの会や午睡前など決まった時間に読み聞かせを行う場合や
遊びと遊びの間の短い時間に読む場合，絵本を持ってきた子どもと一緒に少人数

で楽しむ場合などさまざまな状況で絵本と出会う機会がある。次に展開していく活動の導入として絵本を聞くことも多い。絵本の読み聞かせは，それだけで言葉の体験として非常に重要な体験となりうる活動である。何を子どもと体験したいのか，よく考えて保育のねらいを設定することが重要である。

　また，日々の保育の中では読み聞かせがルーティンとして行われ，絵本もその場にあるものを手に取って読んでいくこともあるだろう。しかし，子どもにとって絵本は大きな楽しみを体験できる活動であり，保育者が1冊ずつ丁寧に向き合い，選ぶことが必要である。絵本の選択が難しい場合は，さまざまな子どもの本のリストを参照するなどの方法で絵本を選んでみるのもよい。保育者自身がさまざまな絵本を楽しむと，子どもとの絵本の楽しみ方も変わってくる。

　そもそも絵本は，子ども一人ひとり，あるいは2，3名までと，読み手であるおとなが一緒に楽しむことを想定してつくられているものである。その中で，大きな絵本（大型絵本）はクラスなど集団での読み聞かせを実施することができるものもある。

指導計画の例〈4歳児　絵本の読み聞かせ〉

○月　○日（　）		4歳児　○○組　20　名	
実習生氏名	○○　○○○	指導担当者名	○○　○○○
主な活動	絵本『スイミー』の読み聞かせを聞く		
子どもの姿	• クラスで絵本の読み聞かせを聞くことを楽しみ，登場人物や出来事についておもしろかったところを話す姿が見られる。 • 絵本の絵をよく見て，描かれているものに興味を示している。		
ねらい	• クラスで絵本の読み聞かせを聞き，スイミーが冒険する物語の体験の楽しさを味わう。 • 絵に描かれたものをよく見て，海の中の様子を想像することを楽しむ。		
内容	• 絵本『スイミー』の読み聞かせをクラスで聞く。 • 実習生の読み聞かせを楽しむ。		
準備物	絵本『スイミー』		
時間	環境構成	予想される子どもの活動	保育者としての援助と留意点
10：00	○…実習生 ×…子ども	• 実習生の前に集まって座る。 • 絵が見えやすいように，重なり合わない位置に座る。	• 実習生の前に集まって座るように声をかける。 • 絵本を読むことを伝え，絵本を持ち，絵が見える位置に座るように促す。 • 一人ひとりの顔が見えるように自分の座る位置を調整する。

読み聞かせの前に，読みたい絵本の大きさや描かれている重要な物などが最後列の子どもにも見えるかどうか，確認しておく。

子どもたちがみんな正面から絵を見られるように，あまり広がらないように座る位置を決める。

椅子に座る場合も床に座る場合も，子どもが絵を見られるように実習生の座る高さも確認しておく。

	 ○…実習生 ×…子ども	● 絵本『スイミー』の読み聞かせを聞く。	
			● 絵本の表紙を見せ，読み聞かせが始まることに期待できるようにするとともに，タイトルを読み，内容に興味を持てるようにする。	落ち着かない様子の時は，手遊びを行うなど集中できるようにしてもよい。

● 描かれている黒い魚に気付き，興味を持つとともに，物語が始まることに期待する。

● 絵本をすみずみまで楽しめるように，見返しや扉（タイトルページ）も丁寧に見せる。

扉（タイトルページ）では，もう一度タイトルを読む。

● 絵本の絵をじっと見て，物語を楽しむ。

● どのページの絵もしっかり見えるように，安定して持つ。

● スイミーの行動とともに物語の展開を追う。

● 物語がしっかり伝わるように，一つ一つの言葉を丁寧に読む。

● 実習生の顔を見る子どももいる。

● 一人ひとりに向けて読んでいることが伝わるように，子どもの顔を見て読む。

物語の展開や場面に合わせて，単調にならないように，自然に読む。大げさに抑揚をつけなくても，子どもは物語の展開を追い，集中して聞くことができる。

● 「スイミー，かわいそう」など自分の思いを言葉にする子どももいる。

● 物語の流れを止めることのないように気を付けて，子どもの発言に応じる。

ページをめくる時などは，子どもたちに顔を向けやすい。子どもたちの方に顔を向けて読むと，言葉も届きやすくなる。

● クラゲやイセエビ，ウナギなどを見て，声をあげたり，目を丸くする子どももいる。

● 海の中の様子や，出会った生き物たちの絵をたっぷり楽しめるように，ゆっくりとページを見せる時間を取る。

● スイミーが小さな魚のきょうだいたちと出会った場面では，物語が展開したことを感じる。

● 物語の展開に合わせてページをめくるスピードを調節する。

● スイミーたちが大きな魚を追いやれたことを知り，達成感を味わう。

● 物語の結末に安心感や達成感を得られるように，静かに終わる。

● 表紙と裏表紙の絵がつながっていることに驚く子どももいる。

● 裏表紙を見せて絵本を閉じた後，表紙と裏表紙をつなげて見せ，タイトルをもう一度読み，みんなで聞いて楽しんだ余韻を味わえるようにする。

1冊の絵本をすみずみまで楽しめるように，全てのページを見せる。

● 実習生の話を聞く。

● 絵本を保育室内に置いておくことを伝え，子どもがいつでも楽しめるようにするとともに，次回の読み聞かせに期待を持てるようにする。

10：10

スイミー
ちいさな かしこい
さかなの はなし
レオ＝レオ二作・絵,
谷川俊太郎訳 好学社 (1969)

絵本『スイミー』は，小学校2年生の国語の教科書（光村教育図書出版）に掲載され，国語教材としても活用されている。国語の授業においては，スイミーの行動を追い，スイミーの感情に着目して，テーマを考察していくことも多い。絵本『スイミー』でもっともページが費やされて描かれるのは，スイミーが出会う海の中の生き物やその美しさである。子どもたちは，イセエビやウナギの姿に目を見張る。読み聞かせの際には，まず，すみずみまで絵を見て海の中を満喫できるようにすることが，子どもにとっては大きな楽しみとなる。

　子どもたちは，絵本を読んでもらうことを楽しむ。新たな言葉の体験を得るとともに，クラスみんなで同じ絵本を共有する楽しみを味わうと，ごっこ遊びや劇遊び，表現活動や製作遊びなど，新たな遊びの世界へも広がっていく。まずじゅうぶんに絵本を味わうこと，そして子どもが主体的にさまざまな遊びへとつなげていける環境を整えることが大切である。

3) ストーリーテリング (お話)

　ストーリーテリング（お話）を保育の中で実践するためには，まず物語を選び，覚える必要がある。準備には時間がかかるが，子どもにとって，言葉だけで想像していく貴重な体験となる。また，ストーリーテリング（お話）では，子どもは保育者と直接目を合わせながら，物語を聞く。絵本の読み聞かせのように絵を見ることなく，終始保育者の目を見て言葉を聞く。子どもと保育者のかかわりは，より密接なものとなる。ストーリーテリング（お話）は，絵本の読み聞かせとは異なる経験を子どもにもたらし，新たな楽しみとなるため，保育者が取り組む意義は大きい。

①物語の選び方

　まず，保育者自身が楽しいと思えるものを選ぶとよい。保育者が楽しいと感じていることは子どもにも伝わり，ストーリーテリング（お話）を聞く際に，安心して登場人物の冒険を追うことができる。

　次に，子どもたちが楽しめる物語かどうかを評価する。発達の過程に沿っているか，今，その子どもたちが感じている興味や関心に合っているか，子どもたちの日常を知っている保育者だからこそ，その時にふさわしい物語を選ぶことがで

きる。また，言葉は耳から聞くだけで展開を追え，楽しい響きやリズムが感じられるなど，文学としての言葉の体験ができるかを考える。昔話は，いろいろな言葉で再話され出版されているため，原話を確かめてみて，クラスの子どもたちと楽しみたいと感じられるものを選ぶとよい。

②物語の覚え方

ストーリーテリング（お話）では，基本的には文学として描かれた言葉をそのまま覚えて，語る。

覚え方は，人それぞれであるが，松岡享子はお話の覚え方として4点あげている[1]。

- 全体を声に出して読む
- 話の骨組を頭にいれる
- 話を絵にする（場面ごとに）
- 仕上げをする（全体をとおして）

黙読を繰り返したり，声に出して読んだり，言葉がしっかり自分の中で落ち着くまで丁寧に覚えると，ストーリーテリング（お話）を実践する際にも安心して語ることができる。

[1] 松岡享子『たのしいお話　お話を語る』日本エディタースクール出版部, 1994, p.15

指導計画の例〈5歳児　ストーリーテリング（お話）〉

○月　○日（　）		5歳児　　○○組　23　名	
実習生氏名	○○　○○○	指導担当者名	○○　○○○
主な活動	お話「こすずめのぼうけん」を聞く		
子どもの姿	● クラスで長い絵本の読み聞かせを楽しみ，物語の展開を追い，登場人物などのイメージをお互いに話す姿が見られる。 ● 簡潔なお話なら集中して聞き，物語を楽しんでいる。		
ねらい	● クラスでお話を聞き，主人公の行動に一体化するとともに物語の体験の楽しさを味わう。 ● 絵がなくても，自ら想像していくことを楽しむ。		
内容	● お話「こすずめのぼうけん」をクラスで聞く。 ● 実習生のお話を聞き，想像して楽しむ。		
準備物	『愛蔵版　おはなしのろうそく7　雨のち晴』（東京子ども図書館2005）		

時間	環境構成	予想される子どもの活動	保育者としての援助と留意点
10：00	○…実習生 ×…子ども	● 実習生の前に椅子を持って集まる。 ● 実習生と目が合うように，顔が重ならないようにして座る。	● 実習生の前に椅子を持って集まるように声をかける。 ● お話をすることを伝え，期待が持てるようにする。 ● 一人ひとりの顔が見えるように自分の座る位置を調整する。

絵本『こすずめのぼうけん』（p.195参照）も同じ物語である。

子どもたちが集中して聞けるように，椅子に座るなど一人ひとりの空間がある程度保障されているとよい。また，静かで落ち着けるように環境を整える。

図書館などの「おはなし会」の場合は，「おはなしのベル」を鳴らしてお話を始めるなど雰囲気づくりが行われることもあり，参考にしてみるのもよい。

		•お話「こすずめのぼうけん」を聞く。		
			•お話のタイトルを伝え，お話が始まることに期待できるようにするとともに，内容に興味を持てるようにする。	落ち着かない様子の時は手遊びを行うなど集中できるようにしてもよいが，子どもが聞きたいという気持ちになっていて意欲が感じられるときは，すぐに始めた方がお話に入っていきやすい。
		•冒頭の場面で物語の主人公がこすずめであることや背景を把握する。	•主人公や背景を想像できるように，一つ一つの言葉をはっきりと聞き取れるように語る。	最後列の子どもにも言葉がはっきりと聞き取れるように，声の大きさだけでなく，発音などに気を付ける。方言については気にしすぎなくてもよいが，語頭語尾が曖昧にならないように心がける。
		•実習生の顔を見て，お話を聞く。	•表情を確認するとともに，一人ひとりと目が合わせられるようにする。	
		•鳥の鳴き声からそれぞれの鳥を想像する。	•言葉の響きを楽しみ，イメージできるように，自然に語る。	鳴き声などに声色を使わなくてよい。子どもが言葉を耳にし，その言葉を手がかりに想像していけるように配慮する。
		•「やまばとってなに？」など質問する子どももいる。	•物語の流れを止めないように，子どもに応じる。	子どもが話しかけたり，質問をした場合，物語に集中している子どももいるため，物語が中断しないように簡潔に答えたり，目を合わせてうなずいて後で答えるようにする。
		•こすずめが疲れていくのと合わせて，つらそうな表情や心配そうにする子どももいる。	•主人公と一体化できるように，物語の展開に沿って語る。	身振り・手振りや大げさな演技などがあると，物語そのものに集中できなくなることがある。
		•他のことが気になる様子の子どももいる。	•自分に向けて語られていると感じられるように，目を合わせて語る。	他のことに気を取られたり，身動きしたりする子どもがいる際は，少し間を取ったり，その子どもと目を合わせるなどすると，また物語を聞くようになることもある。
		•こすずめが無事に巣に戻れるとほっとした様子を見せる。	•満足して物語の結末を迎えられるように，ゆっくり終わる。	
		•お話が終わった後，自分のイメージや体験を実習生に伝えようとする子どももいる。	•子どもの言葉に答え，感想をみんなで共有する。	感想を言わず，静かに満足して余韻を楽しんでいる子どももいるため，無理強いしない。
		•実習生の話を聞く。	•『愛蔵版おはなしのろうそく7』を見せ，他のお話も載っていることを紹介し，さまざまなお話に興味を持てるようにする。	絵本『こすずめのぼうけん』を示す場合は，表紙を見せ，同様に保育室内に置いてくことを伝える。子どもは一人ひとりそれぞれのイメージを描いているため，お話の直後に絵を詳細に見せなくてもよい。
			•『愛蔵版おはなしのろうそく7』を保育室内に置いておくことを伝え，子どもがいつでも手に取れるようにする。	

こすずめのぼうけん
ルース・エインズワース作，石井 桃子
訳，堀内誠一画　福音館書店 (1976)

「こすずめのぼうけん」は，絵本としても出版されている。

　絵本の言葉は，原則として絵に合わせたものになっているため，ストーリーテリング（お話）で言葉だけで伝える際には向かないこともある。絵とともに物語を体験することが重要であり，読み聞かせをするとよい。しかし，もともと語り継がれてきた昔話や，幼年童話として出版された物語が絵本化されている場合は，ストーリーテリング（お話）で語ることもできる。

（例）
- **やまなしもぎ**　平野直再話，太田大八絵　福音館書店 (1977)
- **マーシャとくま**
　　M・ブラートフ再話，内田莉莎子訳，エウゲーニー・M・ラチョフ絵　福音館書店 (1963)

　ストーリーテリング（お話）の体験は，子どもたちにとって本への興味にもつながる。物語が載っている本を紹介し，手に取れるようにしておくと，子どもたちの体験はさらに広がる。

　言葉から想像し，自分の経験に基づいてイメージをつくり上げていくストーリーテリング（お話）の体験は，子ども自身の経験の違いによって受け止め方も多様となる。直後に自分の思いや感想を表現する子どももいれば，静かに余韻を味わう子どももいる。子どもが，何か伝えたいと感じた時に受け止められるように待つことも大切である。

　一方，ストーリーテリング（お話）をクラスの友だちとともに体験すると，自分とは異なる反応を示す子どもから，新たな楽しみ方を得ることもできる。子どもの経験は一人ひとり異なり，想像していくものも異なるが，一つの物語を共有した実感に基づき，イメージを共有し，ごっこ遊びや劇遊び，製作活動へと発展していくこともある。

4) 絵本や本のある環境

　絵本を読んでもらったり，ストーリーテリング（お話）を聞いた後，子どもは自分でもう一度絵をじっくり見たり，自分で言葉を繰り返したりして楽しむことがある。保育者や友だちと一緒に読み，楽しいと分かっている絵本を何度も楽し

もうと，安心して手をのばす。クラスで読み聞かせやストーリーテリング（お話）を行った後に，子どもたちが自由に絵本や本を手に取れるようにしておくと，「これ，読んで」と持ってきたり，自分でページをめくったりして，子どもの物語の体験はさらに広がっていく。クラスみんなで読み聞かせを楽しむようになっても，一人ひとりと絵本を楽しむ機会も大切にすることができるとよい。

①保育室内での絵本の書架の配置

　書架の周囲で，子どもが何人か落ち着いて座り，集中して絵本を見られる場所が確保できるとよい。遊具や玩具などの出し入れが行われたり，他の場所への移動の時に通路になったり，音や動きがあるところではないことが望ましい。

②絵本の置き方

　背表紙が並んでいるだけでは，文字を読めない子どもたちは絵本を手に取りにくい。表紙を見せて置いておくと，読んでもらった絵本かどうかが分かりやすい。また，読み聞かせを行っていない絵本の絵にも興味を示し，自分から手をのばしていく姿も見られる。すべての絵本の表紙を見せることは難しいが，可能な限り表紙を見せることができるとよい。

　背表紙が見えるように並べる場合は書架の高さと絵本の量に注意する。自分で見て手に取れる高さに，ゆとりを持って絵本が並んでいれば，子どもが自分で出し入れしやすく，手をのばしやすい。絵本は版型や大きさが違い，一様に並べることは難しいが，いつも同じあたりに同じ絵本があると子どもは自分が好きな絵本を見つけやすくなる。

　また，季節や行事や，そのときどきの子どもたちの興味や関心に合わせて表紙を見せておく絵本をかえると，子どもも新しい絵本に興味を示しやすい。

③絵本の取り扱い

　新しい絵本は開き癖をつけておくと，子どもも見やすい。やぶれたページなどはきちんと修理を行い，いつでもすべての絵がきれいな状態で見られるようにしておく。丁寧に扱われたきれいな絵本は，子どもたち自身が丁寧に扱う様になっていく。

【引用・参考文献】

ポール・アザール『本・子ども・大人』紀伊國屋書店，1957

石井桃子他『子どもの文学』福音館書店，1967

エリン・グリーン『ストーリーテリング　その心と技』こぐま社，2009

リリアン・H・スミス『児童文学論』岩波書店，1964

瀬田貞二『幼い子の文学』中央公論新社，1980

間崎ルリ子『ストーリーテリング―現代におけるおはなし―』児童図書館研究会，1987

松岡享子『えほんのせかい　こどものせかい』日本エディタースクール出版部，1987

松岡享子『たのしいお話　お話を子どもに』日本エディタースクール出版部，1994

松岡享子『昔話を絵本にすること』東京子ども図書館，1981

第11章 領域「言葉」における教材研究と指導法4
生活に使って楽しむ

学びのポイント
- 「挨拶」「依頼・謝罪」「異年齢交友」など生活の中で使われる言葉を学ぶ。
- 「伝え合い」におけるポイントと保育者のかかわりについて理解する。
- 手紙・かるたなど，子どもにとっての文字の獲得過程を知る。
- 実践例を通して指導計画の立案について学び，模擬保育を行う。

1 生活で使う 話し言葉で伝え合う 小学校の「話合い活動」につなぐ

1）生活で使う言葉

①毎日の挨拶

　言葉は，身近な養育者との応答的言葉かけによって獲得されていく。そして，生活の中で使うことにより発達していく。「保育所保育指針解説[*1]」，「１歳以上３歳未満児の保育に関わるねらい及び内容」の言葉の獲得に関する領域「言葉」の内容「③親しみをもって日常の挨拶に応じる。」の解説には，

> 　毎日の生活の中で，温かく安心できる雰囲気の中で交わされる，明るく親しみを込めた挨拶に，自分も応じようとするようになる。

と，挨拶の応答から始めることが記されている。保育者が挨拶をはじめとする日常の言葉を子どもに十分に伝えて，それに対する応答を促すことは大切なことである。

　朝，子どもが登園すれば保育者は保護者に対して「おはようございます」と挨拶する。それに対して保護者も「おはようございます」と挨拶する。それを見ていた子どもに対しても保育者は「おはようございます」と挨拶する。子どもははじめのうちは挨拶ができないのだが，決して強要する必要はない。保護者との挨拶を見ている子どもは，保育者との信頼関係が構築されるにしたがって，自然と挨拶を返すようになる。そのうちに，保護者よりも先に，「先生おはようございます」という挨拶をするようにもなってくる。

*1 厚生労働省，2018（平成30）年。

給食の前の「いただきます」も段々と上手に言えるようになってくるし，帰りの「さようなら」も，友だちや保育者にきちんと言えるようになってくる。これも決して無理強いするのではなく，皆で一緒にする挨拶，個々の挨拶を保育者が大切にして，地道に続けていけば，誰もがきちんと挨拶をできるようになる。なお，声に出すのが難しい子の場合は，頭を下げるなどの動作をきちんと行うことを促していくことが必要である。その場合も無理に言葉を出させる必要はなく，保育者が言葉かけを続けていくこと，言葉が出なくとも，動作や表情によるコミュニケーションが感じられることが大切である。

　3歳以上児の保育では，「保育所保育指針解説」の「3歳以上児の保育に関するねらい及び内容」言葉の内容「③したいこと，してほしいことを言葉で表現したり，分からないことを尋ねたりする。」に以下のように記されている。

> 　子どもは，他の子どもが使っている面白そうな遊具などを見付けると，自分でもそれらの遊具に触れたり，使ったりしてみたくなる。しかし，例えば，他の子どもの使っている遊具を自分も使いたいからといって，それを無断で使ったりすれば，相手から非難されたり，抗議されたりすることになる。このように，自分がこうしたいと思っても，相手にその気持ちを伝えることなく自分の欲求を満たそうとすれば，相手ともめることになるだろう。

　集団生活の中では，心の中で思っているだけでは周囲が察してくれることはむずかしい。子どもは，自分のしたいことや相手にしてほしいことについて，言葉による伝え方や，相手の合意を得ることの必要性を理解していく。また，自分のわからないことや知りたいことなどを相手にわかる言葉で表現し，伝えることが必要であることも理解していく。言葉で表現しなければ周囲は理解してくれないことがわかっていくのである。

②依頼の言葉，謝罪の言葉

　子どもは「スコップ」「おさら」「くるま」「バケツ」などといった身近な物の名前から，どんどん使えるようになっていく。そうした言葉を使用して，「スコップかしてね」「バケツかしてください」といった依頼の言葉を相手にかけることができるようになる。友だちとのかかわりができてくる中で，「〇〇ちゃん」という呼び名も使えるようになる。自分と同じように，まわりの友だちにも名前があることが理解できるようになる。そうすれば，「〇〇ちゃん，おさらかしてね。」という依頼の言葉を伝えることができるようになる。また，そうしないとトラブルが生まれることもわかってくる。依頼された相手は，「いいよ」，あるいは「どうぞ」「ちょっとまってね」といった内容の言葉を返すこともわかってくる。

　これは，保育者に対しても同様で，最初は「かして」といった単語で依頼してくる子どもが多い。そうした場合，保育者は「何をですか」「はさみ」「じゃあ，はさみかしてください，だよね」。そうした会話の中で，子どもは恥ずかしそうに「先生，はさみ貸してください」という依頼の言葉を言えるようになってくる。そのとき，保育者は必ず「はい，どうぞ」と言葉を添えて貸すことを忘れないようにする。そうしたやりとりの中で，子どもは言葉の言い回しを覚え，子ども同士のやりとりの中でもそれを使用していくことになる。

　また，遊具を交代で使う場合の「順番」「交代」などといった特別な用語は，集団生活を営む園の中で育っていくものだが，そうした言葉を使ったとしてもトラブルは生じる。自分の思いをなかなか上手に言葉で表すことのできない場合は多く，トラブルになる。そんなときにきちんと自分で謝る言葉を発することも大切なことである。

　まず大切なことは，保育者自身が間違ったときに，きちんと謝罪の言葉を子どもたちに伝えることである。ふだんの生活の中でのそうした言葉は，子どもたちに良い影響を与えることになる。「ごめんね」だけではなく，きちんと理由を添えて，文の形で謝罪の言葉を伝えることが大切である。「〇〇ちゃん，ちゃんと見ていなくて，たしかめるのを忘れて注意してしまったの。ごめんなさいね」。そうした態度と言葉を感じた子どもたちは，きちんと謝ることの大切さを感じるだろう。自分が謝られてうれしかったという経験は，他の人に謝ることの大切さを育んでくれるはずである。

　例えば「ごめんね」「いいよ」で解決する場合もあるが，その言葉だけでは心の解決がつかない場合もある。わざとでなくても，相手に痛い思いをさせたときには，すぐに「ぶつかってしまってごめんなさい」と謝る。そうすれば相手も怒らずに「うん，いたかったけど，いいよ」という返事になってくる。「いたかったでしょう，ごめんなさい」という相手の気持ちを受容する言葉も効果的になる。

③異年齢間での言葉

　「幼稚園教育要領解説[*1]」の第4節　指導計画の作成と幼児理解に基づいた評価の「言語活動の充実」については，以下のようにある。

＊1 文部科学省, 2018(平成30)年。

> 　幼児が言葉を獲得していくにつれて芽生える，幼児の話したい，表現したい，伝えたいなどの様々な気持ちを受け止めつつ，生活の中で必要な言葉を使う場面を意図的につくり，言語活動を充実することも重要である。例えば，異年齢の幼児同士が関わるときに同年齢とは違う言い方で分かるように伝えようとしたり，誕生会を進めていく際にふさわしい言葉を考えて使ったりすることなどは，獲得した言葉を様々な状況に合わせて使いこなすよい機会に

> なる。

　異年齢間での会話における異なった言い方，誕生会などの公的な場での言葉など，ふだんと違った状況において，話し方を変えて言葉を使っていく機会の大切さが述べられている。

　同年齢では丁寧語を使用する必要はないが，異年齢では敬語・丁寧語を少し使うことが必要だし，年下に対しては年下に対するやさしい表現も出てくることになる。こうした言葉は通常，家族ごっこ（ままごと）の中で獲得されることもある。「あかちゃん，しずかにねてようね。もうすぐママがかえってくるからね。泣いちゃだめだよ。」といった年下の子どもに対する話し方。「お姉ちゃん，赤ちゃんのおむつをかえてください。ないているから。」こうした，お姉ちゃんたちに対する話し方も，少しずつ覚えてくる。「〇〇ちゃん，この絵本を片付けておいてね。」といった，先生の子どもたちへの話し方も真似するようになってくる。子どもたちは真似をすることにより，さまざまな言い回しを獲得していく。

　年長の子どもと一緒に遊ぶときには，「おにいさん，おねえさん，よろしくおねがいします」といった挨拶を保育者が行い，年長に対する態度を言葉で示すことを学んでいく。年長の子どもたちも下の子どもへのいたわりを持った言葉を覚えて，使用していくことになる。

　また，誕生会のような異年齢の子どもたちが多く集まる場所では，異年齢の子どもに伝わるような丁寧な話し方をすることが必要になる。誕生会の司会は保育者が行うことになるのが一般的だろうが，その中で「誕生日のお友だちに聞きたいことはありませんか？」という質問を発すれば，質問を思いついて発表する子どもが出るだろうし，その場合，多くの人々の前での発表になるので，自然と言葉も変わってくることになる。また，ふだんから子どもたちの伝え合い活動を保育場面で行っていれば，子どもたちに誕生会の司会をしてもらうことも可能かもしれない。司会者になった子どもは「それでは，誕生日のお友だちに登場していただきましょう」といった言葉を演技して発することになるし，「次に誕生日のお友だちに今の気持ちを話してもらいましょう」などと発言することもできる。そんな年長の姿を見ている年下の子どもたちは，場面に応じた言葉を学んでいくことにもなる。

2）話し言葉で伝え合う

①「聞く」「意見を持つ」「話す」ための環境

　子どもたちの話し言葉は，生活の中で育っていき，年長の段階でほぼ完成する。

細かい文法的な事柄や複雑な言い回しは不足しているものの，自分の考えを相手に伝えることはできるようになっている。子どもは心を動かされる体験を通してさまざまな思いを抱き，その気持ちを口に出したり親しい相手に気持ちを伝えたりし，そして，共感してもらうと喜びを感じるようになる。また，自分の話を聞いてもらうことにより，自分も人の話をよく聞こうとする気持ちになる。そうした形が伝え合いという形に発展していく。

「保育所保育指針解説」の「3歳以上児の保育に関するねらい及び内容」言葉の「内容の取扱い」には，

> ②子どもが自分の思いを言葉で伝えるとともに，保育士等や他の子どもなどの話を興味をもって注意して聞くことを通して次第に話を理解するようになっていき，言葉による伝え合いができるようにすること。

と，「言葉による伝え合い」が解説される。心の中での思いを言葉に表現して友だちに伝える楽しさが強調され，その上で相手の話を聞いて理解したり共感したりする，そのやり取りを楽しいと感じることにより，言葉の伝え合いの能力が高まっていくのである。

ただそうはいっても，子どもたちの個人差は大きく，まだまだ伝えるという能力が身についていない子どもも多くいる。その場合は，環境としての保育者がその仲立ちをする必要がある。言葉を表現する能力が発達していない子どもの思いを汲み取り，その子の足りない言葉を付け加え，お互いの話が伝わり合うような援助をすることが環境を整えるということになる。幼児の伝え合いのためには，保育者の仲介が必要不可欠なものであり，これは，後の小学校での話合い活動にもつながっていく。

また，保育所保育指針「幼児期の終わりまでに育ってほしい姿」の10項目の中には，「言葉による伝え合い」という項目が規定されている。

> **ケ　言葉による伝え合い**
> 　保育士等や友達と心を通わせる中で，絵本や物語などに親しみながら，豊かな言葉や表現を身に付け，経験したことや考えたことなどを言葉で伝えたり，相手の話を注意して聞いたりし，言葉による伝え合いを楽しむようになる。

幼児がヒアリング能力を身につけ，表現能力も身につけた上でコミュニケーションを楽しむことができるというわけである。5歳児の後半になると，伝える

相手や状況に応じて，言葉の使い方や表現の仕方を変えることができるようになり，言葉による伝え合いを楽しむ場合が増えてくる。同項目の「保育所保育指針解説」の用例には次のようにある。

例えば，保育士等が読み聞かせをした絵本の中に「こもれび」という言葉がある。遠足に行った時，皆で木立の間を散策していると，数名の子どもが木の下から空を見上げ，「わあ，きれい」「キラキラしてる」「まぶしいね」「目がチカチカする」などと話している。すると，一人の子どもが思い出したように「これ，こもれびだ」と言う。「ああ，こもれびね」「こもれびって，キラキラしてるね」と見上げながら会話が続く。近くに来た友達にも，「見て，こもれびだよ」と伝えて一緒に見る。地面に映ったこもれびを見付けると，「下もきれいだよ」「ほんとうだ」「あっちにもあるよ」などと気付いたことを伝え合いながら，散策が続いていく。

つまり，学習のためや人間関係を築くために伝え合いをできることが重要であることが記されているのである。こうしたことができるためには，保育者や友だちと気軽に言葉を交わすことができる雰囲気や関係が必要であり，伝えたくなるような体験，相手の気持ちや行動を理解したい気持ちなどが大切で，そうした環境を保育者が整える必要がある。

以上の事柄をふまえて考えてみると，小学校入学に向けては，他の人の意見をしっかり聞けること，自分の意見を持てること，さらには，手を上げてみんなの前で発言できるようになることが大切になる。つまり，他人の意見を聞こうとする姿勢，自分で考えて自分なりの意見を持つ姿勢，積極的に発言しようとする姿勢の3つが必要になるわけである。保育者はこうした態度を持てるような環境構成を考えていかなければいけない。

②言葉を引き出す保育者のかかわり

先述の通り，言葉の獲得には個人差が大きく，5歳から6歳で自分の考えを上手に相手に伝えることのできる子どももいるが，それが苦手な子どももいる。子ども同士の会話の場合，言葉の発達の早い子どもが中心になって会話を引っ張り，そうでない子どもは，「そうだね」「うん」などといった相づち的な応答しかできない場合もある。小学校に向けて，伝え合い活動から話合い活動へ変化させていく必要がある。言葉の発達の早い子どもばかりが発言することでは話合いは成り立たない。そうした場合に，おとなしい子の意見を引き出す技術が保育者には必要となる。

例えば，話合い活動に向けて，自分たちで話合いをさせて，話合いのルールを

作っていくという方法もある。しかし，これにはふだんからの細やかな取り組み
が必要である。一般的には，うまく話合いができていかない場合には，おとなで
ある保育者が一つの環境として入り込み，積極的に発言することのできない子ど
もの思いを引き出してやることである。発言できない子どもが意見を持っていな
いわけではない。そうした子どもも発言できるような雰囲気を作っていく必要が
あるわけだ。その方向を，子どもたちとともに，みんなで構築することができれ
ば，多くの子どもたちが発言して，みんなの意見としてまとめることができるよ
うになる。

　例えば，秋の運動会について，どんな演目を行い，どんな衣装を着るのかといっ
たことを話し合うとしよう。どんな演目がいいかということを聞けば，発言でき
る子どもは自分の思う考えをどんどん発表するだろう。もっとも，子どもたちの
頭の中に経験という引き出しがなければ，引き出すことはできない。本来ならば，
ふだんの遊びの中に，そうした演目になるものをちりばめていなければいけない。
それによって，子どもたちが楽しい演目を引き出すことができる。

　しかし，ふだんの遊びから引き出せないとしたら，保育者が選択肢を示す必要
がある。複数の選択肢を出して，子どもたちが好むものを決めていくという方向
になる。

　「○○の踊りがいいと思う」，「かけっこは4人ずつ走るのがいいと思う」，「お父
さんと一緒にかりもの競争をやれると楽しい」など，色々な提案をできる子ども
がいるかもしれない。

　やりたいことがあるのに皆の前で発表できない子どもも多い。その子のふだん
の様子や行動から推察して，保育者は発表できない子どもの代弁者になることも
必要だし，積極的になれない子どもの思いを引き出してやることも大切である。
そうした提案を引き出しながら，みんなが納得できる演目へと導いていくのも保
育者の役割である。あるいは，もっと細かい事柄，例えばリレーの順番を，グルー
プの子どもたちに決めさせるというのも一つの方法である。お互いの個性を少し
ずつわかりはじめている子どもたちは，互いの長所短所を補える順番を，子ども
たちなりに決めていくかもしれない。

　衣装についても，保育者が保護者のみとの相談で決めたり，園長・主任などと
話し合って決めるのではなく，子どもたちの思いを汲み取りながら，子どもたち
の制作できる範囲で，子どもたちの思う衣装へと話合いを進めるのも一つの方法
である。子どもたちの伝え合いの能力を引き出して，話合いへと引き上げること
が年長では可能になってくるのである。

　また，ふだんの伝え合い活動の中で，多くの子どもたちの考えを引き出すため
には，「お友だちのいいところ探し」，あるいは「お友だちについて知っているこ

とを伝えよう」ごっこも楽しくできるかもしれない。クラスの中で順番に，「○○ちゃんのいいところを教えてあげてください」，あるいは，「○○ちゃんについて知っていることを教えてください」といった発問を保育者がしてみるのである。色々な子どもが発言してくれるだろうし，もしかしたら保育者の気がつかない面を，意外な子どもが教えてくれるかもしれない。そうした伝え合い活動の中で，発言する楽しさも感じることができるだろう。

3) 小学校における話合い活動

　小学校に入った後の話合い活動はどのように規定されているだろうか。小学校学習指導要領（平成29年告示）[*1]の特別活動の「第2　各活動・学校行事の目標及び内容〔学級活動〕」の目標は以下である。

＊1 文部科学省, 2017（平成29）年3月告示。

> 　学級や学校での生活をよりよくするための課題を見いだし，解決するために話し合い，合意形成し，役割を分担して協力して実践したり，学級での話合いを生かして自己の課題の解決及び将来の生き方を描くために意思決定して実践したりすることに，自主的，実践的に取り組むことを通して，第1の目標に掲げる資質・能力を育成することを目指す。

この目標はむろん，小学校6年間の目標であるため，かなり高度なものとなっている。しかし，低学年の取り組みについては，「3 内容の取扱い」〔第1学年及び第2学年〕において，

> 　話合いの進め方に沿って，自分の意見を発表したり，他者の意見をよく聞いたりして，合意形成して実践することのよさを理解すること。基本的な生活習慣や，約束やきまりを守ることの大切さを理解して行動し，生活をよくするための目標を決めて実行すること。

とあり，「小学校学習指導要領（平成29年告示）解説　特別活動編」では次のように記される。

> 　低学年では，教師の助言を受けながら発表の仕方や意見の聞き方など基本的な話合いの進め方を身に付けることができるように配慮する。特に入学当初の時期においては，教師が話合いの司会の役割を受け持ち，記録についても担当するなどして，話合いの進め方を実際に見て，理解できるようにする

> ことが大切である。また，合意形成によって決めたことをみんなで実践する
> ことのよさを実感できるような活動となるよう配慮する必要がある。

「発表のやり方」「意見の聞き方」といった話合いの進め方が大切とされ，教師が保育者と同様に司会と記録の役割を受け持つことが説明されている。そうした教師の役割を見習いながら，やがて自分たちで役割を担当できるようになるのが小学生ということになる。そして，合意に至った話合いの結果を実際に実践していくことが大切になるわけである。

こうした小学校における話合い活動に結びつけていくためにも，幼児期の伝え合い活動は，保育者が間に入り，司会者・記録者の役割を果たしながら行っていくことがポイントになる。もちろん，子どもたちが生活の中で自分の考えを持てるようにしていくことが一番大切なことで，通常の保育の中で進んで自分の意見を発表できない子どもには，その思いを汲み取りながら，子どもの心の中にある思いを保育者が言葉で表現するという方法を実施していくことが大事である。そうして，作り上げた言葉を皆に向かって表現するという段階まで引き上げることが，年長の最終段階までで到達したいことになる。

2　文字で伝える　文字・手紙・かるた

1) 文字の獲得過程

すでに学んできたように，子どもは，誕生の瞬間から言葉の獲得を始める。そして，わずか1年に満たない学習の末に音声言語（話し言葉）を獲得することになる。その上で，さらに4〜5歳に達すると文字言語（書き言葉）の獲得を開始する。

音声言語から文字言語へという獲得過程は，世界各地の言語の発生過程とも重なるものである。言語は音声から発生し，その後に文字が生まれるというのが一般的で，中には文字言語が生まれなかった言語もたくさんある。アフリカには文字のない言語が多くあり，日本近郊でもアイヌ民族は音声言語を持っているが文字言語は生まれず，金田一京助[*1]によってカタカナで記録された言葉である。日本語も最初は音声言語だけだったが，漢字が渡来してから，漢字を利用して書き表すようになり，そこからひらがなやカタカナが生まれた。つまり，話し言葉の世界から，書き言葉の世界へと広がっていったのであり，子どもの言語獲得と同じ過程をたどっていることになる。

目を転じて，幼稚園・保育園・こども園などを考えてみると，多くの園で文字教育を行っている。子どもからの要求はなくても，保護者の要求によって文字教

*1 **金田一京助**（きんだいち・きょうすけ）：1882（明治15）年〜1971（昭和46）年。言語学者としてアイヌ語研究に従事し，叙事詩「ユーカラ」の研究のほか，膨大な業績を残した。

育を行うという園が少なくない。だが，はたして就学前の子どもに対して一斉に文字指導を行うという保育は，子どものためになるのだろうか。小学校の児童が作文を書くのを嫌う大きな理由の一つに「字を書くのがめんどうだから」というものがある。児童の多くが「字を書きたくない」と思っている。やがて小学生になる幼児に強制的に文字の読み書きを教えると，一層文字を書くことが嫌いになる可能性が高まる。そのことも考慮して，書き言葉の指導を行っていく必要がある。

2）保育所保育指針・幼稚園教育要領における文字教育

　では，保育所保育指針や幼稚園教育要領には，文字教育についてどのような記載があるのだろうか。保育所保育指針「3歳以上児の保育に関するねらい及び内容」言葉のねらいには「文字」の記載はなく，内容に，

> ⑩日常生活の中で，文字などで伝える楽しさを味わう。

とある。「文字など」という限定された語句が使用されているが「文字・絵・標識」といったものを想定している。解説には，文字などの記号の果たす役割とその意味を理解するようになると，子どもが自分から文字を使いたいと思うことや，必要になって親しんでいくことが示されている。その上で，ごっこ遊びの中で読み書きを行うのだが，子どもの関心や能力には個人差が大きいため，保育者は子どもの個人差に配慮しながら環境を設定していかなければならない。また，5・6歳頃にはある程度ひらがなは読めるようになっていくが，書くことはまだ難しいことが多いため，文字を使う喜びを味わうことが大切である。つまり，文字への興味・関心が自然な形で育っていくような環境の構成が必要となる。

　遊びの中で子どもは文字に興味・関心を示し，獲得の必要性を感じていく。ただし，「保育所保育指針解説」には「生活と切り離した形で覚え込ませる画一的な指導ではなく，一人一人の興味に合わせ，遊びなどの中で，その子どもが必要に応じて文字を読んだり書いたりする楽しさを感じる経験を重ねていくことが大切である。」ともあり，画一的な指導ではなく，また直接指導でもないことが強調され，「小学校以降において文字に関する系統的な指導が適切に行われることを保護者や小学校関係者にも理解されるよう更に働きかけていくことが大切である。」とも記されている。文字に関する系統的指導は小学校以降において行われることを，保護者等に理解してもらえるような働きかけが大切なのである。

　また，文字については領域「言葉」だけではなく，領域「環境」においても解説

されている。保育所保育指針「3歳以上児の保育に関するねらい及び内容」「環境」（幼稚園教育要領もほぼ同内容）のねらいは，次の通りである。

> ③身近な事象を見たり，考えたり，扱ったりする中で，物の性質や数量，文字などに対する感覚を豊かにする。

同「環境」について「保育所保育指針解説」には「幼児期における数量や文字に関する指導は，確実に数を数えられたり，文字を正確に読めたり，書けたりすることを目指すものではない。なぜなら，個人差がなお大きいこともあるが，それ以上に，確実にできるために必要な暗記などの習熟の用意が十分に整っているとは言い難いからである。」ともある。つまり，文字の習熟指導ではなく，文字に関する感覚を豊かにすることが小学校以降の学習の基盤になるということが明確に語られている。また，「保育所保育指針解説」（「幼稚園教育要領解説」もほぼ同内容）には「幼児期の終わりまでに育ってほしい姿」の10項目がはいり，その中の「数量や図形，標識や文字などへの関心・感覚」にも，領域の解説と同様に，正確な知識の獲得が目的ではないことが強調されている。それでは，小学校における文字指導はどのように規定されているのだろうか。

3）小学校学習指導要領における文字教育

幼児が就学して小学校に入ると文字は必須のものとなる。子どもは，小学校において書き言葉の世界に入ることになる。「小学校学習指導要領（平成29年告示）解説　国語編」「各学年の目標及び内容」の「第1学年及び第2学年」内容の〔知識及び技能〕「(1) 言葉の特徴や使い方に関する次の事項を身に付けることができるよう指導する。」には，

> イ　音節と文字との関係，アクセントによる語の意味の違いなどに気付くとともに，姿勢や口形，発声や発音に注意して話すこと。

とある。「音節と文字」という書き言葉への導入部分から始まり，アクセントや発音の指導について述べられている。話し言葉についても，小学校においてきちんと指導がなされることがわかる。解説には，

> **音節と文字との関係**とは，平仮名や片仮名における音節（拍）と文字との関係のことを示している。平仮名や片仮名は拗音の表記などを除けば，一文

字が一音節（拍）に対応する文字である。漢字はそのような表音文字ではなく，個々の文字が音と意味とを備えている。児童の発達や学習の状況に応じて，一文字ずつ文字と音とを対応させて読むことなどが有効である。

と解説され，一文字と一音節の対応という，幼児期の文字への導入時期と同様の事柄が述べられている。1年生の2学期ではさらに漢字というものまで入ってくるが，話し言葉の発音についても，

アクセントによる語の意味の違いは，音声的な面から語を識別することに関わる点で重要である。日本語のアクセントは，一般に音節（拍）の高低として理解される。実際に発音を聞いたり発音したりすることを通して，意味の違いに気付くようにすることが大切である。

と解説されている。発音の違いと意味の違いの理解が述べられ，さらに，

姿勢は，相手に対する印象などに加え，発声をしやすくしたり明瞭な発音をしたりする基礎となるものである。背筋を伸ばし，声を十分出しながら落ち着いた気持で話すことが求められる。また，正しい発音のために，唇や舌などを適切に使った口形について，早い時期に身に付けられるようにすることが大切である。「ライオン」を「ダイオン」，「子供」を「コロモ」，「サカナ」を「チャカナ」と発音するなど，ラ行やサ行などによく見られる置き換えや，「トウモロコシ」が「トウモコシ」となる音の省略など，幼児音の残る児童も見られる。そこで，母音の口形及び発音，発声について適切に指導するとともに，一音一音を識別させ，安定した発声や明瞭な発音へと導いていくようにすることが必要となる。

と正しい発声について解説されている。さらに，文字指導については，

長音，拗音，促音，撥音などの表記，助詞の「は」，「へ」及び「を」の使い方，句読点の打ち方，かぎ（「　」）の使い方を理解して文や文章の中で使うこと。また，平仮名及び片仮名を読み，書くとともに，片仮名で書く語の種類を知り，文や文章の中で使うこと。

とある。この部分の解説には，「仮名遣いや助詞，句読点やかぎ（「　」）の使い方，ひらがなやカタカナの読み書きや基礎的な使い方を理解して文や文章で使うこと

を示している。」とあるように，ひらがなやカタカナについても細かく指導が行われることがわかる。

> 　平仮名の読み書きについては，各教科等の学習の基礎となるものであり，第1学年でその全部の読み書きができるようにする必要がある。**片仮名で書く語の種類を知り，文や文章の中で使うこと**とは，擬声語や擬態語，外国の地名や人名，外来語など片仮名で書く語がどのような種類の語であるかを知り，実際に文や文章の中で片仮名を使うことを示している。

　小学校の第1学年において，ひらがな・カタカナの読み書きを完成させることも述べられている。

　このように，小学校1年生において，話し言葉の発音からひらがな・カタカナの読み書きを学習していくことは学習指導要領にきちんとうたわれており，幼児期に文字教育を進める必要はないのである。以下に述べるように，あくまで幼児の自発的な活動としての遊びの中から，主体的に文字に興味を持たせて行くことが大切なのである。

4）文字への興味・手紙

　さて，幼児が文字を獲得する前，話し言葉の世界にいる幼児に文字はどのように見えているのだろうか。筆者の娘が3歳の頃にくれた手紙が残されている。（図11-1）

図11-1　3歳児の手書きの手紙例

　これを見れば，文字が文字としては見えておらず，どちらかといえば線の集合体による図形のように見えているように感じられる。下の図もどうやら「おとうさん」と書いたようなのだが，残念ながら筆者には読めない。

　こうした，文字を理解できない段階を経て，文字の世界に入るのだが，子どもにとって，そのきっかけはさまざまである。

　一つは手紙のやりとり，手紙ごっこである。「♪しろやぎさんからおてがみついた……」と「やぎさんゆうびん」の歌があるように，子どもたちは「お手紙」に興味を持ちはじめる。最初は，自分の書いた絵を仲の良い友だちへ，「はい，おてがみ」と渡すのである。渡された友だちは，「もらったものは返さないといけない」と素直に

思い，一生懸命に絵を描いて，「はい，おてがみ」と返す。そうしたやりとりが続いているうちに，宛名というものに気づくようになる。「〇〇ちゃんへ」「△△より」というものである。「おかあさん，"〇〇ちゃんへ"って書いて」と，母親や保育者へお願いするようになってくる。最初は，こうしておとなに書いてもらった文字で満足しているのだが，やがて自分で書きたいという思いが湧いてくる。保護者や保育者に書いてもらった自分の名前を，書けないなりに自分でまねして書く時がくる。あまりうまくは書けないけれど，努力して書いて友だちに渡す。渡された友だちは，はっきりとはわからないが，おとなの文字ではないことには気づくだろう。「これ△△ちゃんが書いたの？」，恥ずかしそうに「うん，そうだよ」「すごいね，字が書けるの？」といった展開が想像される。友だちが字が書けるということになったら，すぐに返さないと行けない。「わたしも字をかかなくては」という強い動機が起こり，「おかあさん，名前教えて」となる。

　絵に名前を添えるということから始まり，やがて，絵ではなく文字で手紙を書くという行為になってくる。相手に伝えるために文字を学ぶという積極的な意思が生まれてきて，文字の獲得が進んでくるのである。こうした段階を経過する場合には，保育者は望まれるままに，文字を教えるべきである。本人の自発的な思いにしたがった上での指導には問題はない。

5）文字への前段階

　話し言葉をほぼ獲得し，会話には支障がなくなった子どもたちが，4歳前後において文字に興味を持ち始める。しかし，その頃の子どもにとっての言語は，まだ一まとまりの単語や連語として認識されており，音・音素という理解には至っていない。音声では「とまと」はわかっていても，それが「と」「ま」「と」の合わさった単語であるという認識はない。たとえば，ここにかるたがあって，「と」の文字が書いてあるとしよう。絵はトマトの絵が描いてある。「これなあに？」と聞くと，幼児は「とまと」と答える。「ぼくトマト大好きだよ」といった言葉まで添えてくれる。そこで，子どもに「この字は『と』だよ」と教えてみよう。しばらくして，同じカードを見せて「この字はなに？」と聞くと「わからない」と答えてくれる。「じゃあ，この絵はなに？」と聞くと「とまと」と答えてくれる。これが文字の獲得に至る前の幼児である。文字を読めない幼児のために，下駄箱や持ち物におのおののマークをつける園は多い。幼児はそのマークで友だちを認識したりする。ある幼児にとって「ぱんだまーくのはせがわこうたくん」という同級生は，「こうたくん」では決してなく，「ぱんだまーくのはせがわこうたくん」なのである。どんなに長くても，それが一つの言葉として認識されているのが普通である。まだ

文字の世界には入っていない。

　そうした段階から少し発達すると,「とまと」という言葉が「と」と「ま」と「と」からできているということが認識されるようになる。言葉が音によってなりたっていることが理解できるのである。これが理解できると,「とまと」の「と」と,「とけい」の「と」が同じ音であることがわかる。つまり「しりとり遊び」ができるようになるのである。理解できる前は,「しりとり」「りす」に続くように,「すから始まる言葉だよ」といっても,「ぱんだ」「こあら」「しろくま」などと続けてしまうが,ある時に,「りす」「すだよ」というと「すいか」などと言える時がやってくる。この時がくれば, 文字の世界に入ったと認識していいと思われる。

　図11－2は少し発達の早い4歳児の母親への手紙である。「か」「う」の字が鏡文字となっている。右の図は5歳児の手紙だが, ここでは下段の「と」が鏡文字となっている。幼児に特有の現象だが, 鏡文字は小学校低学年で消えてしまう。原因も不明なのだが, 必ずしも同じ文字をいつも鏡文字で書くわけではなく, 時折みられるものである。

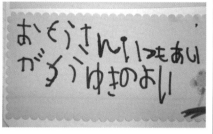

図11－2　4歳児と5歳児の手書きの手紙例

6) 文字への導入・かるた

　手紙と同様に, 子どもたちに文字への興味を持たせるもう一つの遊びに, かるたがある。子どもたちが, まだ文字を認識していない段階でも, 物の名前には興味を持っている。果物屋さんに売っているもの, 魚屋さんに売っているもの。泳ぐもの, 飛ぶもの。色々な共通点を持つものには, 早い段階から興味を持つ。そのようなものを絵に描いて, かるたを作るというのも発達環境を整える一つの方法である。子どもたちに絵を描いてもらうのもいいし, 保育者が絵を描くのもいいだろう。どんな絵を描くかは, 子どもたちと話し合って決めてみるのもおもしろい。

　まだ言葉と文字との関係のできあがっていない子どもたちにはわからないだろ

うが，保育者が「あひるさんがいいかな，ありさんがいいかな。それともあめんぼうがいいかなあ」などと言えば，子どもたちの中から好きなものが出てくるかもしれない。各自が好きな絵を描けば良い。そうして，いろいろなかるたができたら，保育者が一枚一枚のカードに頭文字を加えていく。これで取り札ができる。図11－3は年長児の書いたアヒルと犬のかるたである。

図11－3　年長児が書いたかるたの例

　次に，それぞれの取り札に対して，保育者が読み札を作る。読み札も子どもたちと一緒に考える事ができると楽しい。「ありさんって，どんなことするのかなあ」などといった問いかけに，子どもたちはどう答えるだろうか。「ありさんは，さとうが好きだよ」と言う子がいれば，「ありさんは，さとうがいちばんすきなんだ」といった取り札を作ってもいいし，「ありさんはあまいおかしがだいすきだ」でもいいだろう。

　全ての仮名文字をそろえる必要はない。できあがっただけのかるたを使って，皆で遊んでみる。読み札も，もしかしたら，その場で勝手に作ることのできる子どもも出てくるかもしれない。いろいろなアドリブが出てくると，よりかるた遊びが楽しくなっていく。

　このように，色々な遊びを環境構成として提示することにより，子どもたちは文字に興味を持つようになり，その働きにも気づくようになる。子どもたちが，自然に文字に興味感心を持つような環境構成を工夫していくことが，保育者にとっては大切なことである。

【引用・参考文献】
　厚生労働省「保育所保育指針解説」2018
　厚生労働省「保育所保育指針」2018
　文部科学省「幼稚園教育要領解説」2018
　文部科学省「小学校学習指導要領（平成29年告示）」2017
　文部科学省「小学校学習指導要領（平成29年告示）解説　特別活動編」2017
　文部科学省「小学校学習指導要領（平成29年告示）解説　国語編」2017

3　指導計画の立案（例）と模擬保育

1）自ら使うことで文字への理解を深める

　文字は子どもたちの生活の中で身近なものであり，日常生活を送る上で自然と目にするようになってくる。

　幼稚園や保育所，認定こども園（以下，園とする）の保育室には，荷物を置くロッカーに自分の名前を見つけることができる。年齢が小さい時には文字だけでなく，一緒にマークシールなどが貼られ自分の場所を理解することができる。また，おもちゃを片付ける場所にも文字や写真などの表示物がある。さらに保育室には絵本が置かれていて，保育者が繰り返し読み聞かせを行ったり子どもたちが自由に触れることができるようになっている。

　このように文字を感じられる環境やかかわりを通して文字の持つ役割を理解すると，子どもたちは自分自身で使用したくなる。読んでみたい，書いてみたいと思うようになると，ごっこ遊びなどで看板やメニュー表を作成したり，お手紙ごっこをしたりする姿が見られる。例えば園の異年齢クラスが他のクラスを招待して遊びをする場合，まず年長児が企画をして，率先して看板やメニュー表，チラシ作りと大忙しに動き回る。年中児はお客さんに注文をとり，年少児は接客係をするなど，それぞれが分担して遊びを進めていく。遊びの中で必要に応じて看板を追加するなど，文字が相手に伝える有効な手段の一つであることがわかる。

お店ごっこで書かれる文字の例
①年長児は，「いらっしゃいませ」と書かれた暖簾や手書きのメニュー表などを作成して開店準備

②廊下で開店を待つ子どもたちの前には，お店の名前が書かれた看板が置かれる。

③お客さんの注文を聞いてメモをする年中児（左）。年少児は注文を運ぶ役をつとめる。

2) お手紙ごっこ，かるたづくり

　お手紙ごっこは文字を使用したごっこ遊びの一つである。敬老の日のお手紙や年賀状，散歩に行く途中に郵便車を見たことなど，さまざまなことがきっかけで文字に対して興味が広がる。何より他児から手紙をもらったり，返事を書いたりすることは子どもたちにとって大きな喜びである。また，かるたも文字で伝える遊びの一つである。お正月遊びとして用いられることが多いが，ふだんから遊ぶことで自然と文字に親しみ，生活の中で使用する言葉を覚えることができる。今回はお手紙ごっことかるたあそびの立案例を紹介する。この立案例後の展開として，郵便を子どもたちが配布する郵便ごっこや保育室に自由にはがきに手紙が書けるように紙やペンなどを用意することや，かるたを自分たちで作成するなどが考えられる。

ポスト（既成のものや保育者手作りのもの）　　　　　　お手紙ごっこの約束事を記している

指導計画の例〈郵便ごっこ〉

○月 ○日（　）		5歳児　○○組　23名	
実習生氏名	○○　○○○	指導担当者名	○○　○○○
主な活動	●郵便ごっこをする①（文字や絵を使用して手紙を書く）		
子どもの姿	●遊びや生活の中で出会う文字や数，図形などに興味を持ち，使おうとする姿が見られる。ほとんどの子が自分の名前を見ればわかり，書くことができるが，文字への興味は個人差が大きい。		
ねらい	●自分が書いた手紙や絵が，相手に伝わる喜びを味わう。 ●郵便ごっこを通して郵便の流れを知る。		
内容	●相手が喜んでくれることを想像しながら文字や絵を書く。 ●書き終わったら郵便ポストに投函して郵便ごっこを楽しむ。		
準備物	●郵便ポスト（段ボールで作ったもの）・はがき（はがきサイズに切った画用紙※人数分より多めに用意）・色鉛筆・水性マーカー・スタンプ・スタンプ台・切手（シール）		

時間	環境構成	予想される子どもの活動	保育者としての援助と留意点
11：00	○…実習生 ×…子ども	●実習生の話を聞く。	●郵便ポスト（手作り）を見せ，「これ何だかわかるかな？」と興味・関心が持てるような言葉がけをする。
		●実習生からの質問に対して，自分の知っていることを話す。	●子どもの言葉を受け止め共感しながら，手紙は郵便ポストに投かんし配達されることを伝える。子どもたちにも友だち（ペア相手）に手紙を書きポストに投かんしてみないかと投げかける。
		●友だち（ペア相手）に何を書こうかと期待を持って活動に参加しようとする。	●はがきの表面（切手のマークあり）には送る相手の名前と自分の名前を書き，裏面（何も書かれていない）に相手に伝えたいことを書くよう伝える。
		●文字が書ける子どもは，ひらがなやカタカナも書けることを他児に話している。	
	〈郵便ポスト〉 段ボールに画用紙を貼り投かん口を作る	●文字がうまく書けない子どもが不安に思ったり，嫌だなと感じる子どももいる。	●文字を書くことに抵抗がある子どもも安心して活動に参加できるように，スタンプや絵を用いて相手に伝えてよいことを伝える。また自分の名前を書くのが難しい子どもには一緒に書くなど配慮する。
		●手紙を書く準備をする。	●各自色鉛筆を取りにいっている間に各机に「はがき」を用意し配置する。

> 5歳児にとって，自分の思いを相手に伝え，また相手の話に耳を傾け聞く経験が大切である。

> 全員がもらえるように，誰が誰に書くのか明確にしておくとよい。

> 文字を書くことにこだわらず，絵やスタンプを用いて完成させることで，他児との手紙のやりとりに嬉しさや楽しみを感じられるようにする。

〈はがき〉	・手紙を書く。	・子ども一人ひとりの思いに寄り添い「誰にかくのかな？」「ペアさん喜ぶね」など相手の喜ぶ気持ちを想像しながら書いていけるようにする。	
表 〇〇さんへ 〇〇より	・何を書いてよいかわからず戸惑ったり，書きたい文字はあるが文字がわからなかったり，書きたい気持ちがあふれて積極的に進めるなどの子どもがいる。	・子どもの「自分で書きたい」気持ちを受け止め，あいうえお表を貼ったり，さりげなくわからない文字を保育者が書いたりする。	
裏 いっしょにあそぼうね	・出来上がった子どもから切手（シール）をもらい貼る。 ・まだ書き終わっていない子どももいる。	・早く書き終わった子どもには空いている空間に絵やスタンプを押してもよいことを伝える。 ・切手（シール）を渡す際，宛名や誰が書いたのか記されているか確認をする。 ・一生懸命に書いている気持ちを受け止める。 ・まだ書き終わっていない子どもには，焦らなくてもよいことや，後から続きをしてもよいことなどを伝える。	制作をする場合，完成時間は個人差がある。子どもの状況を見ながら，書いている最中に終了時間を知らせ，見通しが持てるようにするとよい。完成していない子どもには，一度終了するが後程続きをしてよいことを伝えるなど，納得した終わり方ができるよう配慮することが大切である。
	・ポストに投函する。	・一人ひとりの出来上がった手紙を認め，さらにまた書きたいと思うように環境を整える。	遊びの中で，文字のおもしろさや に気づいたり自分の思いを文字にすることで相手とのコミュニケーション手段の一つであることがわかる。
	・手紙が届くのを楽しみに待つ。	・郵便屋さんから手紙が届くことを伝え，期待感が高められるようにする。	中には郵便屋さんになりたい子もいるかもしれない。そうした遊びの広がりがあってもよい。

　文字の読み書きは個人差が大きいため，子ども一人ひとりに対して配慮が必要である。文字に興味を持たない子どもに，無理やり文字の意味を伝えることがないよう慎重に対応するべきである。園で文字を教えるか否かはさまざまな考え方があるが，まずは文字と出会い，読んでみたい，書いてみたいという意欲を大切にしたいとの観点から，間違った文字を必ずしも修正しなくてもよいのではないかと考える。

郵便ポストに手紙を入れる

一人ひとりに手紙を配達していく（郵便ごっこ）

郵便ごっこで書かれた子どもの文字の例

文字との出会いの一つとして，あらかじめ保育者が描いた点線をなぞっている

書くことに慣れていないと，文字があちらこちらに散らばっていて判読しにくい

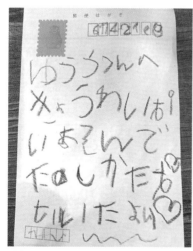

鏡文字になっている 手紙
（内容）
ゆうとくんへ　きょうはいっぱいあそんで　たのしかったよ　けいたより

文字ではなく，絵で自分の気持ちを表現している例

<h3 align="center">指導計画の例〈かるたづくり〉</h3>

○月　○日（　）		5歳児　○○組　26名	
実習生氏名	○○　○○○	指導担当者名	○○　○○○
主な活動	•自分たちで考え，かるたを作成して伝承遊びに親しむ。		
子どもの姿	•お正月プレゼントで園からもらったかるたを家庭や園で行い，かるた遊びの楽しさを味わっている。読み手をおとながするのではなく，自分たちで読みあう姿も見られる。		
ねらい	•かるたづくりを通して文字への興味・関心を持つ。 •感じたことや考えたことを自分なりに表現する。		
内容	•かるたづくりの中で知らない文字を知ろうとしたり書いたりする。 •読み札と絵札を自分で考え，イメージを表現する楽しさを味わう。		
準備物	•画用紙（読み札用と絵札用）※読み札は薄目の色画用紙にするなど，子どもがわかりやすいようにする。マーカー，クレパス，あいうえお表，かるた（数種類）お正月遊び（羽子板，福笑いなど）		

時間	環境構成	予想される子どもの活動	保育者としての援助と留意点
10：00	○ □：□：□ □：□：□ ○…実習生 ×…子ども	•実習生の話を聞く。 •実習生からの問いかけに対して，自分の知っているものや，体験したことがあるものを話す。 •活動に対して興味を示す子どももいれば，そうでない子どももいる。	•福笑いや羽子板，かるたなどの正月遊びを見せ，子どもの興味・関心が持てるようにする。 •子どもの発言に耳を傾け，共感する。また，その中でもかるたに注目がいくように話をする。 •今日は自分たちでかるたを作り，皆で遊ぶことを提案し期待が持てるようにする。 •さまざまな種類のかるたを用意し，子どもたちのイメージが広がるようにする。
10：05		•準備物を用意する。 •何の文字にしようか友だちと話している。 •かるたづくりをする。 •すぐに書き始める子どももいれば，何を書いてよいのかイメージできない子どももいる。	•絵札と読み札を子どもたちと確認し混乱しないようにする。また，文字は自分の作りたい文字でよいことや注意点を伝える。 •文字がわからない子どもに対して不安を感じないように，あいうえお表を用意し配慮する。 •子どものユーモアある考えを拾っていけるように，見守る。 •何を書いたらよいか戸惑っている子どもには，「何が好き？」「何の文字書きたい？」など答えやすい質問をしたり，会話をしたりしながらイメージが広がり書けるようにする。

（右側補足）

日頃からかるた遊びをしていると子どもたちもかるたを作るには読み札と絵札が必要であることをイメージしやすい。

50音全て揃わないといけないのではなく，自分の好きな文字のかるたを作ることが大切。また要点を伝えるときはわかりやすいようにすること。子どもが考える手がかりとして，自分の名前から一文字でもよい。

質問をする時は，質問ぜめにならないようにし，子どもが答えやすい雰囲気を作ることが大事。また，悩んでいる子どもにはアイデアを出してあげるなど援助も必要。

| 10：40 | 〈かるた〉 絵札 読み札 | ● 完成した子どももいる。 ● 出来上がったかるたを友だちと見せあっている。 ● 出来上がっていない子は不安そうにしている。 ● 出来上がったかるたを一人ひとり紹介する。 ● 自分で作ったかるたを嬉しそうに紹介したり，友だちの作ったかるたの紹介を聞く。 ● 明日のかるた大会を楽しみにしている。 | ● 早く完成した子どもには，もう1枚書いてもよいことを伝える。 ● まだ出来上がっていない子どもには個々に声をかけ，好きな時間に続きをしてよいことを知らせる。 ● 一人ひとりの思いを大切にし，自由な発想や表現に共感する。 ● 皆の前で自分の考えや作品を言葉にして発表する機会を設けることで，認められ自信につながるようにする。 ● 友だちのかるたを聞き，友だちのよさにも気づいていけるようにする。 ● 明日皆が作ったかるたでかるた大会をすることを伝え，期待が持てるようにする。 | 制作は個々の時間差が大きいことから，早く完成した子どもには手持ち無沙汰にならないよう，あらかじめする活動を決めておくとよい。 朝のサークルタイムや帰りの会などで自分の思いや意見を伝え合ったり，他者の話も聞くことで，互いの思いを伝え合い，受け止められるようになっていく。 |

絵合わせカードやかるたあそびを楽しむ子どもたち

言葉のリズムが楽しいかるた

保育者が手作りした
絵合わせカード

3) 絵本づくり

　深海魚に興味を持った5歳児男児。好きな深海魚の絵を描き保育室に貼っていた。その後その絵を保育者とともに貼り合わせオリジナルの図鑑を作成した。文字はひらがなとカタカナが混在しているが，目次やページ数が書かれており，日頃から図鑑をよく読んでいることや文字を書きたいことなどが伝わる。また作成した図鑑を嬉しそうに友だちと共有し遊びを自ら発展させていた。

手作りの深海魚図鑑

オオグチボヤと
ギガントキプリス

フクロウナギと
かつお

ダイオウグソクムシと
ドクバリクラゲ

目次やページ数が描かれている

【引用・参考文献】

厚生労働省「保育所保育指針解説」, 2018

太田光洋編著『保育・教育ネオシリーズ20　保育内容・言葉　第三版』同文書院, 2018

内藤知美・新井美保子編著『保育内容言葉』建帛社, 2018

大豆生田啓友・佐藤浩代編著『言葉の指導法』玉川大学出版部, 2019

岸井慶子監修『3つのカベをのりこえる！保育実習リアルガイド』学研, 2017

第12章 子どもの言葉の育ちに かかわる今後の課題

- 時代の変化と言葉の育ちにかかわる課題について学ぶ。
- コミュニケーションにおける４つのポイントや「伝え合う」力の育みを理解する。
- ICTを活用した言葉の育みに関する現状と，今後の展望を知る。
- 多文化共生社会の実現に向けた保育のあり方について考えを深める。

　現在の子どもやこれから生まれてくる子どもが成人する頃には，少子高齢化による生産年齢人口の減少，産業・経済活動のグローバル化の進展，たえ間ない技術革新などから，生活様式や社会構造・雇用環境が大きく変化していることが予想されている。そこでは，人々を取り巻く環境の複雑性が増し，将来を予測することが困難な状態になるといわれ，事前に定められた問題や手続きを効率的にこなしていくための知識や技能を伝達・転移するだけでは不十分であると考えられるようになった。つまり，一人ひとりがそれぞれの個性を生かしながら，持続可能な発展を可能とする社会の担い手として，新しい価値を創り出していくことが期待されている。

　こうした中，2017（平成29）年3月には保育所保育指針，幼保連携型認定こども園教育・保育要領，および幼稚園教育要領が改定（改訂）され，幼児教育において育みたい子どもたちの資質・能力として，「知識及び技能の基礎」「思考力，判断力，表現力等の基礎」「学びに向かう力，人間性等」が示された[*1]。さらに，保育活動の全体を通して資質・能力が育まれるように，保育士や教諭等（以下，保育者）が保育・教育を行う際に考慮することとして，「幼児期の終わりまでに育ってほしい姿」が具体的に示された。これらの資質・能力は，同じ時期に文部科学省が明らかにした小学校ならびに中学校の「学習指導要領」の方向性と関連づけられたものである。つまり，幼児教育を担う施設（以下，保育所等）には，「子どもが現在を最も良く生き，望ましい未来をつくり出す力の基礎を培う」（保育所保育指針）ことを目指し，幼児期の学びを児童期の学びにつなぐ保幼小連携にも注意を払いつつ，生涯にわたって能動的に学び続ける子どもを育成するための保育を計画的・組織的に展開していくことが求められる。

　子どもの言葉の育ちについても，これからの予測困難な時代に必要な資質・能

*1 第7章p.98参照。

力を育成する観点から，人々を取り巻く環境が絶えず変化していくことを十分に考慮し，保育所等だけでなく，子どもが家庭や地域を含めたさまざまな場面で実際に学んでいることに意識を向けた活動が，今後，ますます期待されるようになっている。このような背景を踏まえ，本章では，子どもの言葉の育ちにかかわる今後の課題として，コミュニケーション（伝えあう，話し合うこと），ICTの活用，多文化共生について取り上げる。

1 コミュニケーション（伝えあう，話し合うこと）

1）分かり合うための言語コミュニケーションの要素

　これからの時代は，社会における複雑性・不確実性・変動性・曖昧性などが高まり，将来を見通して予測することが困難な状態になるといわれている。そこでは，人々の価値観が多様化し，共通の基盤が見出しにくくなることから，言葉によって自らの考え方や気持ちを適切に表明し，互いに対する理解を深めていくことが不可欠となる。2017（平成29）年に示された小学校学習指導要領においても，「主体的で対話的な深い学び」を行っていくための基盤となる資質・能力の一つとして「言語能力」が挙げられ，人間が認識した情報に基づいて思考し，思考したものを表現していくプロセスである他者とのコミュニケーションの側面が重要視されている。そのためには，言葉を直接の学習対象とする国語科を要としながら，各教科をはじめとしたすべての教育活動で言語活動の充実を図ることが大切であり，児童の発達段階に応じて，教育課程全体を通した組織的・計画的な取り組みを進めていくこととしている。

　こうした中，文化庁の文化審議会国語分科会は，2018（平成30）年，それまで進めてきたコミュニケーションのあり方や言葉遣いに関する検討内容をまとめた「分かり合うための言語コミュニケーション（報告）」を公表した。

　この報告では，コミュニケーションやコミュニケーションに関する力が，さまざまな要素を含んだ複雑なものであり，いつでも通用するような「正解」があるわけでないが，「多様な私たち」を前提とした社会で生きていくためには，特に，言語コミュニケーション（言葉による伝え合い）によって，共通理解を深めていくことが欠かせないと指摘されている。その上で，分かり合うための言語コミュニケーションで意識されるべき要素として，互いにとって必要な内容を誤りなくかつ過不足なく伝え合う「**正確さ**」，互いが内容を十分に理解できるように表現を工夫して伝え合う「**分かりやすさ**」，目的・場面・状況と調和するように，また，相手の気持ちに配慮した言い方を工夫して伝え合う「**ふさわしさ**」，伝え合う者

同士が互いに心地よい距離をとりながら伝え合う「**敬意と親しさ**」の4つを掲げている。

　ただし，この報告書によれば，これら4つの要素が，対立する側面を伴っている。たとえば，前提となる知識や経験等に関する共通の基盤をもった者同士であれば，互いが理解する分野の専門的な用語や表現を使う方が内容を正確に伝え合うことができる。しかし，「正確さ」を重視して，一般の人に対して，特定分野で使われる専門的な用語や表現によって伝えた場合には，結局，「分かりやすさ」が損なわれてしまう。意味を取り違える心配の少ない直接的な表現の方が，「正確さ」や「分かりやすさ」という意味で優れていたとしても，相手の立場や関係性を踏まえて，少し遠回しな表現やくだけた表現を使った方が，その場面や状況等での「ふさわしさ」や「敬意と親しさ」がより適切なものとなり，相手がその言葉を受け入れやすくなるということもありえる。つまり，分かり合うための言語コミュニケーションを実現していく上での有効な手がかりとして，これら4つの要素を意識し，伝え合いの目的，相手，場面及び状況等によって優先順位やバランスを調整することが重要とされている。

　このようなコミュニケーションの捉え方は，相手に何かを伝えるために言葉で表現したとしても，自分が意図した内容が，どれくらい相手に伝わっているかを完全に把握することができないことを明確に示している。実際のコミュニケーションの場面においては，言葉だけでなく身振りや表情等も含めた相手の反応と合わせて，その意図が総合的に判断されることが一般的であるといえよう。誰かと会話をする時には，相手の反応によって言い方や表現を変えてみたり，はじめに意図していたこととは別の提案をしたりするとともに，相手から伝えられたことを聞き返したり，それを受けとめて自分の考えを変えたりすることもある。つまり，コミュニケーションとは一方向的な伝達に留まるものではなく，コミュニケーションを図ろうとする者同士が双方向に影響し合いながら，意味を成り立たせていくものといえる。

2）集団の中で培われるコミュニケーションの力

　言葉によるコミュニケーションにかかわって，「幼児期の終わりまでに育ってほしい姿」として「経験したことや考えたことなどを言葉で伝える」「相手の話を注意して聞く」「言葉による伝え合いを楽しむ」といった姿が挙げられている。こうした姿は，知識や技能として教え込まれるのではなく，保育所等において，幼児の主体的で能動的な活動を通して身につけられるものである。誰かに「経験したことや考えたことなどを言葉で伝える」には，まず幼児自身の「伝えたい」思

いが大切にされるようにしなければならない。また，誰かの「話を注意して聞く」には，周りの他者の話を「聞きたい」気持ちが高まっていることが条件となるのであり，他者に対する肯定的な感情や興味等とともに，相手も自分と同じように「伝えたい」思いをもっていることの理解が欠かせないだろう。

　したがって，幼児に言葉によるコミュニケーションにかかる力を身につけるには，保育所等における遊びや生活の中で「言葉による伝え合いを楽しむ」姿があらわれるように配慮することが重要となる。このことは，幼児に正しいコミュケーションの方法を教えるのではなく，自他を尊重する気持ちを育むことと関連づけながら，言葉によって自分の経験や思いを「伝え合う」ことを通じた，幼児の言葉の育ちを支援していかなければならないことを意味する。さらに「言葉による伝え合い」に関して，「幼稚園教育要領解説」では，「小学校の生活や学習において，友達と互いの思いや考えを伝え，受け止めたり，認め合ったりしながら一緒に活動する姿や，自分の伝えたい目的や相手の状況などに応じて言葉を選んで伝えようとする姿などにつながっていく」として，幼児期から児童期前期にかけての育ちや学びの連続性を考慮した保育が求められている。

　また，幼児期の後半では，多くの子どもが，家庭等に加えて，保育所等における集団生活を自覚的に経験する時期であり，家庭と保育所等といった複数の生活の場をもつことになる。保育所等での経験を家庭で話すことを通じて，家庭とは違った世界やそこでの自分の行動を振り返り，意味づけることになる。保育所等での生活について共通の基盤をもっていない家族（他者）に自分の経験を伝えるためには，幼児の主観の内にある経験を客観的な対象へと具体化するプロセスを経る必要があり，こうした経緯が幼児の伝える力を高めていくと考えられる。家庭での経験を保育所等で話す場合も同様で，生活の広がりと子ども同士のかかわりなどといった集団生活の経験が，著しい言語発達をもたらすことに留意しなければならない。

　幼児は，互いの集団生活の経験について会話する中で，他者がおこなう筋のある話を理解したり，自分の経験や考えを筋道たてて話したりする新しい言語行為を発達させていくことになる。筋のある話を理解するためには，一定の時間を聞き手の立場に留まる必要があり，集団的な場面において，一人または複数の他者の話を聞き続けることにつながる。さらに，筋道をたてて話すことは，自分の経験や思いを伝えようとする他者が，必ずしも一人に限定されなくなり，複数の他者にまで広がっていくことになる。

　このような言語行為があって，幼児の言語活動は，あるテーマについて集団の中で合意したり別の意見を伝えたりする「話し合い」に発展していくことになる。「話し合い」では，話し手と聞き手の立場を交互に取りながら進められる一対一

の対話ではなく，一対複数のコミュニケーションとして「みんな」に伝えるために発言することや「みんな」の中の一人として他者の発言を聞くことが求められる[*1]。もちろん，話し合いの流れを適切に確認してくれる保育者の話を聞いたり，保育者との対話を媒介として「みんな」からの発言を対象化し，より深く理解したりしていくことも必要になる。これは，小学校での授業や学級活動の場面でのコミュニケーションに必要な力に通じるが，保育所等においては，幼児同士の個別の仲間関係を形成することに配慮しながら，あくまで「みんなの中で意思表示ができた」「みんなが自分を受け入れてくれた」などといった経験の中で培われていかなければならない。

*1 杉山弘子「幼児の話し合い活動とコミュニケーションの発達との関連」『尚絅学院大学紀要』第57集，2009

2　ICTの活用

1）Society5.0に向けた学習環境の整備

　日本が目指すべき未来社会の姿として，サイバー空間（仮想空間）とフィジカル空間（現実空間）を高度に融合させたシステムにより，経済発展と社会的課題の解決を両立する人間中心の社会であるSociety5.0が提唱されている[*2]。Society5.0は，狩猟社会（Society1.0），農耕社会（Society2.0），工業社会（Society3.0），情報社会（Society4.0）に続く新たな社会で，膨大なビッグデータを人間の能力を超えたAIが解析し，その結果がロボットなどを通して人間にフィードバックされることで，新たな価値が産業や社会にもたらされることが期待されている。

　これを踏まえ「小学校学習指導要領」の総則では，現在，各学校においては，情報活用能力の育成を図るために，コンピュータや情報通信ネットワークなどの情報手段を活用するために必要な環境を整え，適切に活用した学習活動の充実をはかることが求められている。例えば，小学校国語科でも「児童がコンピュータや情報通信ネットワークを積極的に活用する機会を設けるなどして，指導の効果を高めるよう工夫すること」[*3]とあり，情報化社会の進展を見据え，「情報収集や情報発信の手段として，インターネットや電子辞書等の活用，コンピュータによる発表資料の作成やプロジェクターによる提示など，コンピュータや情報通信ネットワークを活用する機会を設けることが重要である」と解説されている[*4]。子どもたちが情報を活用したり発信したりする機会が増えている今日，情報を主体的に捉えながら，何が大切であるのかを考え，それを他者と共有しながら協働し，新たな価値を創造していくことができるようにするため，情報活用能力の育成は重要になっている。

*2 文部科学省「Society 5.0 に向けた人材育成～社会が変わる，学びが変わる～」Society 5.0 に向けた人材育成に係る大臣懇談会 新たな時代を豊かに生きる力の育成に関する省内タスクフォース，2018

*3 文部科学省「小学校学習指導要領（平成29年告示）」2017

*4 文部科学省「小学校学習指導要領（平成29年告示）解説　国語編」2017

2) GIGAスクール構想と保育所における対応

　文部科学省は，2019（令和元）年12月に創造性を育む教育ICT環境の実現に向けて「GIGAスクール実現推進本部」を設置した。「GIGA（Global and Innovation Gateway for All）スクール」とは「1人1台端末と，高速大容量の通信ネットワークを一体的に整備することで，特別な支援を必要とする子供を含め，多様な子供たちを誰一人取り残すことなく，公正に個別最適化され，資質・能力が一層確実に育成できる教育ICT環境を実現する」こと，「これまでの我が国の教育実践と最先端のICTのベストミックスを図ることにより，教師・児童生徒の力を最大限に引き出す」こととされている[*1]。学習活動の一層の充実が目指され，ICTの活用により，例えば調べ学習（情報の収集・整理・分析）や表現活動，遠隔教育（海外や過疎地などとの連携），情報モラル教育が挙げられるが，小学校入学以降のこうした状況が見据えられる中，保育所等においては，どのような課題が検討されるべきだろうか。

　「幼児期の終わりまでに育ってほしい姿」には「社会生活との関わり」として，子どもたちがさまざまな環境にかかわる中で必要な情報を取り入れ「情報に基づき判断したり，情報を伝え合ったり，活用したりするなど，情報を役立てながら活動するようになる」ことが目指され，子どもたちの情報との出会いが重視されている。また「幼児期は直接的な体験が重要であることを踏まえ，視聴覚教材やコンピュータなど情報機器を活用する際には，幼稚園生活では得難い体験を補完するなど，幼児の体験との関連を考慮すること」が指導計画の作成上の留意事項として挙げられている[*2]。強調されるのは「幼児の直接的な体験」だ。保育者に求められることは，幼児の直接的な体験との関連を念頭に置くことであり，それが「幼児の更なる意欲的な活動の展開につながるか」「幼児の発達に即しているかどうか」「幼児にとって豊かな生活体験として位置づけられるか」という点の考慮である[*3]。

　例えば，就学前からのICT教育を目的として自治体から保育所等にタブレット端末が貸与され，それを用いてお絵描きが出来たり，文字や数字を覚えたりするアプリがインストールされているという事例がある。子どもたちが就学前にタブレット端末に慣れることが目的とされるが，一方でこうした遊びは家庭で行われている場合も少なくないのではないだろうか。保育所等においては「直接的な体験」が重視されるわけだが，遊びや生活の中におけるICTの活用については，「使い慣れる」ことに留まらず，将来的に子どもたちの情報活用能力（情報を主体的に捉え，他者と共有し，新たな価値を創造する力）の育成につなげるべく，集団での遊び等においてどのように使用すべきか，組織的・計画的な検討が必要にな

*1 文部科学省「GIGAスクール構想の実現へ」2019

*2 文部科学省「幼稚園教育要領」2017

*3 文部科学省「幼稚園教育要領解説」2018

る。具体的にそれは前節で述べたとおり，伝え合う・話し合うことと密接な関係にあるといえよう。ICTを活用することで多くの情報が得られる中で，子どもたちはそれをどのように活用・共有し，新たな知識や価値に出会うだろうか。こうした見通しの中で，それぞれの園に応じたICTの活用のあり方が検討されることが望まれる。

3　多文化共生

1）日本語指導が必要な外国籍等の子どもの増加

　近年の日本では，少子高齢化によって生産年齢人口が大幅に減少しており，社会の活力を維持・向上させていくためには，外国からの人材（外国人労働者）を取り込むことが不可欠と考えられている。また，産業・経済活動のグローバル化の進展により，国を越えた移動が活発となっている。

　実際，1990年の出入国管理及び難民認定法（入管法）の改正を契機として，在留する外国人の数が急増しただけでなく，国籍の多様化が進み，従来から多かった中国や韓国だけでなく，ベトナム，フィリピン，ブラジル，ネパール及びインドネシアなどが高い伸び率で上昇している[1]。2019年4月より新たな在留資格が創設されたことから，将来的には，家族帯同による外国人のさらなる増加が見込まれている。これからの日本では，外国人労働者を含めたすべての人が活躍できるように「国籍や民族などの異なる人々が，互いの文化的違いを認めあい，対等な関係を築こうとしながら，地域社会の構成員として共に生きてゆくこと」ができる多文化共生社会[2]を実現していこうとする意識の醸成が重要となる。

　外国籍の保護者は，日本国憲法に定められた「教育を受けさせる義務」を負わず，家庭，在日外国人学校またはインターナショナル・スクールなど，保護する子どもの学習の場や形態を自由に選択することができる。学習の場や形態の選択にあたっては，それぞれの文化的背景に加えて，経済的な状況が反映される傾向にあり，地域の小学校・中学校等において，外国籍の子どもが学ぶケースが増えている。そのため，小学校・中学校等における日本語指導が必要な児童生徒数の増加が続いているだけでなく（図12－1），居住地の集住化と散在化といった両方の傾向がみられるなど，それぞれの地域の実情に応じたきめ細かな支援が必要となっている。また，外国籍の子どもに「教育を受ける権利」を保障する観点から，外国籍の子どもの不就学など教育環境にかかる問題も指摘されるようになっている。

*1 髙瀬淳「公教育の原則と社会的公正」山口健二・髙瀬淳・今井康好・森安史彦編『教職論ハンドブック［改訂版］』ミネルヴァ書房，2020

*2 総務省「多文化共生の推進に関する研究会「報告書 ～地域における多文化共生の推進に向けて～」2006

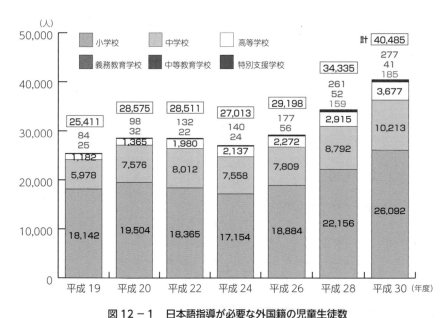

図12-1　日本語指導が必要な外国籍の児童生徒数
資料）文部科学省「日本語指導が必要な児童生徒の受入状況等に関する調査（平成30年度）」
の結果について，2019

2）外国籍の幼児と保護者に対する適切な配慮

　このような状況は，幼児教育を担う保育所等でもみられ，日本語指導が必要な外国籍等の幼児（以下，「外国人幼児」）の言語や文化的背景等の特性に応じた指導の充実を図りながら，すべての幼児が，それぞれの発達段階にふさわしい保育を受けられる環境を確保することが重要な課題となっている。特に，日本語の使用といった観点からすれば，日本語を母語とする多数派の幼児のなかに少数の外国籍の幼児が受け入れられるのが一般的であるという実情を踏まえ，言語に関する能力の発達と思考力等の発達が関連していることに留意し，保育所等での生活全体を通して，すべての幼児の発達を図る言語環境の整備を通じて，言語活動の充実を図っていくことが求められる。

　したがって，保育所等での指導にあたっては，すべての保育者による共通理解を深め，幼児や保護者と適切にかかわる体制づくりを進めながら，指導内容や指導方法の工夫を組織的・計画的に行っていくことが必要である。保育者は外国人幼児一人ひとりの実態が，在留国や母国の言語的・文化的背景，滞在期間，年齢，保育実態，就園経験の有無，さらには家庭の教育方針などによって異なっていることを理解し，当該幼児を取り巻く環境を的確に把握することに目を向けなければならない。その上で，当該幼児にそのままの自分が受け入れられている安心感

をもたせ，自分の思いを発揮できるように配慮することが大切である。

　乳幼児期から児童期にかけては，言語認知的な能力の発達が著しい時期であり，さまざまな生活経験や他者とのかかわりの中で言語を習得している。つまり，すべての幼児は，心理的なつながりが感じられる他者の言語を学ぼうとするのであり，言葉が使われている環境に置かれただけでは，よりよく生きていくために必要な言語が身につくというわけでない。保育者が，当該幼児が暮らしていた国の言葉や生活などに興味をもち，理解しようとする姿勢を持つことで，保育者や他の幼児との望ましい人間関係を基礎として，日本語や生活習慣に触れることができる。そうした意味で，外国人幼児に対する周囲のおとなの働きかけや他の幼児とのかかわりが，豊かな言葉の育ちを促していく上で極めて重要な環境となる。

　具体的には，保育者が外国人幼児に対して，日本語をゆっくり・はっきりと話す，孤立させないよう近くに座る・手をつなぐ，イラストや絵カードなど言語表現以外の方法を含めた表示を多くするなど個別の働きかけを積極的に行い，当該幼児が，保育所等において安定した生活を送ることができるように配慮していくことが必要である。こうした保育者の姿が他の幼児のモデルとなり，次第に，言葉が分からなくても外国人幼児が困っている時には助けようとしたり，仲良く遊んだりかかわったりするようになることが期待される。ただし，幼児同士でのやり取りを行うことができても，必ずしも日本語を理解しているというわけでないことに注意しなければならない。

　これについては，挨拶（あいさつ）などの簡単な言葉かけを当該幼児が家庭で使用している言語（母語）で行ったり，その国の文化・生活に関する遊びや教材を保育に取り入れたりすることが有効だろう。このような働きかけにより，外国人幼児には母語によって自己表現してもよいことを感じさせ，すべての幼児にとっても，一人ひとりの違いに気づいたり，自他の存在について考えたりする機会にもなる。こうした配慮を前提として，外国人幼児は，保育者や他の幼児との望ましい関係の中で，日本語の絵本や物語などに親しみながら，豊かな言葉や表現を身につけ，自分の経験や思いを言葉で伝えたり，相手の話を聞いたりすることを楽しむようになっていくことが期待される。

　社会的に不利な立場にある家庭の子どもは，相対的に保育の質の影響を強く受けるだけでなく，その影響が成人期まで続くといわれている。したがって，それぞれの保育所等においては，言語・文化的に多様な背景を持つ外国人幼児に対して，どのように質の高い保育を可能にする環境を整え，提供していくかが絶えず検討されなければならない。そうした環境の一つとして，当該幼児の家庭があり，日本の他の家庭と同じように日本語を母語としない外国籍の保護者への子育て支援が不可欠である。しかし，外国籍等の保護者とのコミュニケーションに困難さ

を抱えるケースも多いことから，地域の行政や小学校等と連携・協力したり，当該家庭の母文化コミュニティのネットワーク等を活用したりしながら，実情に応じた個別の支援を行うようにしていくことが望ましい。

　多文化共生社会の実現に向けた保育は，本来，外国人幼児が在籍するか・在籍しないかにかかわらず，すべての保育所等で実施されるべきものである。外国人幼児に対する保育の在り方を具体的に検討するなかで，質の高い保育を実現する内容や方法の見直しを進めていくことが求められる。

　「教育基本法」第11条に示されるとおり，幼児期の教育は生涯にわたる人格形成の基礎を培う重要なものである。保育所等で行われる言葉の領域を含む幼児教育全般は，小学校入学以降の学びのスタートとして位置付くものであり，小学校との連携や接続にあたっては「小学校以降の生活や学習の基盤の育成につながることに配慮し，幼児期にふさわしい生活を通じて，創造的な思考や主体的な生活態度などの基礎を培うようにする」[1]こととされている。しかし，それは当然のことながら，決して小学校教育の先取りをするものではない。幼児教育において育みたい資質・能力は「遊び」を通した総合的な指導の中で一体的に育まれるものであり，子どもにとっての学びそれ自体が，保育所等における「遊び」と小学校以降の生活とで分断されるものではない点にじゅうぶん留意する必要がある。

*1 文部科学省「幼稚園教育要領」2017

【引用・参考文献】

石井正子編『発達心理学　保育者をめざす人へ』樹村房，2009

文化審議会国語分科会「分かり合うための言語コミュニケーション（報告）」2018（平成30）年3月2日

杉山弘子「幼児の話し合い活動とコミュニケーションの発達との関連」『尚絅学院大学紀要』第57集，2009

文部科学省「Society 5.0 に向けた人材育成〜 社会が変わる，学びが変わる〜」2018

文部科学省「小学校学習指導要領」2017（平成29）年告示

文部科学省「小学校学習指導要領（平成29年告示）解説　国語編」2017

文部科学省「GIGA スクール構想の実現へ」2019

文部科学省「幼稚園教育要領」2017

文部科学省「幼稚園教育要領解説」2018

山口健二・髙瀬淳・今井康好・森安史彦編『教職論ハンドブック［改訂版］』ミネルヴァ書房，2020

総務省「多文化共生の推進に関する研究会報告書 〜地域における多文化共生の推進に向けて〜」2006

文部科学省「『日本語指導が必要な児童生徒の受入状況等に関する調査（平成30年度）』の結果について」2019

さくいん

保育ニュー・スタンダード

保育内容「言葉」
―話し，考え，つながる言葉の力を育てる―

2021年4月5日　第一版第1刷発行
2022年3月31日　第一版第2刷発行

編著者　太田光洋・古相正美・野中千都
著　者　川俣沙織・渡邉望・森木朋佳
　　　　島田知和・中山智哉・永田麻詠
　　　　大元千種・岡本満江・山本直樹
　　　　下川涼子・大谷 朝・高橋さおり

装丁・本文デザイン　清原一隆（KIYO DESIGN）
ＤＴＰ　越海辰夫（越海編集デザイン）
挿　画　柿崎えま

発行者　宇野文博
発行所　株式会社 同文書院
　　　　〒112-0002
　　　　東京都文京区小石川5-24-3
　　　　TEL（03）3812-7777
　　　　FAX（03）3812-7792
　　　　振替　00100-4-1316

印刷・製本　中央精版印刷株式会社

JASRAC 出 2101024-202